알기 쉬운

C 언어 실습

최 선 정 · 이 종 대 공저

오성미디어

머 리 말

요즈음은 각 가정마다 인터넷이라는 통신 수단이 연결되어 있고 또한 각종 정보가 실시간으로 인터넷 망을 타고 순식간에 전 세계로 퍼지는 시대가 되었다. 그저 TV 뉴스나 혹은 신문과 같은 매체를 통하여 정해진 시간에만 정보를 제공받던 시대가 불과 수년 전이었음을 상기할 때 인터넷이 우리의 실생활에 준 변화는 실로 엄청나다고 아니할 수 없을 것이다.

이처럼 인터넷의 급속한 확산으로 프로그램 언어 분야에서도 HTML, ASP, PHP 등등 우리에게는 다소 생소한 인터넷 용도의 응용 프로그램들이 속속 출현하게 되었고 이들 프로그램들이 어느 틈엔가 우리의 주요 관심대상이 되기도 하였다.

그러나 이러한 시대적 변화에도 불구하고 C 프로그램은 기존의 산업용 컴퓨터 응용 분야에서부터 CGI나 DLL 등 인터넷 서비스 용도의 프로그램에 이르기까지 그 영역이 더욱 확대되고 있으며 무엇보다도 새롭게 등장하는 인터넷 용도의 프로그램도 C 프로그램의 개념을 이해한 후에 접근하는 것이 훨씬 효과적임을 감안하면 C 프로그램은 이래저래 장기간 우리에게 있어 가장 기본적이면서도 절대 필요한 프로그램이 될 수 밖에 없을 것이다.

앞으로 어떠한 새로운 프로그램이 등장한다 할지라도 C 프로그램과 같이 저 수준 프로그램 언어 영역부터 고 수준 프로그램 언어 영역에 이르기까지의 영역을 커버할 수 있는 프로그램은 나오기 어려울 것이라고 생각된다. 그런 점에서 보면 C 프로그램은 시대가 인터넷 중심의 시대가 된다 할지라도, 그리고 닷넷 등 새로운 프로그램들이 속속 탄생된다 할지라도 가장 기본적인 프로그램 개념을 제공해 주는 수단으로서 절대 필요한 프로그램이고 또한 C 프로그램을 통하여 프로그램의 개념을 익힌 후에야 기타 고 수준의 프로그램을 접하는 것이 프로그래머의 성장을 위해서도 현명한 일일 것이다.

이 책은 C 프로그램을 처음 접하는 분들에게 C 프로그램의 개념과 사용 방법을 좀 더 쉽게 익힐 수 있도록 하기 위하여 만들어졌다.

그러므로 다양한 예제를 통하여 프로그래밍 방법을 익히게 되며 또한 자주 발생하는 프로그램 에러들을 예제화 함으로써 에러를 통한 학습을 할 수 있도록 구성하였다.

이 책은 제1 장 C 언어의 개요부터 제 13 장 파일 입출력에 이르기까지 모두 13장으로 구성되었으며 각 장마다 간단한 설명에 더하여 프로그램 예제 및 해설을 통하여 프로그래밍 방법에 대한 이해를 높일 수 있도록 하였으며 또한 유사한 예제 프로그램들을 한번더 다룰 수 있도록 하였다. 또한 종종 범하기 쉬운 실수들을 엮은 프로그램 에러 찾기 예제를 제공함으로써 C 프로그램을 처음 시작하는 프로그래머가 프로그램의 작성 방법을 익히는데 도움이 되도록 하였다.

이 책을 제작하는 과정에서 문맥상의 오류나 오자 등을 최소화하기 위하여 노력하였지만 그래도 독자들의 눈을 통하여 수없이 많이 발견되리라 염려가 되면서 다음번에 더 열심히 노력하여서 보다 훌륭한 내용으로 보완하겠다는 약속을 드리는 바이다.

또한 출판을 하는데 있어 도움을 주신 모든 분들과 오성미디어 오성걸 사장님에게 감사의 말씀을 전하는 바이다.

부디 이 책이 여러분들에게 도움이 되는 책으로 여러분의 책꽂이에 장기간 남아있는 책이 되기를 바란다.

2010년 1월, 저 자

목 차

서 문

이 책은 C 언어라는 프로그램을 처음 대하는 프로그램 입문자나 혹은 C 언어 문법과 프로그래밍 방법에 대한 이해가 필요한 층을 대상으로 저술되었다. 지난 10여년 이상 강단에서 C 프로그램을 강의해 온 경험을 통하여 이 책을 대하는 이들에게 C 언어의 개념을 심어주고 또한 프로그래밍 방법에 대한 통찰력을 제공해 줄 수 있는 책이 되도록 노력하였다.

이 책은 제 1 장 C 프로그래밍 환경을 시작으로 제 13 장 파일입출력에 이르기까지 모두 13 장으로 구성되며 각 장마다 기본 문법에 대한 설명과 프로그램 예제 및 해설을 통하여 프로그래밍 방법에 대한 이해를 높일 수 있도록 하였다.

또한 학습 내용의 완벽한 이해를 돕기 위하여 이 책은 두 가지의 매우 특별한 과정을 포함하고 있다.

하나는 프로그램 수정하기 과제이다.
각 프로그램 예제마다 프로그램 수정하기라는 추가적인 과정을 거치도록 함으로써 예제 프로그램을 한 번 작성하여 실행시켜보는 것으로 끝나는 것이 아니라 작성한 예제 프로그램을 한 번 더 들여다보고 이를 수정하도록 하였다.

또 하나는 프로그램 에러 찾기 과정이다.
각 장마다 범하기 쉬운 오류들을 포함하는 예제 프로그램들을 제공하여 이들을 올바르게 수정하도록 함으로써 프로그램을 보는 눈을 열어주는 기회를 제공하고자 하였다.

이 책에서 제공하는 프로그램 예제들은 마이크로소프트사의 비주얼 스튜디오 8에 맞춰 작성되었다. 그렇지만 터보C 프로그램 이용자들도 별 어려움 없이 이용할 수 있도록 터보C 프로그램 작업 환경에 대한 내용도 이 책의 부록에 담았다.

인터넷 환경의 급속한 성장과 더불어 프로그래밍 언어 분야도 ASP, PHP, JAVA 등으로 그 영역을 넓혀가고 있다. 그러나 이러한 시대적 변화에도 불구하고 C 프로그램은 High Level 언어와 Low Level 언어의 기능들을 아우르는 장점으로 인해 아직도 매우 중요한 위치를 차지하고 있다. 더욱이 요즈음 폭발적인 성장세를 보이고 있는 MP3, Navigation system 같은 임베디드 어플리케이션 환경에 있어서 메모리 용량의 제한이 주요 이슈로 작용하는 경우의 C 프로그램의 필요성은 더더욱 증대되고 있는 분위기이기도 하다.

C 프로그램은 C++, Visual C++로 진화해 나가고 있다. 이러한 과정에서 C 프로그램을 건너 뛴 C++이나 Visual C++의 직접적인 접근은 오히려 부담으로 작용할 수 있다. C 프로그램의 확고한 이해를 통하여 C++, Visual C++과 같은 좀 더 확장된 프로그램이나 혹은 ASP, PHP, JAVA와 같은 새로운 프로그램 영역에 접근하는 것이 더욱 바람직할 것이다.

부족하지만 이 책이 프로그램 학습자들에게 도움이 되는 가치 있는 책으로 남기를 바라며 바란다.

2010년 1월 저 자

제 1 장
C 프로그래밍 준비

1.1 C 언어 개요

1.2 C 언어의 특징 및 종류

1.3 비주얼 스튜디오에서의 C 프로그램 작성

제 1 장 C 프로그래밍 준비

1.1 C 언어 개요

미국 Bell 연구소의 데니스 리치(Dennis Ritchie)에 의해 1972년에 개발된 C 언어는 프로그램 언어로서의 간결성과 효율성으로 인해 지금까지도 널리 사용되고 있는 프로그램 언어이다.

1990년대에 이르면서 프로그램 작성방법으로서 객체지향기법이 등장하면서 C 언어는 C++, 비주얼 C++ 언어로 거듭 업그레이드되었다. 그럼에도 불구하고 C 언어는 언어 자체가 가진 장점에 더하여 프로그램 언어에 대한 기본개념의 이해, 더 나아가 C 언어의 모든 기능을 포함하고 있는 C++언어 학습의 전단계로서 아직도 매우 중요한 자리를 차지하고 있다.

특히 최근 들어 임베디드 시스템(Embedded system)이 각광을 받으면서 이러한 산업 분야에서는 오히려 많은 메모리 사용량을 요구하는 객체지향 프로그램(C++, 비주얼 C++) 보다는 C언어에 대한 수요가 증대되고 있는 상황이기도 하다.

C 언어는 구조적 프로그램의 특성을 가지고 있다. 어셈블리어와 같이 하드웨어를 직접 제어할 수 있는 강력함 또한 가지고 있다. 이에 더하여 BASIC언어와 같은 고수준 언어의 특징 또한 가지고 있다. 따라서 프로그래밍을 처음 시작하는 학습자에게는 프로그램에 대한 이해의 눈을 열어주는데 더할 나위 없이 훌륭한 수단이다.

C 언어가 탄생하기까지의 과정은 다음과 같이 정리할 수 있다.

개발년도	언어 명
1960년	ALGOL 60(ALGOrithmic Language 1960) (국제위원회)
1963년	CPL(Combined Programming Language) (캠브리지 및 런던대학)
1967년	BCPL(Basic CPL)(캠브리지의 Martin Richards)
1970년	B 언어 (Bell 연구소의 Ken Thompson)
1972년	C 언어 (Bell 연구소의 Dennis Ritchie)

1.2 C 언어의 특징 및 종류

C 언어의 특징은 다음과 같다.

- 기본적으로 FORTRAN, COBOL, PASCAL 등 고수준 언어에 속하지만 메모리의 주소 영역을 다루는 등 기계어나 어셈블리어와 같은 저수준 언어의 특성도 가지고 있다.
- 프로그램이 함수들의 집합으로 구성되어있어서 구조적 프로그램에 적합하다.
- 포인터(Pointer)와 메모리 주소(Address)를 사용하여 데이터를 처리할 수 있다.
- 모든 함수는 순환이 될 수 있다.
- C 언어 자체는 입력, 출력 기능이 없고 라이브러리 함수에 의하여 입, 출력이 이루어진다.
- Preprocessor의 매크로 기능을 이용할 수 있다.
- 자료 구조 표현에 적합하다.
- 프로그램의 모듈화가 가능하여 프로그램의 분할 작성 및 컴파일이 가능하다.
- 프로그램의 시스템 간 호환성이 우수하다.
- 많은 자료형과 풍부한 연산자를 가지고 있다.

1.3 비주얼 스튜디오에서의 C 프로그램 작성

C 프로그램은 과거 볼랜드(Borland)사의 터보 C 프로그램을 이용하여 많이 개발되고 제작되었었다. 그러나 컴퓨터 환경이 윈도우 환경으로 정착되고 또한 프로그램 역시 통합 개발 환경으로 발전되어옴에 따라 DOS 환경의 터보 C 프로그램보다는 마이크로소프트사의 비주얼 스튜디오를 이용한 C 프로그램의 개발이 더욱 선호되고 있다.

비주얼 스튜디오를 이용한 C 프로그램의 학습은 자연스럽게 비주얼 베이직이나 비주얼 C++과 같은 GUI(Graphic User Interface) 환경의 프로그램을 익히는데도 크게 도움이 된다. 따라서 이 책에서는 마이크로소프트사의 비주얼 스튜디오 8을 이용하여 C 프로그램을 학습하기로 한다.

물론 그렇다고 이 책에서 소개되는 프로그램 예제들이 기존의 터보 C와 같은 프로그램 환경에서는 전혀 사용할 수 없다는 것을 의미하는 것은 아니다. 당연히 터보 C 환경에서도 정상적으로 사용할 수 있다. 어떠한 개발 환경을 사용하든 C 프로그램의 룰에 맞춰 작성된 프로그램은 정상적으로 수행되어야 하는 것이 당연한 것이기 때문이다. 터보 C 프로그램의 작성 방법은 부록 B에 소개된다.

비주얼 스튜디오 8에서 C 프로그램을 작성하는 과정에 대하여 알아보자.

비주얼 스튜디오 8이 정상적으로 설치된 컴퓨터에서 [시작] - [모든 프로그램] - [Microsoft Visual Studio 2008] - [Microsoft Visual Studio 2008] 메뉴를 찾아 실행시킨다.

화면에는 "Microsoft Visual Studio"라는 타이틀을 가진 창이 비주얼 스튜디오 2008의 소개와 최근에 사용한 프로젝트 목록 등을 표시하는 시작페이지와 함께 생성될 것이다. 이곳이 우리가 이제부터 C 프로그램을 작성하고 컴파일하고 링크과정을 거쳐 실행파일을 만들어갈 창이다.

프로그램을 시작하기 위해서는 먼저 프로젝트를 생성해야한다. 시작페이지를 닫고 [파일] 메뉴를 선택한다. 그리고 메뉴 항목들 중에서 [새로 만들기] - [프로젝트]를 선택한다.

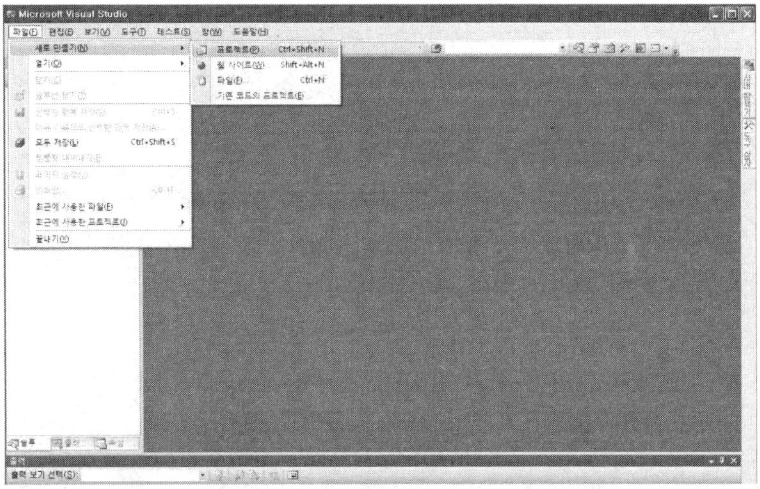

그러면 창 안에 프로젝트의 이름을 입력하는 또 다른 창이 생성된다. 이 창에서 “Win32”, “Win32 콘솔 응용 프로그램“의 선택을 확인하고 프로젝트의 이름을 입력한다. 여기서는 실습을 위해 프로젝트 이름을 ”Chapter01“로 정하였다.

또한 여기서 프로젝트가 생성되는 폴더의 위치도 결정할 수 있다. 보통 비주얼 스튜디오 프로그램이 설치된 폴더 밑에 “Projects"라는 폴더가 생성되어 그곳이 기본 위치로 되어 있으나(C:\...\...\Visual Studio 2008\Projects) 이 책에서는 편의상 C 드라이브 밑에 “work”라는 폴더를 만들어 그 위치를 프로젝트 생성 위치로 정하였다.

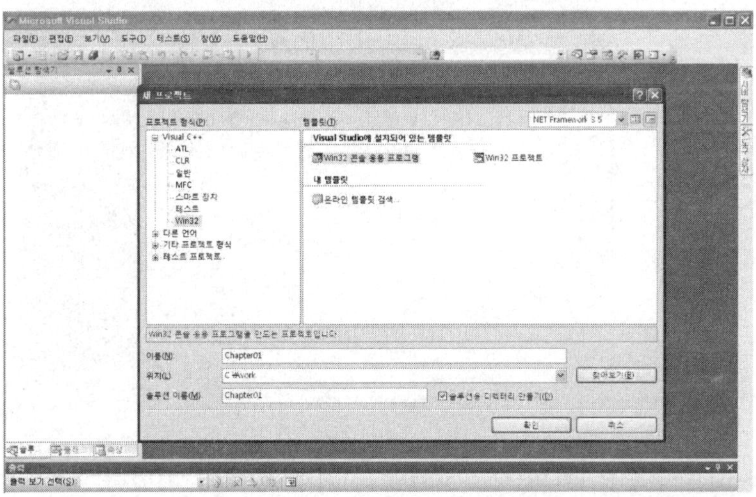

프로젝트 이름을 입력하고 <확인>을 누르면 “Win32 응용 프로그램 마법사”가 시작

된다.

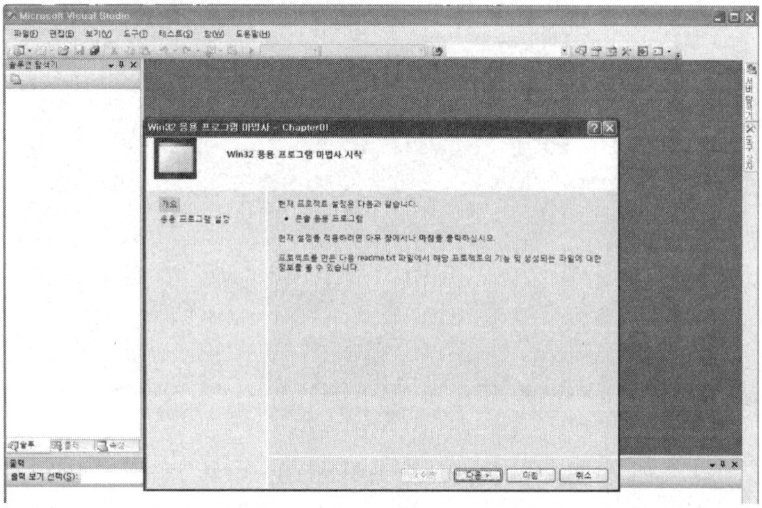

<다음> 버튼을 누르면 응용 프로그램을 설정하는 창이 나타난다. “콘솔 응용 프로그램”이 선택되어 있는지 확인하고, 추가 옵션으로 “빈 프로젝트”를 선택한다. 그리고 <마침> 버튼을 누른다.

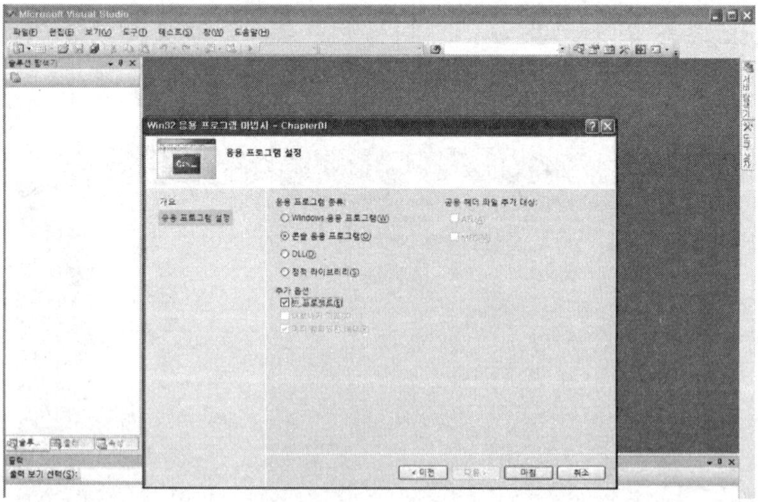

이제 "Chapter01"이라는 이름의 프로젝트를 시작할 준비가 되었다.

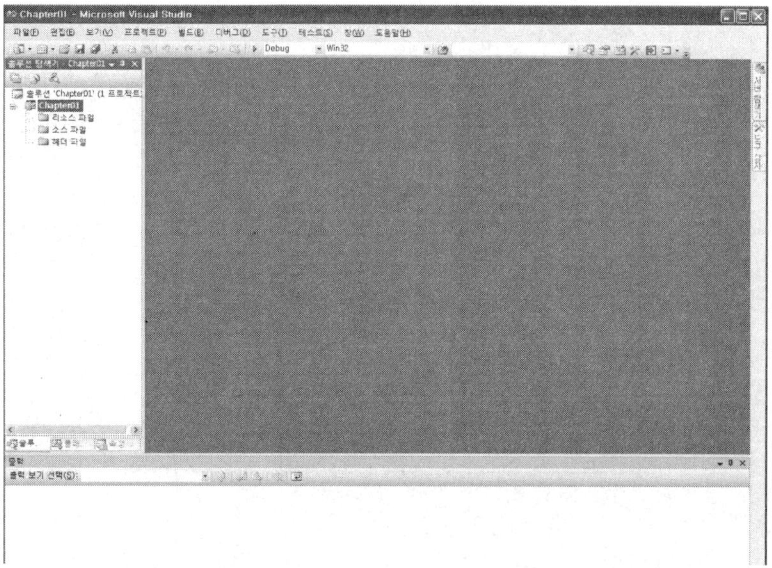

신규 프로젝트의 설정이 끝났으므로 이제부터 이 프로젝트 안에서 C 프로그램을 입력하여 컴파일하고, 링크 과정을 수행하면 된다.

먼저 C 프로그램의 작성을 시작하기 위해서 창의 왼편에 위치한 작업창에 표시된 프로젝트 "Chapter01"로 이동한다. "Chapter01" 밑에 "리소스 파일", "소스 파일", "헤더 파일"이 있는데, 이들 중 "소스 파일"을 선택하여 마우스 우측버튼을 누른다. 그리고는 나타난 창에서 [추가] - [새 항목]을 선택한다.

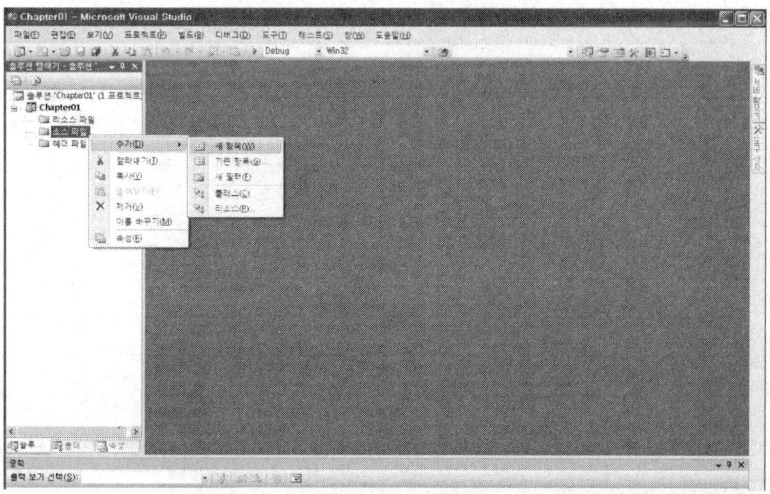

그러면 작성할 C 프로그램의 파일 이름을 입력할 창이 나타난다.

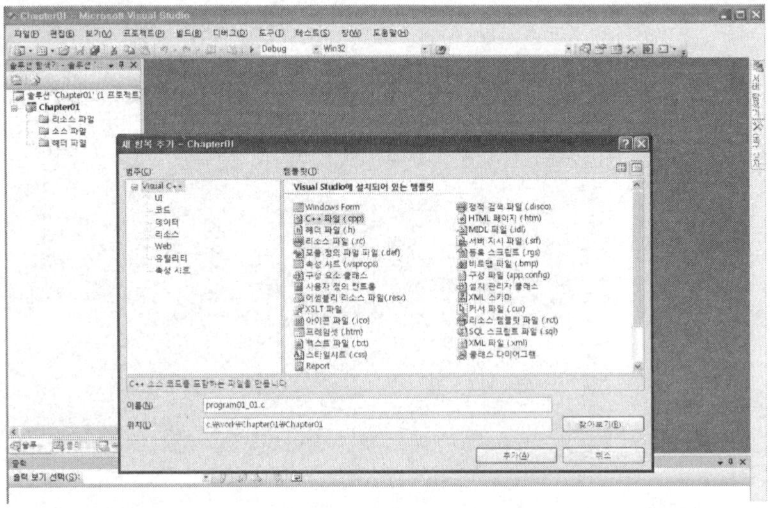

Visual Studio에 설치되어 있는 템플릿 중 "C++ 파일(cpp)"을 선택하고, 작성할 C 프로그램의 파일 이름은 "program01_01.c"라고 입력한다.

물론 프로젝트 이름도 마찬가지이지만 파일 이름 역시 파일 이름 작성 규칙에 맞춰 여러분 각자 임의로 작성할 수 있다. 중요한 것은 파일 이름의 확장자를 ".c"로 입력한다는 것이다. 이 확장자가 이 프로그램이 C 프로그램임을 선언하는 것이다.

만일 파일 이름에 확장자(".c")를 붙이지 않거나 혹은 ".cpp"로 붙이면 이 프로그램은 더 이상 C 프로그램이 아니다. C++ 프로그램이 되는 것이다. 파일 이름 뒤에 붙은 확장자에 의해 프로그램의 컴파일 과정에서 C 컴파일러 혹은 C++ 컴파일러가 가동될 것이다. "파일 이름.c"를 반드시 기억해야 할 과정이다.

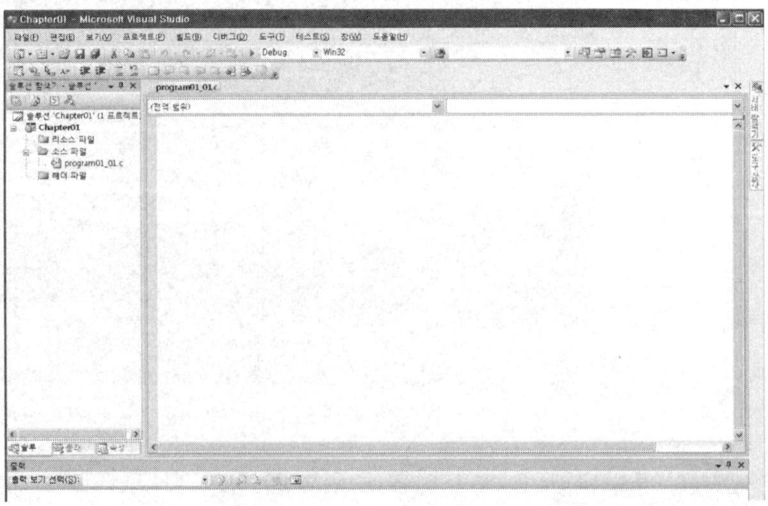

파일 이름 입력 후 <추가>버튼을 클릭하면 창 오른편에 비로소 프로그램 입력창이 열린다. 또한 작업창의 "소스 파일" 밑에는 방금 입력한 파일 이름이 표시된다.

이제 프로그램을 입력할 환경이 된 것이다.

프로그램 입력창에 다음과 같은 간단한 프로그램을 입력하여 보자.

```
#include<stdio.h>
main()
{
        printf("Welcome to the C programming world!");
}
```

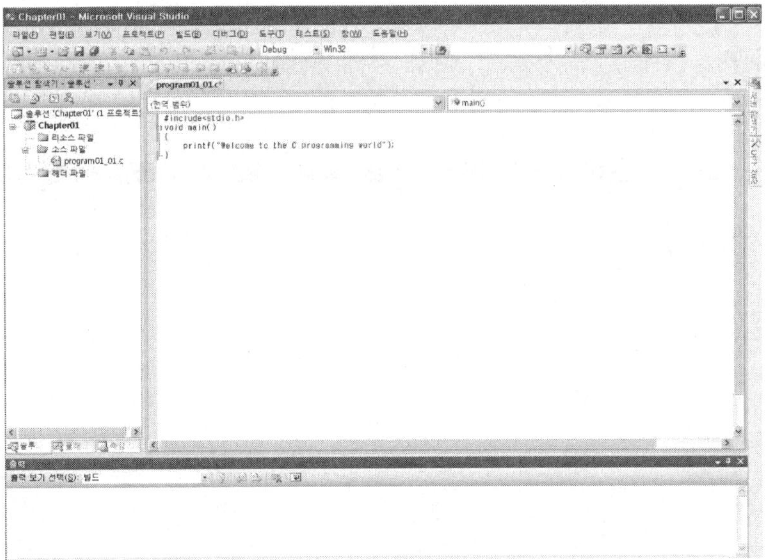

프로그램 입력이 끝났으면 다음 단계는 작성한 프로그램을 컴파일하는 것이다.

컴파일은 작성된 프로그램을 컴퓨터가 이해할 수 있는 기계어로 바꾸어주는 과정이다. 프로그램 입력상의 오류 여부를 확인할 수 있는 기본적인 절차이다.

명령어 메뉴에서 [빌드] - [컴파일] 메뉴를 선택하여 컴파일을 실행한다.

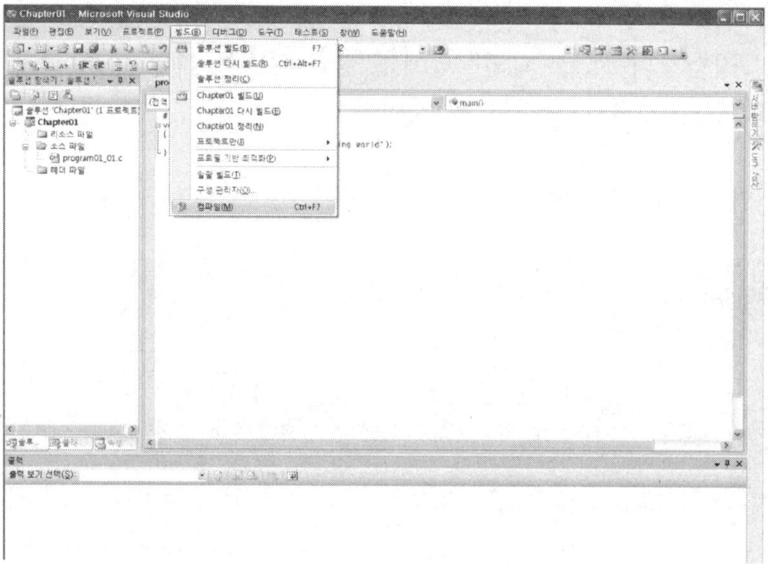

컴파일 결과가 창의 하단에 있는 출력 창에 나타난다. 컴파일 과정에서 오류가 없으면 "빌드: 성공 1, 실패 0, ..."으로 나타날 것이다.

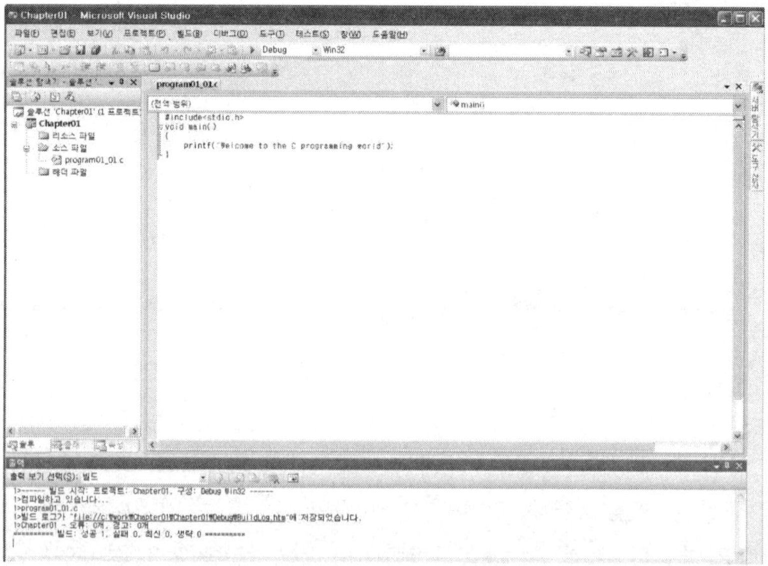

만일 프로그램 입력상의 오류가 있었다면 당연히 컴파일 결과도 실패로 돌아올 것이다.

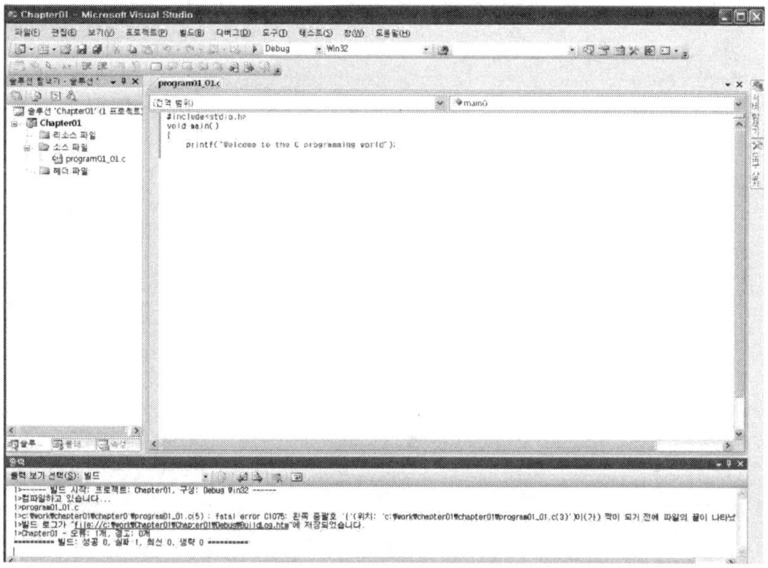

프로그램 상의 오류가 출력 창에서의 컴파일 실패로 돌아온다. 프로그램의 문법적, 기능적 오류들은 모두 컴파일 과정을 통하여 검출될 것이다.

컴파일에 성공하면 다음은 링크과정을 거쳐 최종 결과물인 실행파일(".exe")을 만들 수 있다.

그러나 그 전에 먼저 프로그램을 실행하여 봄으로써 실행 결과를 확인할 수도 있다.

명령어 메뉴에서 [디버그] - [디버깅하지 않고 시작] 메뉴를 선택하여 실행시킴으로써 프로그램의 실행결과를 먼저 확인 할 수 있다.

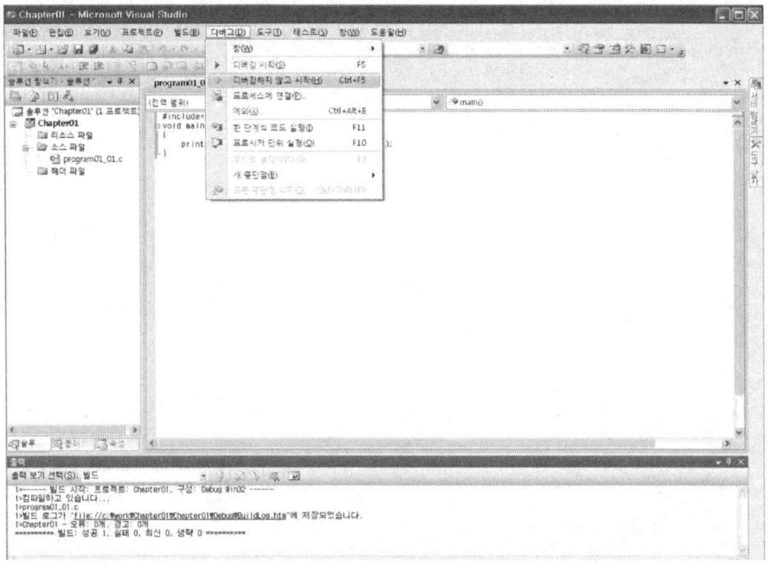

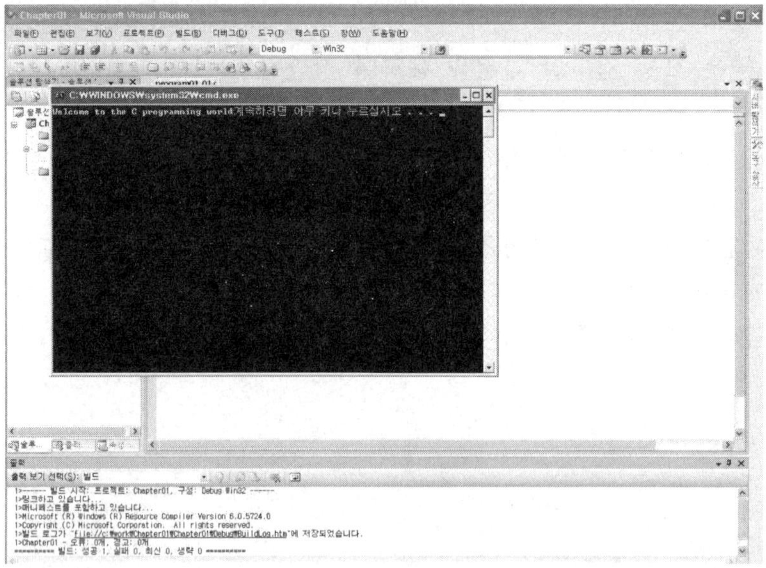

프로그램 상에 오류가 없다면 명령 프롬프트 창에 프로그램의 실행결과가 나타날 것이다. 이 상태에서 아무키나 누르면 명령 프롬프트 창은 즉시 종료된다.

이제 프로그램의 링크 과정을 통하여 실행파일(".exe")을 만들어보자.
명령어 메뉴에서 [빌드] - [솔루션 빌드] 메뉴를 실행시키면 된다.

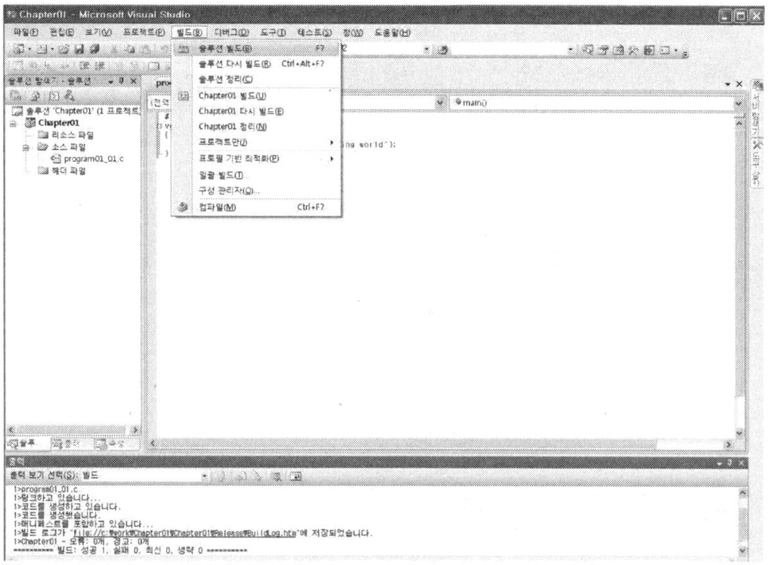

여기서 주의할 것은 이 과정에 두 가지 출력 옵션이 있다는 것이다.

"Debug"와 "Release" 옵션으로 기본은 "Debug"로 되어있다. "Debug" 상태에서 실행파일(".exe")을 만들면 프로젝트 폴더 안에 "Debug" 폴더가 만들어지고 그 상위에 있는 "Debug" 폴더 안에 실행파일("Chapter01.exe")이 만들어진다.

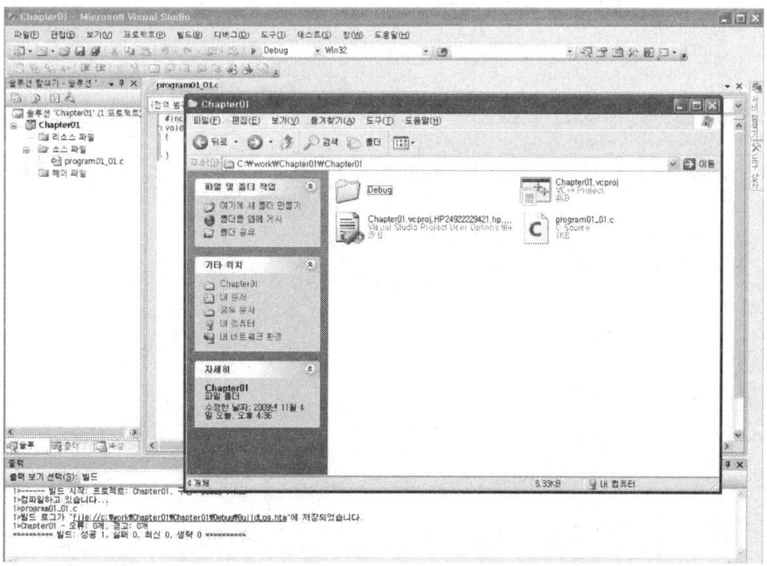

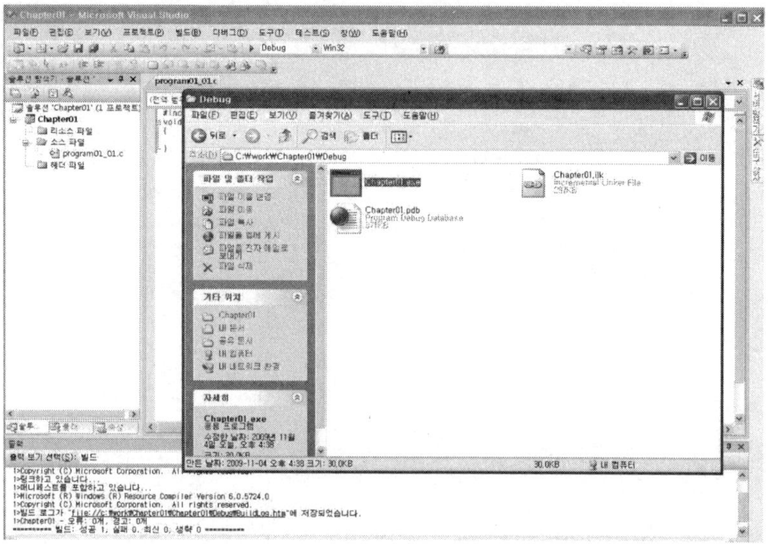

프로그램에서 디버깅(Debugging)이란 프로그램 상의 오류를 찾아 수정하는 작업을 의미한다. 프로그램이 디버깅 과정에 있다는 것은 프로그램이 최종적으로 완성되지 않은 단계에 있다는 것을 의미한다. 물론 디버깅 과정에서 오류가 발견되지 않는다면 이 과정에서 만들어진 실행파일 또한 정상적인 파일로서의 사용이 가능하다.

한편 최종적으로 완성된 실행파일을 만들기 위해서는 출력 옵션을 "Release"로 설정하여야 한다.

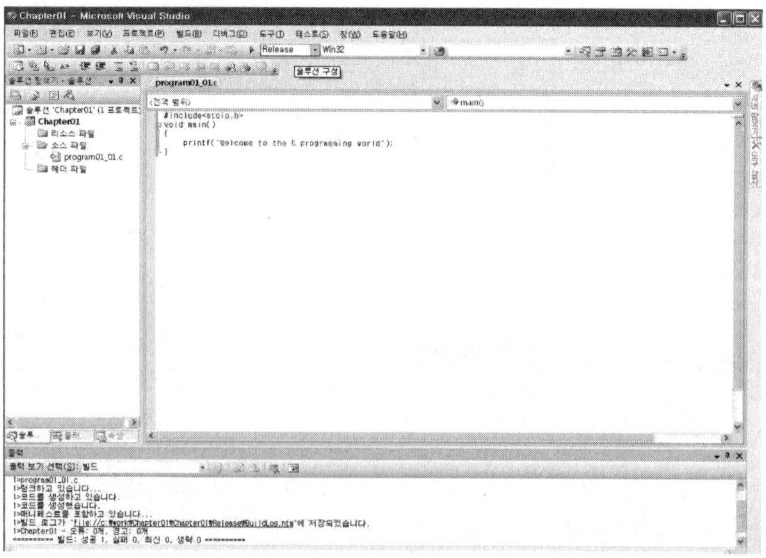

그러면 "Release" 폴더와 함께 해당 폴더 안에 실행파일("Chapter01.exe")이 만들어진다. 이 파일이 작성한 프로그램의 최종적인 결과가 된다.

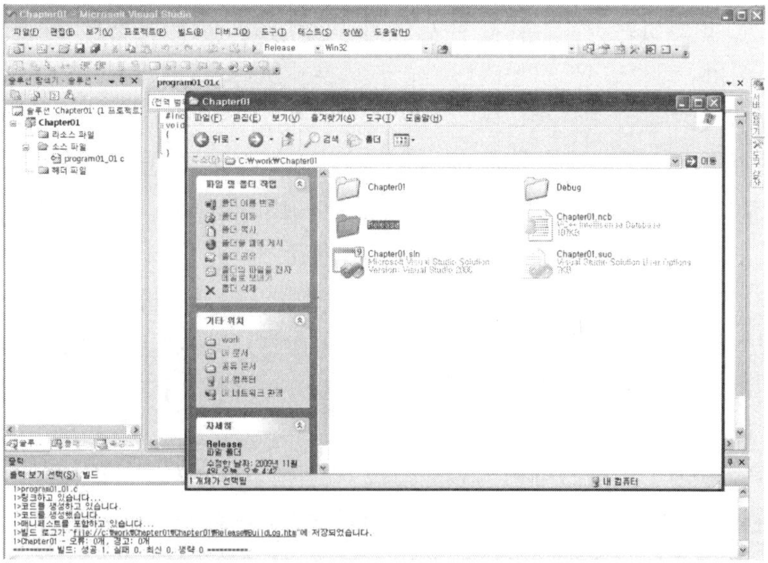

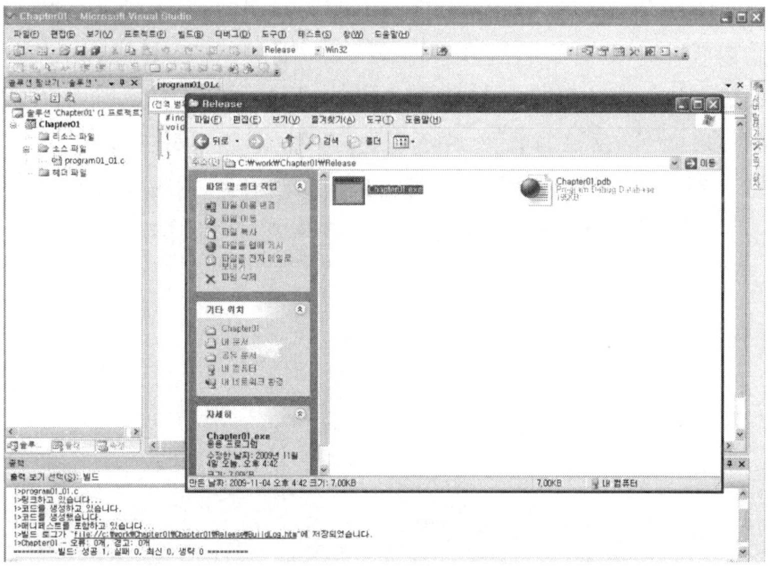

지금까지 설명한 과정을 정리해보면 프로그램은 4단계의 과정을 거쳐 완성됨을 알 수 있다.

프로그램 작성 단계, 컴파일 단계, 링크 단계, 실행 및 디버깅 단계이다.

프로그램 작성 단계는 프로그램 입력창에 프로그램을 작성하는 과정이다. C 언어의 작성 룰에 맞춰 프로그램을 작성하면 된다.

컴파일 단계는 앞에서도 언급한 바와 같이 프로그램을 컴퓨터가 이해할 수 있는 언어인 기계어로 변화하는 과정이다. 프로그램 작성상의 오류 여부를 확인할 수 있는 기본적인 절차이며, 컴파일에 성공하면 작성한 프로그램의 기계어 코드인 오브젝트("파일이름.obj") 프로그램이 만들어진다.

다음으로 링크 단계는 컴파일된 오브젝트 프로그램을 라이브러리(library)와 연결하여 실행 프로그램을 만드는 과정이다. 라이브러리(library)는 프로그래밍에 많이 사용되는 공통의 기능들, 예를 들면 입출력 기능, 파일 처리 기능, 함수 계산 기능 등과 같은 기능들을 미리 만들어 모아놓은 것이다. 프로그래머가 이들 기능들을 실현하기 위하여 각각의 기능들을 상세히 작성할 필요 없이 이미 라이브러리(library)에 포함된 기능들을 가져다 사용할 수 있도록 해놓은 것이다. 이러한 기능들을 컴파일된 오브젝트 프로그램과 연결하는 과정이 링크과정이다.

링크과정을 통하여 프로그램의 최종 출력인 실행파일("파일이름.exe")이 만들어진다. 프로그램 제작과정이 완료되는 것이다. 그러나 이 과정에서 다시 한 번 살펴봐야 하는 것이 있다. 바로 프로그램의 실행 결과다. 만들어진 실행파일이 정상적으로 원하는 결과 값을 만들어내는지 확인해 봐야 한다. 컴파일 과정에 성공하고 링크 과정에 성공하여 정상적인 실행파일이 만들어졌다 해도 프로그램이 의도했던 대로 정상적으로 실행되지 않을 수도 있기 때문이다. 이러한 경우가 발생하면 프로그램 안에서 오동작을 발생시키는 부분을 찾아 프로그램을 수정하는 작업을 진행하여야 한다. 이러한 일련의 과정, 즉 프로그램의 오류를 찾아 수정해 나가는 과정을 디버깅과정이라고 한다.

디버깅과정을 통하여 비로소 프로그램이 최종적으로 완성된다.

제 2 장
C 프로그램 시작하기

2.1 프로그램 작성

2.2 printf() 함수

예제 실습

프로그램 에러 찾기

연습 문제

제 2 장 C 프로그램 시작하기

앞 장에서 비주얼 스튜디오 8을 이용하여 C 프로그램을 작성하고 컴파일 및 링크 과정을 거쳐 실행파일을 만들기까지의 일련의 과정을 살펴보았다.

이 장에서는 C 프로그램의 첫발로서 프로그램 작성의 기본 요소들을 살펴보고 printf() 함수를 이용하여 화면에 간단한 문장이나 문자, 혹은 숫자들을 출력하는 프로그램을 만들어본다.

printf() 함수는 가장 일반적으로 사용되는 출력함수로서 <stdio.h>라는 헤더 파일에 포함되어 있는 있다.

프로그램의 연산이나 키보드 등을 통한 문자의 입력 등 프로그램에서 얻어지는 모든 결과들은 printf() 함수를 사용하여 화면상에 출력할 수 있다.

프로그램의 기본 구성은 다음과 같다.

【 프로그램 2-1 】

```
#include<stdio.h>
int main(void)
{
	printf("Welcome to the C World!");

	return 0;
}
```

☞ 해설 2-1

#include <stdio.h> : <stdio.h>는 헤더 파일이다. 프로그램에서 사용하는 printf()와 같은 함수의 처리를 담당하는 기능을 포함하고 있다. 따라서 이 헤더 파일을 프로그램에 포함시켜야만 printf() 함수가 정상적으로 동작하게 된다.

int main(void) : main()은 프로그램 본문 함수를 의미한다. C 언어는 main()으로 선언된 함수를 찾아 프로그램의 연산을 시작한다. 즉 프로그램의 시작점을 알리는 선언이다.

main 앞의 int는 함수의 리턴 형으로서 main() 함수의 처리 결과가 정수 값을 반환한다는 것을 뜻한다.

main에 붙은 ()는 프로그램에서 사용할 매개변수를 넣는 곳이다. 여기서 void로 표시한 것은 사용할 매개변수가 없다는 것을 의미한다.

따라서 전체적인 표현은 main 함수의 처리 결과로 정수 값을 반환하고, 함수에서 사용할 매개변수는 없다는 것을 의미한다.

{, } : "{"는 프로그램의 시작을, "}"는 프로그램의 끝을 표시한다. 프로그램에 반드시 포함되어야 한다.

printf("Welcome to the C World!") : <stdio.h>헤더 파일에 포함된 prinft() 함수를 호출하여 수행한다. 화면에 "Welcome to the C World!"를 출력한다.

return 0 : return은 main 함수가 처리를 끝내고 그 결과를 반환할 때 사용한다. 여기서는 return 값으로 "0"이 사용되었으므로 main 함수가 처리 결과로서 0을 반환한다는 것을 의미한다. 함수의 종료를 선언하는 것이라고 이해하면 좋겠다.

【프로그램 2-1】을 통하여 C 프로그램의 간단한 구성 예를 살펴보았다. 여기서 설명된 구성은 C 프로그램의 가장 기본적인 구성이다. 이 책을 끝마치기까지 반드시 기

억해야만 할 구성요소들을 포함하고 있다. 가장 기본적인 작성 룰이라고 해도 좋을 네 가지 주의해야 할 요소들을 정리해 본다.

첫째는 <stdio.h>와 같은 헤더 파일을 포함시키는 것이다.
둘째는 main()함수로 본문을 시작하는 것이다.
셋째는 "{"로 함수문을 시작하고 "}"로 종결하는 것이다.
넷째는 각 문장마다 세미콜론(;)을 붙여 문장의 종결을 선언하는 것이다.

이 네 가지 요소들은 C 언어의 초보 학습자들이 자주 범하는 실수이기도 하다. 프로그램 컴파일 시 오류가 발생하면 반드시 이 네 가지 요소들은 잘 포함되었는지 확인해보기 바란다.

2.1 프로그램 작성

【프로그램 2-1】 을 프로그램 입력창에 다음과 같이 작성한다.

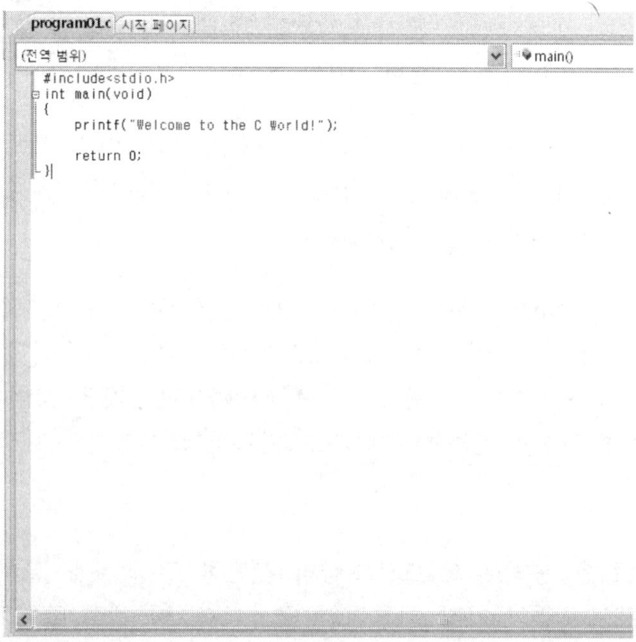

프로그램의 입력이 완료되면 메뉴에서 [빌드] - [컴파일]을 선택하여 작성한 프로그램의 컴파일 과정을 실행한다.

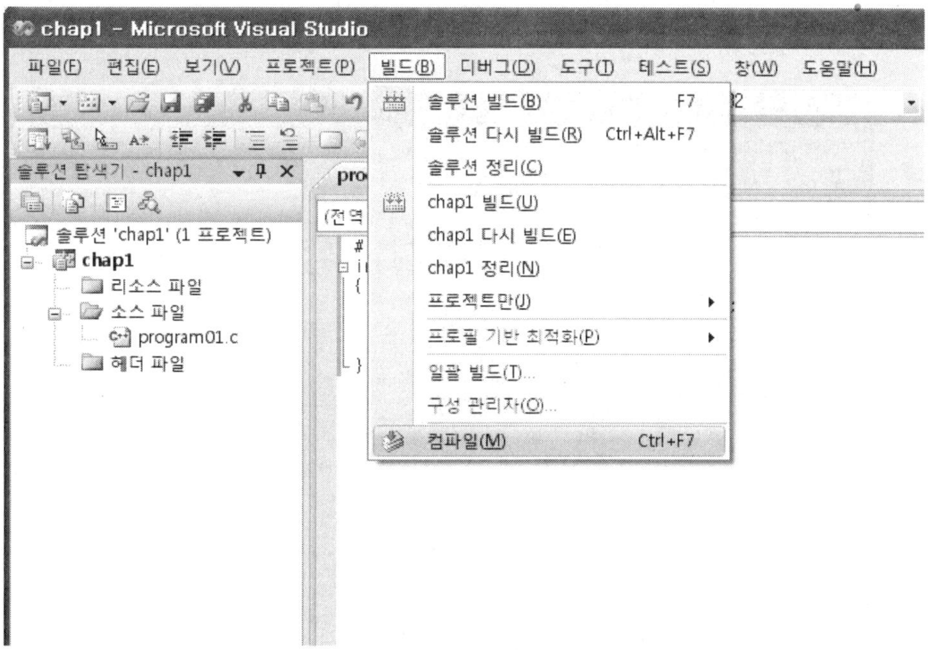

컴파일 결과는 창 하단의 출력 창에 상세히 나타난다.
우선 컴파일 과정에 관한 내용은 로그파일로서 프로젝트 폴더 안에 "BuildLog.htm"으로 저장된다(저장 위치는 "file://c:\work\chap1\chap1\Debug\BuildLog.htm"임).
또한 컴파일 오류나 경고는 모두 0으로 프로그램이 성공적으로 컴파일 되었음을 알려준다.

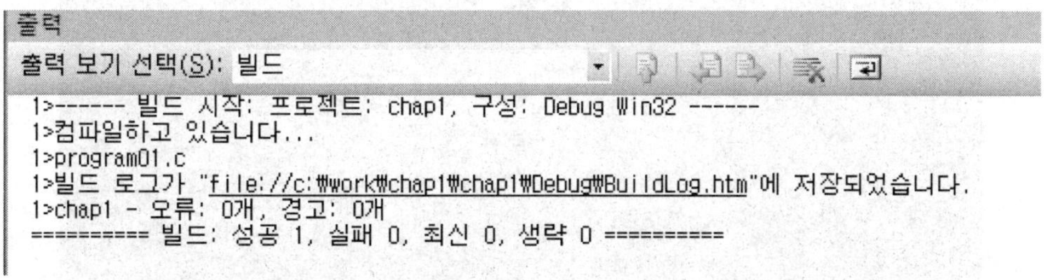

이 과정에서 또한 "program01.obj"라는 오브젝트 파일이 프로젝트 폴더 안의 "Debug" 혹은 "Release"폴더 안에 생성된다.

프로그램이 성공적으로 컴파일되어 오브젝트 파일(program01.obj)이 생성되었으므로 이제는 프로그램의 실행 파일을 만들 준비가 되었다.

실행파일을 만들기 전에 먼저 프로그램을 실행시켜서 그 결과를 확인해보자.

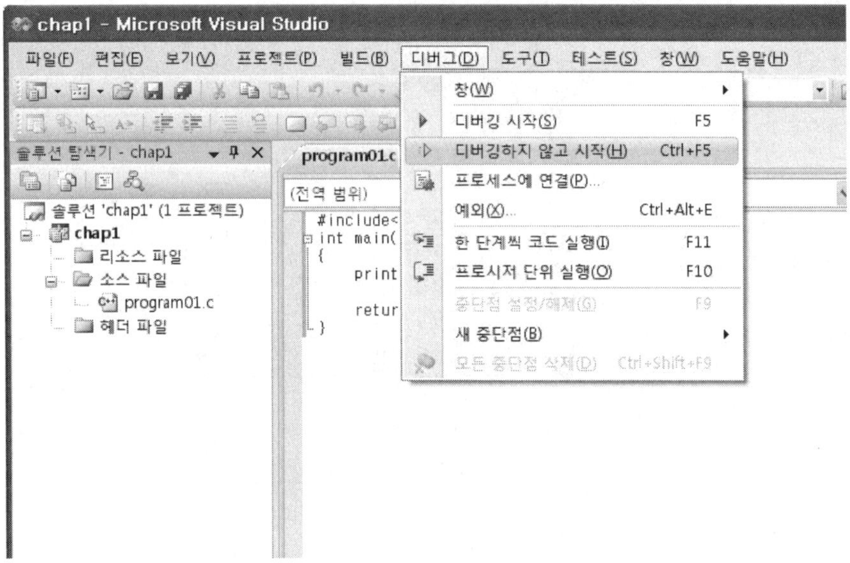

메뉴에서 [디버그] - [디버깅하지 않고 시작]을 선택하여 작성한 프로그램을 실행한다.

프로그램의 링크과정을 거쳐 명령프롬프트 창과 함께 실행결과나 나타남을 볼 수 있다. 또한 프로젝트 폴더에는 "Debug"폴더가 생성되고 그 안에 프로젝트 이름의 실행파일이 만들어졌음을 확인할 수 있다.

지금까지 【프로그램 2-1】을 통하여 프로그램 문서의 작성 및 컴파일, 링크 과정에 대하여 알아보았다.
이제 문자의 출력 기능을 수행하는 printf() 함수에 대하여 좀 더 살펴보자.

2.2 printf() 함수

앞에서도 잠시 printf() 함수에 대하여 설명한바 있으므로 이제 프로그램 예제를 학습하면서 이 함수의 사용 방법에 대하여 좀 더 상세히 알아보기로 한다.
이번에는 변수의 값을 출력하는 printf() 함수와 두 줄 이상의 문자열들을 줄을 바꾸어 출력하는 printf() 함수에 대하여 알아보자.
변수의 사용 방법에 대하여는 다음 장에서 상세히 다룰 것이다.

【프로그램 2-2】

```
#include<stdio.h>
int main(void)
{
	int a;
	a = 10;
	printf("%d" , a);
	return 0;
}
```

☞ **해설**

#include <stdio.h> : 위에서 설명한 바와 같이 출력함수 printf()가 <stdio.h>라는 헤더 파일에 포함되어 있는 함수이므로 이 헤더 파일을 프로그램에 포함시켜야만 printf() 함수가 정상적으로 동작하게 된다.

int main(void) : main 함수의 선언이다. 반환되는 값은 정수형("int")이며, 함수에서 사용할 매개변수는 없다(void).

int a : 변수 a의 유형을 정수형(Integer형)으로 선언함으로써 변수 a의 값이 정수형으로 사용될 것이라고 정의한다.

a = 10 : 변수 a에 10 이라는 정수를 정의해 준다.

printf("%d",a) : %d 위치에 변수 a의 값 10을 출력한다.

return 0 : main 함수가 처리 결과로서 0을 반환한다. 함수의 종료 선언이다.

【프로그램 2-2】를 작성하여 컴파일 한 후 [디버그] - [디버깅하지 않고 시작]을 실행시키면 명령 프롬프트 창에 "10" 이라는 정수가 출력됨을 확인할 수 있다.

【프로그램 2-3】

```
#include<stdio.h>
int main(void)
{
        printf("Welcome to the C World!");
        printf("\n");
        printf("Thank you!");
        return 0;
}
```

해설

#include <stdio.h> : 출력함수 printf()가 <stdio.h>라는 헤더 파일에 포함되어 있는 함수이므로 이 헤더 파일을 프로그램에 포함시켜야한다.

int main(void) : main 함수의 선언이다. 반환되는 값은 정수형(“int”)이며, 함수에서 사용할 매개변수는 없다(void).

printf("..."); 앞 프로그램들의 해설에서와 같이 화면상에 "..."을 출력한다.

printf("\n") : 화면에 출력되는 문자열의 줄 바꿈을 수행한다.

【프로그램 2-3】 을 작성하여 컴파일 한 후 실행시키면 화면상에 "Welcome to the C World!" 와 "Thank you!" 라는 두 줄의 문자열이 출력됨을 확인할 수 있다.

【프로그램 2-4】

```
#include<stdio.h>
int main(void)
{
        printf("Thank you!");    /* 화면 출력 시킨다. */
        return 0;
}
```

해설

#include <stdio.h> : 출력함수 printf()가 <stdio.h>라는 헤더 파일에 포함되어 있는 함수이므로 이 헤더 파일을 프로그램에 포함시켜야한다.

int main(void) : main 함수의 선언이다. 반환되는 값은 정수형("int")이며, 함수에서 사용할 매개변수는 없다(void).

printf("..."); 앞 프로그램들의 해설에서와 같이 화면상에 "..."을 출력한다.

/* ... */ : /* 와 */ 사이는 주석이 위치하는 곳으로 프로그램의 작성일, 목적, 기능 등 필요한 정보를 기록해 놓으면 향후 프로그램 분석 및 오류 수정에 도움이 된다.
/* 와 */ 사이에는 또 다른 /* 와 */ 가 들어갈 수 없다.

【프로그램 2-4】를 작성하여 컴파일 한 후 실행시키면 화면상에 "Thank you!" 라는 문자열이 출력되며 주석문은 출력되지 않는다.

지금까지 화면에 데이터나 문자열을 출력하는 printf() 함수에 대하여 알아보았는데 이외에도 출력 함수에는 한 문자를 출력하는 putchar() 함수와 putch() 함수, 그리고 문자열을 출력하는 puts() 함수들이 있으며 이들 함수들에 대해서는 제 4장에서 학습할 것이다.

☞ 문자열 출력 함수

printf() : 출력 포맷을 지정할 수 있다.
stdio.h 헤더 파일에 속해 있다.

putchar() : 한 문자를 출력한다.
stdio.h 헤더 파일에 속해 있다.

putch() : 한 문자를 출력한다.
conio.h 헤더 파일에 속해 있다.

puts() : 문자열을 출력한다.
printf() 함수와 달리 문자열을 출력한 후 커서 위치가 다음 줄로 이동된다.

예제 실습

다음의 프로그램 예제들을 작성하고 컴파일 후 그 실행 결과를 확인해보자.

【 예제 2-1 】

작성한 프로그램을 실행하고 그 결과를 확인해보자.

```
#include<stdio.h>
int main(void)
{
        printf("Programming C Language.");
        return 0;
}
```

실행 결과

Programming C Language.

printf("Programming C Language.") : "Programming C Language."를 화면에 출력한다.

【 프로그램 수정하기 2-1 】

화면에 자신의 영문이름을 출력하는 프로그램을 작성하시오.

【 예제 2-2 】

작성한 프로그램을 실행하고 그 결과를 확인해보자.

```
#include<stdio.h>
int main(void)
{
        printf("20+30 = 50\n");
        printf("20*30 = 600");
        return 0;
}
```

실행 결과

```
20+30 = 50
20*30 = 600
```

printf("20+30=50\n"): "20+30=50"을 출력하고 "\n"에 의하여 한 줄 바꾸기를 수행한다.

printf("20*30 = 600") : "20*30 = 600"을 화면에 출력한다.

【 프로그램 수정하기 2-2 】

"30-20 = 10", "60/3 = 20"을 출력하는 프로그램을 작성하시오.

【 예제 2-3 】

작성한 프로그램을 실행하고 그 결과를 확인해보자.

```
#include<stdio.h>
int main(void)
{
        int x=10;
        printf("%d", x);                /* 변수 값 출력 */
        return 0;
}
```

실행 결과

```
10
```

int x=10 : 변수 x를 선언하고 그 초기 값으로 10을 정의한다.

printf("%d",x): 변수 x의 값을 출력한다. 여기서 "%d"는 십진수를 출력하라는 선언이다. 변수 유형별 표기 방법은 다음 장에서 상세히 다루어 진다.

/* 변수값 출력 */ : /* 와 */ 사이에 있는 글은 주석문을 의미하므로 프로그램으로 인식되어 실행되지 않는다.
따라서 프로그램 상에서만 존재할 뿐 프로그램 실행 결과에는 나타나지 않는다.

【 프로그램 수정하기 2-3 】

변수, a를 선언하고, 초기 값으로 10을 정의한 후 변수, a의 값을 출력하는 프로그램을 작성하시오.

【 예제 2-4 】

작성한 프로그램을 실행하고 그 결과를 확인해보자.

```
#include<stdio.h>
int main(void)
{
        printf("1234567890");
        printf("\n\n");
        printf("0987654321");
        return 0;
}
```

실행 결과

```
1234567890

0987654321
```

printf("\n\n") : "1234567890"을 출력한 후 두 번 줄바꾸기를 수행한다.

printf("0987654321") : "0987654321"을 출력한다.

【 프로그램 수정하기 2-4 】

자신의 영문이름을 출력하고 두 번 줄바꾸기를 수행한 한 후 이름의 역순을 출력하는 프로그램을 작성하시오.

【 예제 2-5 】

작성한 프로그램을 실행하고 그 결과를 확인해보자.

```
#include<stdio.h>
int main(void)
{
        printf("Hello Everyone!\n");
        return 0;
}
```

실행 결과

Hello Everyone!

printf("Hello Everyone!\n") : "Hello Everyone!"을 출력하고 "\n"에 의하여 마지막에 한 줄 줄바꾸기를 실행한다.
화면상의 커서의 위치가 바뀐 줄에 있게 된다.

【 프로그램 수정하기 2-5 】

화면상에 “Good morning!"을 출력하고 한 줄 바꾸기를 수행하는 프로그램을 작성하시오.

프로그램 에러 찾기

다음의 예제들을 작성하여 컴파일한 후 나타나는 프로그램 오류들을 찾아 수정하시오. 그리고 수정한 프로그램의 실행 결과를 확인하여 적어보시오.

【 예제 2-6 】

프로그램 오류를 수정하여 실행하고 그 결과를 확인해보자.

```
int main(void)
{
        printf("Turbo- C program!\n);
        return 0;
}
```

☞ 컴파일 결과

3행의 printf("Turbo- C program!\n) : 문에서 닫는 따옴표(")가 빠졌으므로 "Unterminated string or character constant..." 에러가 발생하였음.

printf() 함수를 실행할 헤더 파일(<stdio.h>)이 선언되지 않았으므로 3행에서 "Function call missing..." 에러가 발생하였음.

☞include<stdio.h> : 첫 행에 추가 되어야 함.

☞ 실행 결과

【 예제 2-7 】

프로그램 오류를 수정하여 실행하고 그 결과를 확인해보자.

```
#include<stdio.h>
{
        printf("program example!\n");
        return 0;
}
```

컴파일 결과

main() 함수의 선언이 생략되었으므로 2행에서 "Declaration syntax error" 가 발생하였음.

실행 결과

【 예제 2-8 】

프로그램 오류를 수정하여 실행하고 그 결과를 확인해보자.

```
#include<stdio.h>
int main(void)
{
        int a ;
        printf("%d", a);
        return 0;
}
```

☞ **컴파일 결과**

변수 값 a를 정의하기 전에 5행에서 a를 사용하였다는 경고 메시지가 발생하였음.

☞ a = 5 : 변수를 사용하기 전에 초기 값을 지정해 주어야 함.

☞ **실행 결과**

【 예제 2-9 】

프로그램 오류를 수정하여 실행하고 그 결과를 확인해보자.

```
#include<stdio.h>
int main(void)
{
        printf("a-b=c")
        printf("a=b+c\n");
        return 0;
```

컴파일 결과

4행의 printf(...) 문에서 문장의 끝에 ""이 빠졌으므로 "Statement missing ; ... " 에러가 발생하였음.

6행의 프로그램 끝에서 닫는 기호 "}" 가 생략되었으므로 "Compound statement missing }..." 에러가 발생하였음.

실행 결과

연 습 문 제

1. 다음과 같이 출력되도록 printf() 함수를 사용하여 프로그램을 작성하시오.

```
Hello?
Nice to meet you!
```

2. 다음과 같이 출력되도록 printf() 함수를 사용하여 프로그램을 작성하시오.

```
*
***
******
***
*
```

3. 다음과 같이 출력되도록 printf() 함수를 사용하여 프로그램을 작성하시오.

```
================
=    Exercise    =
================
```

4. 다음의 printf() 함수를 사용하여 프로그램을 완성하고 그 결과를 확인하시오.

```
printf("This is C example")
printf("please try this example.")
```

5. 다음의 프로그램을 작성하고 각 행에 필요한 주석문을 달아보시오. 그리고 컴파일 한 후 프로그램의 실행 결과를 확인하시오.

```
#include<stdio.h>
main()
{
        printf("This is test program.");
        printf("\n\n");
        printf("*********");
}
```

제 3 장
데이터 형과 변수

3.1 데이터 형

- 문자형 상수　　- 숫자형 상수

3.2 변수

예제 실습

프로그램 에러 찾기

연습 문제

제 3 장 데이터 형과 변수

프로그램이란 데이터를 입력받아 연산하고 그 결과를 출력하는 것을 기본기능으로 가진다. 따라서 데이터가 없는 프로그램이란 상상할 수도 없는 일이며 당연히 데이터의 유형에 대한 지식을 가지고 있지 않으면 성공적인 프로그래머가 될 수 없는 일이다.

데이터는 기본적으로 값이 고정된 상수와 값이 고정되지 않고 변화하는 변수로 구분된다.

상수는 특정한 값으로 고정된 데이터로서 프로그램의 연산이나 사용할 변수들의 초기 값 등으로 사용된다.

한편 변수는 상수 값을 대신하여 사용하는 데이터로서 고정되지 않고 변화하는 값들을 대신 표현할 수 있으며 프로그램 연산과정에서 반복 사용할 수 있는 데이터이다. 상수 값의 임시 저장소라고 생각해도 무방하다.

3.1 상 수

상수는 값이 결정된 데이터로서 문자형 상수와 숫자형 상수로 분류된다.

3.1.1 문자형 상수

문자형 상수는 문자 상수와 문자열 상수로 나뉜다. 문자 상수는 하나의 문자 값을 가지는 상수이며 문자열 상수는 한 개 이상의 문자들로 구성되는 상수이다.

문자 상수는 홑 따옴표('문자')로 표시하고 문자열 상수는 겹 따옴표("문자열")로 표시한다.

문자형 상수	문자 상수	'1', '8', 'k'
	문자열 상수	"d", "homerun", "20091231"

위의 표에서 설명된 바와 같이 문자 상수는 하나의 문자를 갖는 상수로서 홑 따옴표를 사용하여 표시한다. 즉 '1'은 비록 숫자의 형태이지만 홑 따옴표로 표현되었으므로 문자형 상수를 의미하게 된다. '8' 역시 하나의 문자형 상수가 되며 'k' 역시 하나의 문자 상수이다.

한편 "d"는 비록 하나의 문자이지만 겹 따옴표를 사용하였으므로 문자가 하나인 문자열 상수가 된다. "homerun"이나 "20091231" 역시 마찬가지로 겹 따옴표를 사용하여 표현하였으므로 문자열 상수가 된다.

3.1.2 숫자형 상수

숫자형 상수는 크게 정수형 상수와 실수형 상수로 나누어진다. 정수형 상수는 소수점 이하 부분이 없는 숫자로서 양수, 0, 음수로 정의되며 실수형 상수는 소수점 이하 부분을 가지고 있는 상수를 의미한다.

정수형 상수는 부호가 있는 수와 부호가 없는 수로 구분하여 사용할 수 있다.

부호가 있는 정수형 상수는 signed number라고 하며 숫자 앞에 양수("+"), 음수("-") 기호를 붙여 표시하여 주며 양수("+")일 경우는 "+" 기호를 생략할 수 있다.

부호가 없는 정수형 상수는 unsigned number라고 하며 상수 그대로 표현하면 된다.

또한 정수형 상수는 그 표현 방법에 있어서도 8진수, 10진수, 16진수 등으로 표현할 수 있다.

8진수는 숫자 앞에 "0"을 붙여 표현함으로써 이 숫자가 8진수라는 것을 의미하게 하고 16진수는 숫자 앞에 "0x" 또는 "0X"를 붙여 표현함으로써 이 숫자가 16진수라는 것을 나타낸다. 물론 10진 상수는 특별한 첨자 없이 숫자 자체만으로 표현한다.

한편 실수형 상수는 고정 소수점 상수와 부동 소수점 상수로 나타낼 수 있다. 고정 소수점 상수는 상수의 소수점 위치가 고정된 표현이다. 예를 들면 "1.23"과 같이 소수점 이하 둘째자리까지 표현한다든가 하는 방식이다. 반면 부동 소수점 상수는 소수점의 위치가 지수(E) 표현 다음의 자릿수에 따라 변하는 표현 방식이다. 예를 들면 "0.001234"를 "1.234E-3"이나 "12.34E-4"로 표현하는 방식이다.

숫자형 상수의 분류와 표현 방법은 다음과 같다.

<table>
<tr><td rowspan="8">숫자형 상수</td><td rowspan="6">정수형 상수</td><td rowspan="3">부호 있는 수 (signed number)</td><td>8진 상수</td><td>-037, +037</td></tr>
<tr><td>10진 상수</td><td>-123, +123, 45</td></tr>
<tr><td>16진 상수</td><td>-0x1E, +0xabc</td></tr>
<tr><td rowspan="3">부호 없는 수 (unsigned number)</td><td>8진 상수</td><td>027</td></tr>
<tr><td>10진 상수</td><td>1234</td></tr>
<tr><td>16진 상수</td><td>0x1a</td></tr>
<tr><td rowspan="2">실수형 상수</td><td colspan="2">고정 소수점 상수</td><td>1.23</td></tr>
<tr><td colspan="2">부동 소수점 상수</td><td>1.234E-3</td></tr>
</table>

한편 상수 데이터 값의 표현 범위는 데이터의 유형에 따라 달라짐을 알아야 한다. 문자형 상수의 경우는 1바이트 범위 내에서 표현되며 정수형 상수의 경우는 2바이트나 4바이트 범위, 실수형 상수의 경우는 4바이트 혹은 8바이트 범위 내에서 표현된다.

만일 상수 데이터로서 값의 표현 범위를 초과하는 값을 사용한다면 오버플로우가 발생하여 신뢰할 수 없는 데이터를 얻게 된다. 프로그램은 성공적으로 컴파일되어 오류가 없는 것처럼 보이나 실상은 전혀 엉뚱한 결과 치를 얻게 될 수도 있다. 표현되지 않는 프로그램 오류가 발생하는 것이다. 상수 데이터의 표현 범위를 정확히 알고 프로그램을 작성하도록 주의를 기울여야 한한다.

다음은 상수 데이터의 유형별 데이터 값 표현 범위이다.

상수	데이터 형	데이터 표현 범위	부 호	크기
문자형	(signed) char unsigned char	-128 ~ 127 0 ~ 255	있음 없음	1Byte 1Byte
정수형	(signed) short unsigned short (signed) int unsigned int (signed) long unsigned long	-32768 ~ 32767 0 ~ 65535 -2147483648~2147483647 0 ~ 4294967295 -2147483648~2147483647 0 ~ 4294967295	있음 없음 있음 없음 있음 없음	2Byte 2Byte 4Byte 4Byte 4Byte 4Byte
실수형	float double	10E-38 ~ 10E38 10E-306 ~ 10E306	있음 있음	4Byte 8Byte

위의 표에서 보는 바와 같이 사용할 데이터 유형에 따라 상수 값의 표현 범위가 달라짐을 알 수 있다. 문자형 상수는 부호가 있으나 없으나 1바이트 크기의 값으로 제한된다. 반면 정수형 상수는 short형일 경우 2바이트 이내로 제한되며 int나 long형일 경우는 4바이트 크기로 확장된다.

한편 실수형 상수는 float일 경우 4바이트까지, double형일 경우는 8바이트의 범위까지 값을 표현할 수 있다.

3.2 변 수

프로그램에서 사용하는 데이터는 항상 일정할 수 없다. 어떠한 경우나 조건에서도 적용할 수 있어야 프로그램이라고 할 수 있다. 이러한 의미에서 보면 값이 다양하게 얻어질 수도 있는 상황임에도 불구하고 결정된 상수를 직접 프로그램에 적용하는 것은 매우 어리석은 짓이다. 상수 값의 자리를 변화가 가능한 표현 수단을 이용하여 대신 표현하는 것이 효과적이고 또한 당연하다. 이처럼 상수 값을 대신하여 표현하는 것을 변수라고 하며 말 그대로 변수의 데이터 값은 언제든 변할 수 있다. 다양한 데이터에서도 공통적으로 적용할 수 있는 범용 프로그램을 만들어주는 것이다.

변수는 그 변수가 가질 상수 값들의 형태에 따라 선언하는 방법이 달라진다. 이미 앞에서 상수의 종류와 표현 범위에 대하여 살펴보았기 때문에 변수의 선언 방법은 쉽게 이해가 될 것이다.

앞 장의 【프로그램 2-2】의 예제를 다시 한 번 살펴보자.

```
#include<stdio.h>
int main(void)
{
        int a;
        a = 10;
        printf("%d" , a);
        return 0;
}
```

예제 프로그램 중에서 우리는 이미 변수로서 a라는 변수를 선언하였고 변수 a에다 10 이라는 정수형 상수를 정의하여 주었다.

int a와 a = 10이라는 선언이 이와 같은 동작을 수행하는 것이다. 여기서 "int a" 는 a 라는 변수를 4바이트 크기의 정수형(integer)으로 사용하겠다는 선언이었음을 이제 알 수 있을 것이다.

또한 변수를 선언한 후에 초기 값으로 변수 a에 "10"이라는 정수형 상수를 선언해 주었다. 이것은 이 프로그램의 전 영역에 걸쳐서 변수 a의 값은 10 이라는 상수 값으로 사용하라는 명령이 된다. 물론 프로그램 중간에 변수 a의 값을 “10”이 아닌 다른 값으로 변경해 줄 수도 있다. 그리고 변수 a의 값이 새로이 변경되지 않는 한 변경된 값이 프로그램의 마지막 부분까지 적용될 것이다.

한편 변수를 선언할 때는 반드시 변수가 표현할 데이터의 유형도 함께 선언해 주어야 한다. 프로그램이 알아서 자동적으로 변수의 데이터 형까지 판별해 주면 좋겠지만 그것은 희망사항일 뿐이다. 변수를 선언할 때는 반드시 데이터 형도 함께 표시하여야 한다.

변수 표현 방법의 몇 가지 예를 보자.

상수 값이 'a' 일 경우는 문자형 상수이므로 변수 x는 다음과 같이 표현되어야 한다.

☞ char x = a

상수 값이 1234일 경우는 2바이트 범위(-32768 ~ 32767) 이내의 숫자이므로 int형 대신 short형의 정수로도 표현할 수 있다.

☞ int x = 1234 또는 short x = 1234

물론 여기서 데이터 형을 int 대신 같은 4바이트 범위(-2147483648~2147483647)인 long으로 표현하여도 그 결과는 차이가 없다.

☞ long x = 1234

상수 값이 정수로서 32767 이상의 값을 가질 경우는 데이터 형으로서 int나 long을 사용한다. 이를 무시하고 short 형을 사용하면 연산 오류가 발생한다.

☞ int x = 400001 또는 long x = 400001

상수 값이 123.456 일 경우는 실수형 상수이므로 변수 앞에 float을 붙여 표현한다.

☞ float x = 123.456

당연히 상수 값이 4바이트 이내의 크기일 경우에 해당되는 표현이다. 상수 값이 4바이트의 범위를 초과할 경우는 데이터 형으로 float이 아닌 double(8바이트)을 사용하여야 한다.

☞ double x = 2.0E+308

한편 변수의 이름은 영문자의 대문자, 소문자, 숫자, 그리고 밑줄 "_"를 사용하여 구성할 수 있으며 첫 글자는 반드시 영문자나 밑줄"_"로 시작해야만 하고 보통 최대 31문자까지 사용이 가능하다.

예를 들면 "abc", "a321", "FStuv_30", "_dor30"과 같은 표현들이 적절한 변수 표현이 된다.

여기서 영문자의 대문자와 소문자는 별개로 구분되며 예약어들, 즉 C 프로그램에서 사용하는 이름들은 변수의 이름으로 사용될 수 없음을 주의하여야 한다.

변수 명으로 사용할 수 없는 예약어들은 다음과 같다.

auto	break	case	char
const	continue	default	do
double	else	enum	extern
float	for	goto	if
int	long	register	return
short	signed	sizeof	static
struct	switch	typedef	union
unsigned	void	volatile	while

만일 위의 예약어들을 변수 이름으로 사용하고자 한다면 예약어에 약간의 변형을 주어서 사용하면 된다. 예를 들면 "auto_01", "break1"처럼 말이다.

이제 지금까지 살펴본 데이터 형과 변수의 의미와 사용 방법들을 프로그램 예제와 해설을 통하여 좀 더 자세히 학습해보기로 한다.

변수의 종류 선정 및 변수 명 작성법, 그리고 상수의 표현 범위 등 몇 가지 주의해야 할 요건들만 염두에 둔다면 프로그램 예제들을 이해하는데 별다른 어려움은 없을 것이다.

【 프로그램 3-1 】

```
#include<stdio.h>
int main(void)
{
        int a, b;                    /* 정수형 변수 a, b 선언 */
        a=10;                        /* 변수 a 값을 10으로 초기화 */
        b=20;                        /* 변수 b 값을 20으로 초기화 */
        printf("a=%d\n", a);
        printf("b=%d",b);
        return 0;
}
```

해설

int a, b : 정수형 변수 a와 b를 선언하여 a와 b의 값이 정수형임을 정의한다.

a=10, b=20 : 정수형 변수 a 와 b의 값을 각각 정수형 상수 10과 20 으로 초기화한다.

printf("a=%d\n",a) : 화면에 "a=10"을 출력하고 "\n"에 의해 한 줄 바꾸기를 수행한다.
여기서 "%d" 는 10진 상수를 이 자리에 출력하라는 의미이다.

【 프로그램 3-1 】

프로그램을 다음과 같이 C 프로그램 입력창에 작성한다.

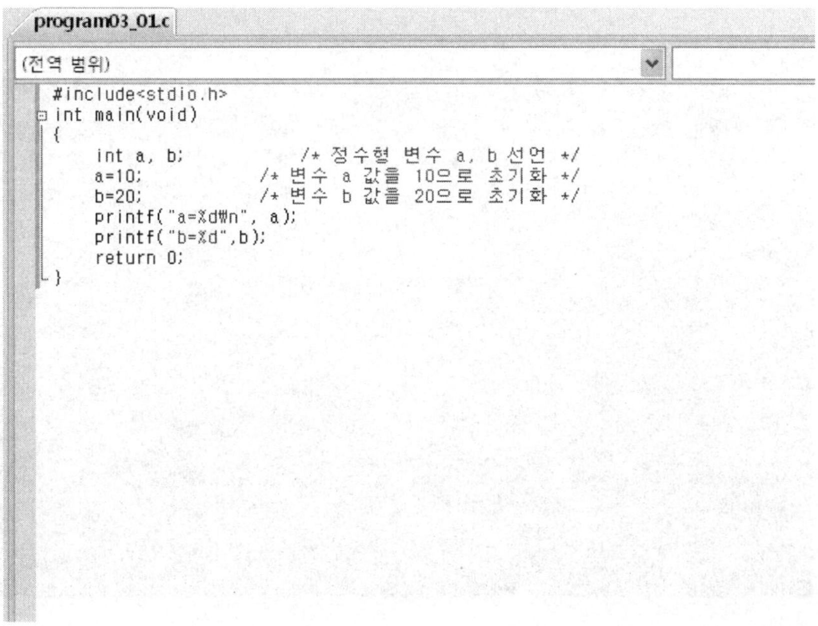

프로그램의 작성이 완료되면 메뉴에서 [빌드] - [컴파일] 메뉴를 선택하여 작성한 프로그램의 컴파일을 실행한다.

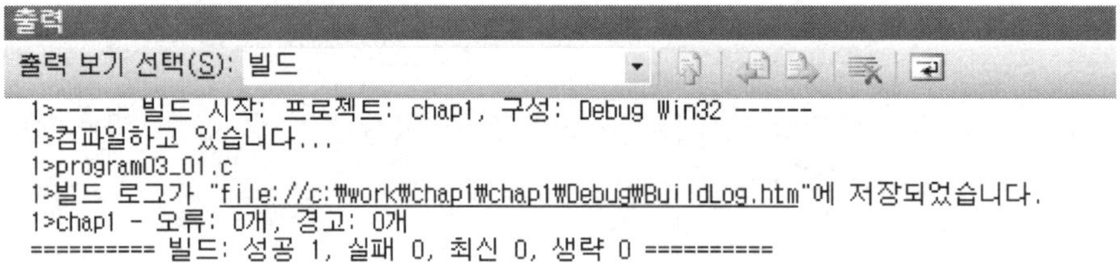

프로그램의 컴파일 과정이 성공적으로 완료되면 다음에는 메뉴에서 [디버그] - [디버깅하지 않고 시작] 메뉴를 선택하여 작성한 프로그램을 실행시킨다. 프로그램의 실행 결과는 다음과 같이 나타날 것이다.

먼저 프로그램 "printf("a=%d\n", a)" 에 의해 "a=10"을 출력하고 "\n"에 의해 한 줄 바꾼 후 "printf("b=%d", b)" 명령에 의해 "b=20"을 출력할 것이다.

다음의 【프로그램 3-1】 프로그램의 실행 결과 화면을 보고 프로그램의 각 명령문과 그 실행 결과를 비교하여 보자.

【프로그램 3-1】을 통하여 정수형 상수와 정수형 변수를 이용한 프로그래밍 방법에 대하여 알아보았다.

이제 앞에서 열거한 문자형 상수와 정수형 상수, 그리고 실수형 상수들을 이용한 프로그래밍 방법을 예제를 통하여 좀 더 상세히 다루어 보기로 하자.

거듭 강조하지만 사용할 상수의 종류를 정확히 이해하고 또한 정수형이나 혹은 실수형 상수를 사용하고자 할 경우는 이들 상수들의 표현 범위와 부호 유무 등도 잘 고려하여 변수를 선언하여야 할 것이다.

또한 제 5장에서도 다뤄지겠지만 변수의 종류가 서로 다른 변수들을 연산함으로써 프로그램 에러를 범하는 경우도 종종 있으므로 사용할 변수의 종류를 정확히 하고 또한 연산 과정에서도 변수들을 주의하여 사용하여야 할 것이다.

자칫 변수의 선언 단계에서 변수의 종류를 잘못 선언하여 프로그램의 실행 결과가 전혀 엉뚱하게 나타나거나 혹은 데이터의 일부가 유실되어 기대했던 정확한 실행 결과를 얻지 못하여 그 원인을 찾느라 많은 시간을 허비할 수도 있음을 명심해야 할 것이다.

【 프로그램 3-2 】

```
#include<stdio.h>
int main(void)
{
        int a = 40;
        double b = 10.03;
        printf("variable a is %d\n" , a);   /* 변수 a의 값 표시 */
        printf("variable b is %f\n" , b);   /* 변수 b의 값 표시 */
        printf("Value of B is %0.1f\n", b);           /* B의 값 표시 */
        return 0;
}
```

해설

int a = 40 : 정수형 변수 a를 10진 상수 "40"으로 초기화한다.

double b = 10.03 : 실수형 변수 b를 고정 소수점 상수 "10.03"으로 초기화한다.

printf("variable a is %d\n" , a) : "variable a is 40"을 출력하고 줄바꾸기를 수행한다.

printf("variable b is %f\n" , b) : "variable b is 10.030000"을 출력하고 줄바꾸기를 수행한다.
여기서 실수 표현의 기본형 "%f"는 소수점 6자리까지 출력한다.

printf("Value of B is %0.1f\n", b) : "Value of B is 10.0"을 출력하고 줄바꾸기를 수행한다.
여기서 "%0.1f"의 선언으로 소수점 상수 "10.03"의 값은 소수점 한자리까지만 출력된다.

【프로그램 3-2】를 작성하여 컴파일 한 후 실행시키면 화면상에 다음과 같이 출력됨을 확인할 수 있다.

```
variable a is 40
variable b is 10.030000
Value of B is 10.0
```

위의 프로그램 예제를 통하여 정수형 상수 값을 출력할 경우는 printf() 함수 내에 "%d"를 사용하지만 실수형 상수 값을 출력하기 위해서는 printf() 함수 내에 "%f"를 사용하여야 한다는 것을 알 수 있다. 또한 실수형 상수 값을 출력할 때에 소수점 이하의 자리 수도 제한할 수 있음을 알 수 있다.

예를 들어 소수점 둘째 자리까지 표현하고자 한다면 "%0.2f" 로 선언하면 될 것이다.

【 프로그램 3-3 】

```
#include<stdio.h>
int main(void)
{
        char a = 'v';
        long b = 1234560;
        printf(" a= %c\n", a);
        printf(" b= %ld\n" , b);
        return 0;
}
```

해설

char a = 'v' : 문자형 변수 a를 문자 상수 'v' 로 초기화한다.

long b = 1234560 : 정수형 변수 b를 정수형 상수 1234560으로 초기화 한다.
여기서 상수 값 1234560 이 2바이트를 초과하므로 int나 long 형 변수로 선언하였다.

printf(" a= %c\n", a) : "a= v"를 출력하고 줄바꾸기를 수행한다.
여기서 문자형 상수의 출력은 "%c"를 사용한다.

printf(" b= %ld\n", b) : "b= 1234560" 을 출력하고 줄바꾸기를 수행한 다.
여기서 long 형 변수의 표현은 "%ld"를 사용하였다.
만일 "%d"를 사용하였다면 전혀 엉뚱한 결과가 나올 것이다.

【프로그램 3-3】을 작성하여 컴파일 한 후 실행시키면 화면상에 "a=v" 와 한 줄 바꿔서 "b=1234560" 라는 두 줄의 결과를 출력할 것이다.

【 프로그램 3-4 】

```
#include<stdio.h>
int main(void)
{
        short a = 100;
        unsigned int b = 20;
        printf(" a= %d\n", a);
        printf(" b= %u\n" , b);
        return 0;
}
```

해설

short a = 100 : 정수형 변수 a를 정수형 상수 100 으로 초기화한다.
short는 int 와 동일하게 사용된다.

unsigned int b = 20 : 부호 없는 정수형 변수 b를 정수형 상수 20으로 초기화한다.

printf(" a= %d\n", a) : "a= 100"을 출력하고 줄바꾸기를 수행한다.

printf(" b= %u\n" , b) : "b= 20" 을 출력하고 줄바꾸기를 수행한다.
여기서 unsigned int 형 변수의 표현은 "%u"를 사용하였다.
만일 unsigned int b의 값으로 부호가 있는 -20 을 사용하였다면 전혀 엉뚱한 결과가 나올 것이다.

【프로그램 3-4】를 작성하여 컴파일 한 후 실행시키면 화면상에 "a=100" 과 한 줄 바꿔서 "b=20" 라는 두 줄의 결과를 출력할 것이다.

【 프로그램 3-5 】

```
#include<stdio.h>
int main(void)
{
        char a = 'a';
        short b = 15;
        printf(" a= %d\n", a);
        printf(" 8 Jinsu b= %o\n" , b);     /* 8 진수 값 표시 */
        printf(" 10 Jinsu b= %d\n" , b);    /* 10 진수 값 표시 */
        printf(" 16 Jinsu b= %x\n" , b);    /* 16 진수 값 표시 */
        return 0;
}
```

해설

printf(" a= %d\n" , a) : 문자형 상수 'a'를 10진 상수("%d")로 표현하라는 명령이 되었다.
즉 데이터의 형식을 문자형에서 정수형으로 변환하게 되는 것이다. 결과는 문자 a의 ASCII 코드 값 97이 출력된다.

printf(" 8 Jinsu b= %o\n" , b) : 정수형 상수 15의 8진수 표현("%o")이 얻어질 것이다.

printf(" 16 Jinsu b= %x\n" , b) : 정수형 상수 15의 16진수 표현("%x")이 얻어질 것이다.

【프로그램 3-5】를 작성하여 컴파일 한 후 실행시키면 화면상에 다음과 같이 출력됨을 알 수 있다.

```
a= 97
8 Jinsu b= 17
10 Jinsu b= 15
16 Jinsu b= f
```

위의 프로그램 예제를 통하여 문자형 상수 'a'를 선언하였다 할지라도 출력문에서 "%d"로 선언하면 문자 'a'의 아스키코드(ASCII) 값 97이 출력됨을 볼 수 있다. 즉 변수형을 잘못 선언하여 잘못된 출력 값을 출력하게 되던지 혹은 상황에 따라 데이터의 형식을 변환할 수도 있음을 알 수 있다.

또한 10진 상수 "15"도 출력문에서의 선언에 따라 8진수("%o")로 "17"을, 혹은 16진수("%x")로 "f"를 나타낼 수도 있음을 알 수 있다.

지금까지 선언된 변수의 종류와 출력문에서의 선언 방법에 대하여 정리해 보면 다음과 같다.

☞ 변수의 종류와 출력함수에서의 적용

변수의 종류	출력함수 printf()	상수 값
int, short	%d	10진 정수
int, short	%o	8진 정수
int, short	%x	16진 정수
unsigned int, short	%u	부호 없는 10진 정수
float	%f	실수
long	%ld	long형 정수
char	%c	문자 상수

예제 실습

다음의 프로그램 예제들을 작성하고 컴파일한 후 그 결과를 확인해보자.

【 예제 3-1 】

작성한 프로그램을 실행하고 그 결과를 확인해보자.

```
#include<stdio.h>
int main(void)
{
        int num1 = 10;
        int num2 = 20;
        double number3 = 30.03;
        printf("Ex3-1\n");
        printf("num1 = %d, num2 = %d\n", num1, num2);
        printf("num3 = %f\n", number3);
        printf("Ex3-1 End\n");
        return 0;
}
```

실행 결과

```
Ex3-1
num1 = 10, num2 = 20
num3 = 30.030000
Ex3-1 End
```

int num1 = 10 : 정수형 변수 num1이 선언되었으며 num1은 상수 10 으로 초기화되었다.

float number3 = 30.03 : 실수형 변수 number3 이 선언되었으며 값은 30.03 으로 초기화되었다.

printf("Ex3-1\n") : 화면에 "Ex3-1"을 출력하고 줄바꾸기를 수행한다.

printf("num3 = %f\n", number3) : 실수형 변수 number3의 값이 화면에 출력된다.
여기서 실수형 상수를 출력하기 위해서 값이 출력되는 위치에 %f를 사용하였다.

printf("Ex3-1 End\n") : 화면에 "Ex3-1 End"를 출력하고 줄바꾸기를 수행한다.

【 프로그램 수정하기 3-1 】

앞의 예제에서 num1, num2, num3 값들을 줄바꾸기 없이 연속으로 출력하는 프로그램으로 수정하시오.

【 예제 3-2 】

작성한 프로그램을 실행하고 그 결과를 확인해보자.

```
#include<stdio.h>
int main(void)
{
        char a = 'A', b = 'B', c = 'C' ;
        int d = 2, e = 3, f = 4 ;
        printf("Ex3-2\n");

        printf("Characters and numbers are printed.\n");
        printf("%d%c + %d%c = %d%c\n", d,a,e,b,f,c);
        printf("Ex3-2 End\n");
        return 0;
}
```

실행 결과

```
Ex3-2
Characters and numbers are printed.
2A + 3B = 4C
Ex3-2 End
```

char a = 'A', b = 'B', c = 'C' : 문자형 상수를 선언한다.
a = 'A', b = 'B', c = 'C'로 초기화한다.

printf("%d%c + %d%c = %d%c\n", d,a,e,b,f,c) : 문자형 변수와 정수형 변수의 값이 화면에 출력된다.
여기서 정수형 변수는 %d 위치에, 문자형 변수는 %c 위치에 출력된다.

【 프로그램 수정하기 3-2 】

앞의 예제를 수정하여 "3X + 5Y = 7Z"을 출력하는 프로그램으로 만들어보시오.

【 예제 3-3 】

작성한 프로그램을 실행하고 그 결과를 확인해보자.

```
#include<stdio.h>
int main(void)
{
        float f = 10.123 ;
        int x ;
        x = f ;
        printf("Ex3-3\n");
        printf("x = %d\n", x);
        printf("f = %3.4f\n", f);
        printf("Ex3-3 End\n");
        return 0;
}
```

실행 결과

```
Ex3-3
x = 10
f = 10.1230
Ex3-3 End
```

float f = 10.123 : 실수형 변수 f가 선언되었으며 값은 10.123으로 초기화되었다.
int x : 정수형 변수 x를 선언하였다.
x = f : 실수형 변수 f의 값이 정수형 변수 x의 값으로 지정된다.
printf("x = %d\n", x) : 정수형 변수 x의 값이 정수형(%d)으로 화면에 출력된다.
printf("f = %3.4f", f) : 실수형 변수 f의 값이 정수부 3자리, 소수부 4자리를 갖는 실수형(%3.4f)으로 화면에 출력된다.

【 프로그램 수정하기 3-3 】

앞의 예제에서 실수형 변수 f의 값으로 10.62345를 선언하고 이의 정수 값은 정수형 변수 a로, 실수 값은 소수점 4자리까지의 수로 표시하는 프로그램을 만들어보시오.

【 예제 3-4 】

작성한 프로그램을 실행하고 그 결과를 확인해보자.

```
#include<stdio.h>
int main(void)
{
        char a ;
        a = 'A' ;
        printf("Ex3-4\n");
        printf("a = %c \n", a);
        printf("a = %d\n", a);
        printf("Ex3-4 End\n");
        return 0;
}
```

☞ 실행 결과

```
Ex3-4
a = A
a = 65
Ex3-4 End
```

a = 'A' : 문자형 변수 a의 값이 'A'로 초기화되었다. printf("a = %c \n", a) : 문자형 변수 a의 값이 문자형(%c)으로 화면에 출력된다. printf("a = %d", a) : 문자형 변수 a의 값이 정수형(%d)으로 출력된다. 문자 'A'의 정수형 값은 아스키코드(ASCII)로 65이다.

【 프로그램 수정하기 3-4 】

문자형 변수 b의 값으로 'B'를 선언하고 이를 각각 문자형과 10진수, 16진수로 출력하는 프로그램을 만들어보시오.

【 예제 3-5 】

작성한 프로그램을 실행하고 그 결과를 확인해보자.

```
#include<stdio.h>
int main(void)
{
        float a = 1.23456;
        double b = 1.23456789;
        int c = 123456789;
        unsigned int d = 123456789;
        printf("Ex3-5\n");
        printf("a = %f\n", a);
        printf("b = %3.9f\n", b);
        printf("c = %ld\n", c);
        printf("d = %ld\n", d);
        printf("Ex3-5 End\n");
        return 0;
}
```

실행 결과

```
Ex3-5
a = 1.234560
b = 1.234567890
c = 123456789
d = 123456789
Ex3-5 End
```

double b = 1.23456789 : 변수 b를 double 형으로 선언하였다.
int c = 123456789 : 정수형 변수 c를 int 형으로 선언하였다.

【 프로그램 수정하기 3-5 】

【예제 3-5】의 프로그램에서 상수 b의 값을 소수점이하 4자리까지만 출력하는 프로그램으로 수정해보시오.

프로그램 에러 찾기

다음의 예제들을 작성하여 컴파일한 후 나타나는 프로그램 오류들을 찾아 수정하시오. 그리고 수정한 프로그램의 실행 결과를 확인하여 적어보시오.

【 예제 3-6 】

프로그램 오류를 수정하여 실행하고 그 결과를 확인해보자.

```
#include<stdio.h>
int main(void)
{
        short a, b ;
        a = 34.34 ;
        b = 2112345670;
        printf("Ex3-6\n");
        printf("a = %d\n", a);
        printf("b = %d\n", b);
        printf("Ex3-6 End\n");
        return 0;
}
```

☞ **컴파일 결과**

컴파일 에러는 발생하지 않으나 경고가 발생하며 프로그램 실행 결과도 오류로 나타남.

a=34.34 : 변수 a가 정수형으로 선언되었으므로 초기 값 34.34가 정수형으로 표현되었다. 실수형으로 선언하여야 한다.

☞ float a
printf("a = %f\n", a)

b = 2112345670 : 2바이트 정수형 변수의 범위를 초과하였다.

☞ int b

☞ 실행 결과

【 예제 3-7 】

프로그램 오류를 수정하여 실행하고 그 결과를 확인해보자.

```
#include<stdio.h>
int main(void)
{
        int a ;
        float b;
        a = 321;
        b = 123.4567;
        printf("Ex3-7\n");
        printf("a = %f\n", a);
        printf("b = %d\n", b);
        printf("Ex3-7 End\n");
        return 0;
}
```

☞ 컴파일 결과

컴파일 에러는 발생하지 않으나 프로그램 실행 결과는 오류임.

printf("a = %f\n", a) : 정수형 변수 a의 값을 실수형(%f)으로 출력하였다.

☞ printf("a = %d\n", a)

printf("b = %d\n", b) : 실수형 변수 b의 값을 정수형(%d)로 출력하였다.

☞ printf("b = %f\n", b)

☞ 실행 결과

【 예제 3-8 】

프로그램 오류를 수정하여 실행하고 그 결과를 확인해보자.

```
#include<stdio.h>
int main(void)
{
	short a, b;
	a = 6543;
	b = 1234;
	printf("Ex3-8\n");
	printf("a * b = %f\n", a*b);
	printf("Ex3-8 End\n");
	return 0;
}
```

☞ 컴파일 결과

컴파일 에러는 없으나 프로그램 실행 결과는 오류임.

printf("a * b = %f\n", a*b) : 정수형 변수 a와 b의 곱을 정수형이 아닌 실수형으로 출력하도록 하므로 정확한 결과값을 출력하지 못한다.
출력 유형을 정수형으로 수정해 주어야 한다.
☞ printf("a * b = %d\n", a*b)

☞ 실행 결과

【 예제 3-9 】

프로그램 오류를 수정하여 실행하고 그 결과를 확인해보자.

```
#include<stdio.h>
int main(void)
{
        int asd;
        int auto;
        asd = 10;
        auto = 20;
        printf("Ex3-9\n");
        printf("asd = %d\n",asd);
        printf("auto = %d\n",auto);
        printf("Ex3-9 End\n");
        return 0;
}
```

☞ **컴파일 결과**

int auto / printf("auto = %d\n",auto) : 예약어가 변수로 사용되었다.
auto가 아닌 다른 변수명을 사용하여야 한다.
☞ int auto1
auto1 = 20;
printf("auto1 = %d\n",auto1);

☞ **실행 결과**

연 습 문 제

1. 정수형 변수 a와 b에 초기 값으로 각각 100과 200을 선언하고 이들 값들을 출력하는 프로그램을 작성하시오.

2. 다음의 실수들을 초기 값으로 정의한 후 각각의 값을 정수부 3자리, 소수부 2자리로 표현하는 프로그램을 작성하시오.

   A = 12.3456
   B = 432.12
   C = 7.9098

3. 다음의 실수 값은 정수 값으로, 정수 값은 실수 값으로 출력하는 프로그램을 작성하시오.

   A = 34.567
   B = 543
   C = 34.00

4. 정수형 데이터 365와 989를 서로 곱한 후 그 결과를 출력하는 프로그램을 작성하시오.

5. 문자형 상수 'A', 'B', 'C', 'D'를 선언하고 'D', 'C', 'B', 'A' 순으로 출력하는 프로그램을 작성하시오.

제 4 장
기본 입출력 기능

제 4 장 기본 입출력 기능

프로그램은 실행 중에 외부로부터 데이터를 입력받을 수 있어야 한다. 데이터를 입력받아 실행 중인 프로그램에 적용할 수 있어야 한다는 것이다. 또한 프로그램은 실행 결과를 또 다른 처리를 위한 수단으로 또 다른 프로그램에 연결시키거나 혹은 결과 확인을 위해 모니터 화면이나 파일 등에 출력시킬 수 있어야 한다. 그래야 프로그램이 제구실을 하게 되는 것이다. 프로그램 고유의 연산 기능 이상으로 입출력 기능이 중요한 이유이다.

이 장에서는 먼저 기본적인 입출력 기능으로서 키보드로부터의 입력 기능과 모니터 화면으로의 출력 기능에 대하여 학습한다. 이러한 입출력 기능들은 입출력 함수들을 사용하여 간단히 수행할 수 있다.

4.1 입력 함수

키보드로부터 프로그램에 데이터를 입력하는 기능은 scanf(), getchar(), gets()와 같은 입력 함수들을 이용하여 수행할 수 있다. 프로그램 안에서 데이터 입력이 요구되는 위치에 입력 함수를 포함시키는 것만으로 간단히 입력 기능의 처리가 완료된다. 너무도 간단하지 않은가. 우리는 단지 각각의 입력 함수가 어떤 조건에서 사용되어져야 하는지, 그리고 기본적인 포맷이 어떻게 다른지에 주의하여 사용하면 될 뿐이다.

이제부터 scanf() 함수를 시작으로 입력 함수의 사용 방법에 대하여 학습해 보자.

1) scanf() 함수

scanf() 함수의 기본 포맷은 다음과 같다.

scanf("형식 문자열", &변수명)

scanf() 함수는 키보드 등으로부터 프로그램에 데이터를 입력하는 가장 일반적인 함수로서 문자형 상수나 숫자형 상수 모두 입력할 수 있다.

scanf() 함수의 ( )안에는 먼저 변수의 유형, 즉 입력되는 데이터의 유형을 형식 문자열을 이용하여 먼저 정의해 주고, 그 다음에 입력된 데이터를 일시적으로 저장해줄 변수의 이름을 넣어주어야 한다.

형식 문자열은 입력되는 데이터가 정수형 상수일 경우는 %d, 실수형 상수일 경우는 %f, 문자형 상수일 경우는 %c, 문자열 상수일 경우는 %s로 구분하여 표시한다.

형식 문자열	입력데이터 유형	사용 방법 예
%d	정수형 상수 입력	scanf("%d", &input)
%f, %lf	실수형 상수 입력	scanf("%f", &input)
%c	문자형 상수 입력	scanf("%c", &input)
%s	문자열형 상수 입력	scanf("%s", &input)

한편 변수명은 그 앞에 "&"를 붙여 표시한다. 프로그램 예제를 통하여 scanf() 함수의 사용방법을 좀 더 익혀보자.

【 프로그램 4-1 】

```
#include<stdio.h>
int main(void)
{
        int a;
        scanf("%d", &a);
        printf("a= %d", a);
        return 0;
}
```

☞ **해설**

int a : 정수형 변수 a를 선언한다.

scanf("%d", &a) : 키보드로부터 정수형 상수를 입력 받아 변수 a에 저장한다(scanf 대신 scanf_s를 사용할 수도 있음).

printf("a= %d", a) : 키보드로부터 입력된 정수형 상수가 저장된 변수 a의 값을 화면에 출력한다.
"a= 입력된 값"이 화면에 출력된다.

【프로그램 4-1】을 작성하여 컴파일 한 후 프로그램을 실행시켜보자.
화면에서는 키보드로부터의 입력을 기다릴 것이다. 키보드로부터 "10"을 입력하고 [Enter] 키를 치면 화면에는 "a= 10"이 출력될 것이다.

한편 scanf() 함수를 사용하여 두 개 이상의 값들을 입력 받고자 할 경우는 다음과 같은 포맷을 사용할 수 있다.

```
scanf("형식 문자열1 형식 문자열2 ..", &변수명1, &변수명2, …)
```

즉 입력할 변수와 형식 문자열을 입력할 데이터의 수만큼 위와 같은 형식으로 배열하면 된다.

2) getchar() 함수

지금까지 scanf() 함수의 간단한 사용 방법에 대하여 알아보았다.
이제 또 다른 입력 함수인 getchar() 함수의 사용 방법에 대하여 알아보자.

getchar() 함수의 기본 포맷은 다음과 같다.

```
변수명 = getchar( )
```

getchar() 함수는 말 그대로 키보드 등으로부터 입력 데이터로 문자를 입력받는 경우에 사용하는 함수이다.

scanf() 함수가 숫자나 문자 혹은 두 개 이상의 데이터를 한 번에 입력 받을 수 있는 형식임에 반해 getchar() 함수는 한 개의 문자만을 입력 받을 수 있다.

또한 scanf() 함수처럼 ( ) 안에 형식 문자열이나 변수명을 지정해 주는 것이 아니라 위에 보이는 형식과 같이 ( ) 밖에서 변수명을 지정해 주어야 한다.

프로그램 예제를 통하여 getchar() 함수의 사용 방법을 알아보자.

【 **프로그램** 4-2 】

```
#include<stdio.h>
int main(void)
{
        char a, b, c;
        printf("Please enter 3 characters"); /* 3개의 문자 입력 */
        a = getchar();
        b = getchar();
        c = getchar();
        printf("Inputted characters : %c %c %c\n" , a, b, c);
        return 0;
}
```

해설

char a, b, c : 변수 a, b, c를 문자형으로 선언한다.

a=getchar() : getchar() 함수를 이용하여 한 개의 문자를 입력받아 변수 a에 저장한다.

printf("Inputted characters : %c %c %c\n", a, b, c) : 입력된 문자형 변수 a, b, c의 값을 출력한다.

【프로그램 4-2】를 작성하여 컴파일 한 후 프로그램을 실행시켜보자.

화면은 "Please enter 3 characters :"라는 메시지와 함께 a = getchar(); b = getchar(); c = getchar();에 의해 세 개의 문자들을 연속으로 입력받을 수 있도록 준비된 상태에 있을 것이다.

임의의 세 문자를 입력하면 화면에는 입력받은 문자, 즉 변수 a, b, c에 해당하는 세 문자들이 출력될 것이다.

3) gets() 함수

이번에는 gets() 함수의 사용 방법에 대하여 알아보자.

gets() 함수의 기본 포맷은 다음과 같다.

```
gets( 변수명 )
```

gets() 함수는 키보드 등으로부터 한 문자 이상으로 구성된 문자열을 입력받기 위하여 사용하는 함수이다. 예를 들면 단어나 문장 같은 데이터들을 프로그램에 입력할 때 매우 유용하게 사용할 수 있는 함수이다.

gets() 함수는 ( ) 안에 문자열 변수명을 직접 지정해 주는 형식을 사용한다.

프로그램 예제를 통하여 gets() 함수의 사용 방법을 알아보자.

【 프로그램 4-3 】

```
#include<stdio.h>
int main(void)
{
        char a[10];
        gets(a);
        printf("Output : %s\n", a);
        return 0;
}
```

해설

char a[10] : 문자형 변수 a에 10개까지의 문자가 저장될 것임을 선언한다.

gets(a) : 10개까지의 문자열을 입력받아 변수 a에 저장한다.

printf("Output : %s\n", a) : "Output : 입력된 문자열"을 화면에 출력하고 한 줄 바꾸기를 수행한다. 여기서 문자열을 출력하기 위하여 형식 문자열, "%s"가 사용되었다.

【프로그램 4-3】 을 작성하여 컴파일 한 후 프로그램을 실행시켜보자.
화면에서 "Hello!"를 입력하면 "Output : Hello!"가 출력될 것이다.

지금까지 학습한 입력 함수들을 정리하면 다음과 같다.

입력 함수	기 능
scanf()	선언된 변수의 종류에 맞춰 문자 혹은 숫자를 입력하며 두 자 이상의 문자도 입력할 수 있다.
getchar()	한 개의 문자를 입력하기 위하여 사용한다.
gets()	한 자 이상의 문자열을 입력하기 위하여 사용한다. 물론 한 문자라도 문자열로서 입력할 수 있다.

4.2 출력 함수

프로그램의 처리 결과를 화면상에 출력하는 기능은 이미 제 2 장에서 사용한 바 있는 printf() 함수 외에도 putchar() 함수와 puts() 함수가 있다.
출력 함수 역시 입력 함수와 마찬가지로 함수들에 따라 사용 포맷이 다르고 출력 조건이 다르다. 주의해서 사용하여야 한다.

이제부터 printf() 함수를 시작으로 출력함수의 사용 방법에 대하여 학습해 보자.

4) printf() 함수

printf() 함수는 문자형 상수이든, 숫자형 상수이든 모든 유형의 상수를 출력시킬 수 있는 가장 일반적으로 사용되는 출력함수이다. 입력 함수의 scanf()와 마찬가지로 형식 문자열에 따라 출력 데이터의 유형이 결정된다.

```
printf("형식 문자열", 변수명)
```

출력할 데이터가 정수이면 %d, 실수이면 %f, 문자이면 %c, 문자열이면 %s가 형식 문자열로서 사용된다.

형식 문자열	출력데이터 유형	사용 방법 예
%d	정수형 상수 출력	printf("%d", &output)
%f	실수형 상수 출력	printf("%f", &output)
%c	문자형 상수 출력	printf("%c", &output)
%s	문자열형 상수 출력	printf("%s", &output)

【 프로그램 4-4 】

```
#include<stdio.h>
int main(void)
{
        char input;
        scanf("%c", &input);
        printf("Output : %c\n", input);
        return 0;
}
```

해설

char input : 문자형 변수 input을 선언한다.

scanf("%c", &input) : 키보드로부터 한 개의 문자를 입력받아 변수 input에 저장한다.

printf("Output : %c\n", input) : "Output : 입력된 문자"를 화면에 출력하고 한 줄 바꾸기(\n)를 수행한다. 여기서 문자를 출력하기위해 형식 문자열, "%c"를 사용하였다.

【프로그램 4-4】를 작성하여 컴파일 한 후 프로그램을 실행시켜보자.
화면은 키보드로부터 문자를 입력받을 준비상태에 있게 될 것이다. 한 문자 “s”를 입력하면 "Output : s"가 출력될 것이다.

5) putchar() 함수

이번에는 putchar() 함수에 대하여 알아보자.
putchar() 함수는 입력 함수인 getchar() 함수에 대비되는 함수로서, 한 개의 문자를 화면상에 출력시킨다.

putchar() 함수의 기본 포맷은 다음과 같다.

```
putchar( 변수 ) 또는 putchar('상수')
```

putchar() 함수의 ( ) 안에 변수명만 들어갔을 경우와 홑 따옴표로 표시된 상수가 들어갔을 경우의 출력상황은 달라진다.

( ) 안에 변수가 포함된 경우에는 변수가 가지고 있는 한 개의 문자형 상수 값을 출력하게 된다. 반면 변수가 아닌 상수, 즉 홑 따옴표로 표시된 상수 값을 포함할 경우는 그 상수 값을 그대로 출력하게 된다.

간단한 프로그램 예제를 통하여 putchar() 함수의 사용법을 알아보자.

【 프로그램 4-5 】

```
#include<stdio.h>
int main(void)
{
        char a = 'A' ;
        char b = '7' ;
        putchar(a) ;
        putchar('\n') ;
        putchar(a+1) ;
        putchar('\n') ;
        putchar(b) ;
        putchar('\n') ;
        putchar(b+2) ;
        putchar('\n') ;
        putchar('a') ;
        putchar('\n') ;
        return 0;
}
```

해설

char a = 'A' : 문자형 변수 a를 선언하고 문자형 상수 'A' 로 초기화 한다.

putchar(a) : 변수 a가 가지고 있는 문자형 상수 값 A를 출력한다.

putchar('\n') : 홑 따옴표가 붙은 \n 이므로 한 줄 바꾸기를 수행한다.

putchar(a+1) : 변수 a의 값, A에 1을 더한 값이므로 A의 다음 값인 B가 출력된다.

putchar(b+2) : 변수 b의 값이 7이므로 7+2 인 9가 출력된다.

putchar('a') : 홑 따옴표가 붙은 a는 상수를 의미하므로 상수 a가 그대로 출력된다.

【프로그램 4-5】를 작성하여 컴파일 한 후 프로그램을 실행시켜보자.
화면에는 다음과 같이 출력될 것이다.

```
A
B
7
9
a
```

6) puts() 함수

puts() 함수는 한 개 이상의 문자열을 화면에 출력할 경우에 사용한다. 입력 함수의 gets()와 대비되는 함수이다.

puts() 함수의 기본 포맷은 다음과 같다.

```
puts( 변수 ) 또는 puts("문자열 상수")
```

putchar() 함수의 경우와 마찬가지로 puts() 함수가 ( ) 안에 변수를 포함하는 경우는 변수가 가지고 있는 한 문자 이상으로 구성된 문자열 상수 값을 출력하게 된다.

반면 함수가 변수가 아닌 문자열 상수, 즉 겹 따옴표로 표시된 상수 값을 포함할 경우는 그 문자열 상수 값을 그대로 출력하게 된다.

간단한 프로그램 예제를 통하여 puts() 함수의 사용법을 알아보자.

【 프로그램 4-6 】

```
#include<stdio.h>
int main(void)
{
        char a[10] = "Hello!" ;
        puts(a) ;
        puts("\n") ;
        puts("hELLO!") ;
        puts("\n") ;
        return 0;
}
```

해설

char a[10] = "Hello!" : 문자열 변수a[10]을 선언하고 문자열 상수 "Hello!"로 초기화한다.

puts(a) : 변수 a가 가지고 있는 문자열 상수 값 "Hello!"를 출력한다.

puts("\n") : 한 줄 바꾸기를 수행한다.

puts("hELLO!") : 겹 따옴표가 붙은 문자열이므로 문자열이 직접 출력된다.

【프로그램 4-6】을 작성하여 컴파일 한 후 프로그램을 실행시켜보자. 화면에는 다음과 같이 출력될 것이다.

```
Hello!
hELLO!
```

예제 실습

다음의 프로그램 예제들을 작성하고 컴파일하여 실행한 후 그 결과를 확인해보자.

【 예제 4-1 】

작성한 프로그램을 실행한 후 한 개의 정수 60을 입력하고 그 결과를 확인해보자.

```
#include<stdio.h>
int main(void)
{
        int a;
        printf("Ex4-1\n");
        printf("Enter an integer :");          /* 정수를 입력하시오 */
        scanf("%d", &a);
        printf("Inputted character is %d\n.", a); /* 입력된 수 표시 */
        printf("Ex4-1 End\n");
        return 0;
}
```

☞ 실행 결과

```
Ex4-1
Enter an integer : 60
Inputted character is 60.
Ex4-1 End
```

scanf("%d", &a) : 키보드로부터 숫자를 입력받는다.

【 프로그램 수정하기 4-1 】

키보드로부터 실수를 입력받아 화면에 출력하는 프로그램을 만들어보시오.

【예제 4-2】 작성한 프로그램을 실행한 후 한 개의 정수 3과 한 개의 문자 a를 각각 아래의 실행 결과와 같이 입력하고 그 결과를 확인해보자.

```
#include<stdio.h>
int main(void)
{
	int a;
	char b;
	printf("Ex4-2\n");
	printf("Enter one number and one character : ");
	scanf("%d %c", &a, &b);
	printf("a = %d, b = %c\n", a, b);
	printf("Ex4-2 End\n");
	return 0;
}
```

실행 결과

```
Ex4-2
Enter one number and one character : 3  a
a = 3, b = a
Ex4-2 End
```

scanf("%d %c", &a, &b) : 변수 a에는 정수를, 변수 b에는 문자를 입력한다. 두 개 이상의 값들도 이와 같은 형식으로 입력 받을 수 있다.

printf("a = %d, b = %c", a, b) : "a = 입력된 정수, b = 입력된 문자"를 출력한다.

【 프로그램 수정하기 4-2 】

키보드로부터 문자 "C"와 숫자 "20"을 입력받아 "20C"로 출력하는 프로그램을 만들어보시오.

【 예제 4-3 】

작성한 프로그램을 실행한 후 두 개의 정수 5와 7을 입력하고 그 결과를 확인해보자.

```
#include<stdio.h>
int main(void)
{
        int x, y ;
        printf("Ex4-3\n");
        printf("Enter two numbers :");    /* 두개의 정수 입력 */
        scanf("%d %d", &x, &y) ;
        printf("%d\n", x+y);
        printf("%d\n", x*y);
        printf("Ex4-3 End\n");
        return 0;
}
```

실행 결과

```
Ex4-3
Enter two numbers : 5   7
12
35
Ex4-3 End
```

scanf("%d %d", &x, &y) : 두 개의 정수를 입력받아 각각 변수 x와 y에 저장한다.

printf("%d\n",x+y): 변수 x와 y의 값을 더한 후 그 결과를 출력한다. 한 줄 바꾸기(\n)를 수행한다.

printf("%d\n",x*y): 변수 x와 y의 값을 곱한 후 그 결과를 출력한다. 한 줄 바꾸기(\n)를 수행한다.

【 프로그램 수정하기 4-3 】

키보드로부터 두 개의 정수를 입력받아 먼저 입력한 정수는 서로 더하고, 나중에 입력한 정수는 서로 곱하여 그 결과를 화면상에 출력하는 프로그램을 만들어보시오.

【 예제 4-4 】

작성한 프로그램을 실행한 후 두 개의 문자 k와 m을 이어서 입력하고 그 결과를 확인해보자.

```
#include<stdio.h>
int main(void)
{
        char a, b ;
        char c = 'V' ;
        printf("Ex4-4\n");
        printf("Enter two characters :") ; /* 두 개의 문자 입력 */
        a = getchar() ;
        b = getchar() ;
        putchar(a);
        putchar('\n');
        putchar(b);
        putchar('b');
        putchar(c);
        putchar(99);
        putchar(99+3);
        putchar('\n');
        printf("Ex4-4 End\n");
        return 0;
}
```

☞ **실행 결과**

```
Ex4-4
Enter two characters : km
k
mbVcf
Ex4-4 End
```

char c = 'V' : 문자형 변수 c를 선언하고 문자 상수 'V'로 초기화한다.

a = getchar() : 한 문자를 입력받아 변수 a에 저장한다.

putchar(a) : 변수 a에 저장된 한 문자 상수 값을 출력한다.

putchar('\n') : 한 줄 바꾸기를 수행한다.

putchar('b') : 'b'를 직접 출력한다. 여기서 'b'는 홑 따옴표가 있으므로 변수가 아니라 상수이다.

putchar(99) : 99는 변수로 인식되지 않으므로 99에 해당하는 아스키코드 문자를 출력한다.

putchar(99+3) : 102에 대한 아스키코드 문자를 출력한다.

【 프로그램 수정하기 4-4 】

위 예제의 출력 결과인 "mbVcf"의 "Vcf"가 "Kfa"가 되도록 프로그램을 수정하여 보시오.

【 예제 4-5 】

작성한 프로그램을 실행한 후 문자열 abcdefghi를 입력하고 그 결과를 확인해보자.

```
#include<stdio.h>
int main(void)
{
        char a[10];
        printf("Ex4-5\n");
        printf("Enter the character array :") ;  /* 문자열 입력 */
        gets(a) ;
        printf("Inputted characters? ");       /* 입력된 문자열 */
        puts(a);
        printf("Ex4-5 End\n");
        return 0;
}
```

실행 결과

```
Ex4-5
Enter the character array : abcdefghi
Inputted characters? abcdefghi
Ex4-5 End
```

char a[10] : 10개의 문자를 저장할 문자열 변수 a를 선언한다.
gets(a) : 키보드로부터 문자열을 입력받아 변수 a에 저장한다.
puts(a) : 변수 a에 저장된 문자열을 화면에 출력한다.

【프로그램 수정하기 4-5】

위의 프로그램 예제를 5개의 문자열을 저장하는 변수 b로 바꾸어 재구성해 보시오.

프로그램 에러 찾기

다음의 예제들을 작성하여 컴파일한 후 나타나는 프로그램 오류들을 찾아 수정하시오. 그리고 수정한 프로그램의 실행 결과를 확인하여 적어보시오.

【 예제 4-6 】

프로그램 오류를 수정하여 실행한 후 한 개의 정수를 입력하고 그 결과를 확인해보자.

```
#include<stdio.h>
int main(void)
{
	int a;
	printf("Ex4-6\n");
	printf("Enter an integer :") ;		/* 정수 입력 */
	scanf("%c", a);
	printf("Inputted integer? %d\n", a);
	printf("Ex4-6 End\n");
	return 0;
}
```

☞ 컴파일 결과

scanf("%c", a) : "초기화되지 않은 'a' 지역 변수를 사용했습니다"라는 경고가 발생함(변수 "a"는 "&a"로 표기되어야 함).
또한 변수 a는 정수형으로 선언되었으나 문자형으로 입력받으므로 처리 결과는 에러로 나타남.

☞ scanf("%d", &a)

☞ **실행 결과**

【 **예제** 4-7 】

프로그램 오류를 수정하여 실행한 후 세 개의 문자들을 입력하고 그 결과를 확인해 보자.

```
#include<stdio.h>
int main(void)
{
        char a, b, c;
        printf("Ex4-7\n");
        printf("Enter 3 characters :");        /* 세 개의 문자 입력 */
        scanf("%c, %c", &a, &b, &c);
        printf("Inputted character :%c, %c, %c\n", a, b, c);
        printf("Ex4-7 End\n");
        return 0;
}
```

☞ 컴파일 결과

scanf("%c, %c\n", &a, &b, &c) : 컴파일 에러는 발생하지 않으나 프로그램 실행 결과는 오류이다.
두 개의 문자 이상을 입력받을 경우는 scanf() 함수내의 "%c"와 "%c" 사이에 ","가 있으면 않됨.
또한 scanf() 함수에서 입력받을 문자열은 3개(&a, &b, &c)인데 "%c"가 두 개만 선언되어 있어 두 개의 문자만을 입력받게 된다.
☞ scanf("%c %c %c", &a, &b, &c)

☞ 실행 결과

【 예제 4-8 】

프로그램 오류를 수정하여 실행한 후 한 개의 문자를 입력하고 그 결과를 확인해보자.

```
#include<stdio.h>
int main(void)
{
        char a;
        printf("Ex4-8\n");
        printf("Enter a character :");  /* 한 개의 문자 입력 */
getchar(a);
        printf("Inputted character : ");
        putchar(a);
        printf("\nEx4-8 End\n");
        return 0;
}
```

☞ 컴파일 결과

getchar(a) : getchar() 함수 호출 방식의 오류로 프로그램 실행 에러가 발생함.
☞ a = getchar()

☞ 실행 결과

【예제 4-9】

프로그램 오류를 수정하여 실행한 후 임의의 문자열을 입력하고 그 결과를 확인해 보자.

```
#include<stdio.h>
int main(void)
{
        char a;
        printf("Ex4-9\n");
        printf("Enter the character array :") ;  /* 문자열 입력 */
        gets(a);
        puts("Inputted characters? ");          /* 입력된 문자열 */
        puts(a);
        printf("Ex4-9 End\n");
        return 0;
}
```

☞ **컴파일 결과**

gets(a) : 변수 a를 문자형 변수로 선언하고 gets(a) 함수에 의해 문자열을 입력받고자하였으므로 프로그램 실행 오류가 발생함. ☞ char a[10] (여기서 [10]은 입력받을 문자열의 최대수이며 이 숫자를 초과하여 입력될 경우는 프로그램 오류가 발생한다.)

☞ **실행 결과**

연 습 문 제

1. 세 개의 정수를 입력받아 역순으로 출력하는 프로그램을 작성하시오.

   입력 10, 20, 30 -> 출력 30, 20, 10

2. 세 개의 문자를 입력받아 역순으로 화면에 출력하는 프로그램을 작성하시오. getchar(), putchar() 함수를 사용하시오.

   입력 swt -> 출력 tws

3. 두 개의 정수를 입력받아 그 곱을 구하여 출력하는 프로그램을 작성하시오.

   입력 20, 40 -> 출력 800

4. 다음의 문자열을 입력받아 화면에 출력하는 프로그램을 작성하시오.

   문자열 입력 : "welcome to the C world!"
   문자열 출력 : "welcome to the C world!"

5. 다음과 같이 세 과목의 점수를 입력받아 출력하는 프로그램을 작성하시오.

Programming : 80
Computer science : 90
English : 100

제 5 장
연산 기능

5.1 산술 연산자

- 이항 연산자 - 단항 연산자

5.2 관계 연산자

5.3 논리 연산자

5.4 기타 연산자

- 비트 연산자, 대입 연산자, 콤마 연산자,
형 변환 연산자, 조건 연산자, sizeof 연산자

예제 실습

프로그램 에러 찾기

연습 문제

제 5 장 연산 기능

연산 기능이란 C 프로그램 안에서 +, -, ×, ÷ 등 수학에서의 사칙연산에 해당하는 기능이다. 수학에서 수행되는 모든 연산 기능들이 C 프로그램 안에서 실행될 수 있다.

이 장에서는 기본적인 연산 기능으로서 산술 연산, 관계 연산, 논리 연산 그리고 그 외의 연산들에 대하여 살펴본다.

5.1 산술 연산자(Arithmetic operator)

산술 연산에 대하여 알아보기 전에 우선 연산자(Operator)와 오퍼랜드라고 하는 피연산자(Operand)의 개념을 이해하자.

연산자(Operator)는 프로그램 안에서 변수나 혹은 상수들에 대한 연산 기능을 수행하도록 하는 기호를 의미한다. 예를 들면 +, -, ×, ÷ 와 같은 기호들이다. 반면 피연산자(Operand)는 연산의 대상이 되는 데이터나 변수들을 의미한다. 연산자(Operator)와 피연산자(Operand)의 개념을 이해하고 산술 연산에 대하여 알아보자.

산술 연산자는 우리가 이미 잘 알고 있는 수학의 사칙 연산을 수행하는 연산자이다. 물론 사칙 연산이라고 해서 +, -, ×, ÷ 기능만을 수행하는 것을 의미하지 않는다. 사칙 연산에 더하여 나머지 값(모듈로)을 구하는 연산 기능이라든가 혹은 데이터의 증감을 수행하는 연산 기능 등도 포함하고 있다.

산술 연산자는 이항 연산자와 단항 연산자로 분류될 수 있다.

5.1.1 이항 연산자

이항 연산자는 두 개의 항으로 구성되는 피연산자를 사용하는 연산자이다. 일반적인 사칙 연산과 나머지 값을 구하는 연산 기능이 이에 해당한다.

이항 연산자들을 정리하면 다음과 같다.

곱셈 및 나눗셈의 표기에 주의하자.

이항 연산	기호	사용 예	기능
덧셈(+)	+	a=b+c	b와 c를 더한다.
뺄셈(-)	-	a=b-c	b에서 c를 뺀다.
곱셈(×)	*	a=b*c	b와 c를 곱한다.
나눗셈(÷)	/	a=b/c	b를 c로 나눈다.
나머지 추출(%)	%	a=b%c	b를 c로 나눈 나머지 값을 얻는다.

【프로그램 5-1】

```
#include<stdio.h>
int main(void)
{
        int a,b,v,w,x,y,z ;
        a=16; b=5;
        v=a+b;
        w=a-b;
        x=a*b;
        y=a/b;
        z=a%b;
        printf("a+b=%d\n", v);
        printf("a-b=%d\n", w);
        printf("a*b=%d\n", x);
        printf("a/b=%d\n", y);
        printf("a%%b=%d\n", z);
        return 0;
}
```

☞ **해설**

a=16; b=5 : 정수형 변수 a, b를 각각 16, 5로 초기화한다.

y=a/b : a의 값을 b의 값으로 나눈 후 그 몫을 변수 y에 저장한다.

z=a%b : a의 값을 b의 값으로 나눈 후 그 나머지를 변수 y에 저장한다.

printf("a+b=%d\n", v) : %d의 위치에 정수형 변수 v의 값을 출력한다. "a+b=v"가 화면에 출력되고 한 줄 바꾸기를 수행한다.

【프로그램 5-1】 을 작성하여 컴파일 한 후 프로그램을 실행시켜보자.
화면에서는 다음과 같은 결과가 나타날 것이다.

```
a+b=21
a-b=11
a*b=80
a/b=3
a%b=1
```

여기서 a/b는 16/5를 수행하므로 몫이 3이고 나머지가 1인 결과를 얻게 된다. y=a/b 에서 y가 정수형 변수로 선언되었으므로 몫인 1만이 출력되고 나머지는 생략되게 된다.

한편 a%b는 16/5를 수행한 후 그 나머지 값을 얻게 되므로 연산 결과의 나머지인 1이 출력되는 것이다.

다음에는 단항 연산자에 대하여 알아보자.

5.1.2 단항 연산자

단항 연산자는 피연산자가 하나인 연산 식에 사용되는 연산자이다. 피연산자의 단순한 증가나 감소 혹은 부호 반전 등과 같은 기능을 수행하는 연산자이다.
단항 연산자들을 정리하면 다음과 같다.

단항 연산	기호	사용 예	기능
1씩 증가	++	a = ++x	x = x+1, a = x+1
		a = x++	a = x, x = x+1
1씩 감소	--	a = --x	x = x-1, a = x-1
		a = x--	a = x, x = x-1
부호 반전	+, -	a = +x	a=x
		a = -x	a=-x(부호 반전)

여기서 주의해야 할 것은 같은 증감연산자라 할지라도 a=++x의 경우와 a=x++의 경우는 처리 결과가 서로 다를 수 있다는 것이다. 증감 연산자(++, --)가 피연산자인 변수의 앞에 위치하느냐 혹은 뒤에 위치하느냐에 따라 연산 순서가 달라지기 때문이다.

다소 당황스러운 상황일 수도 있지만 개념을 정확히 이해하면 별다른 혼란은 일어나지 않을 것이다.

다음의 예를 통하여 연산 과정과 그 결과를 확인해보면 쉽게 이해할 수 있을 것이다.

```
y = ++a + b++
```

연산과정① : 증가 연산자 ++가 변수 a의 앞에 위치하였으므로 a의 값을 1만큼 증가시킨다. 반면 b의 경우는 증가 연산자 ++가 변수 b의 다음에 위치하였으므로 b의 값은 그대로 유지된다.

연산과정② : +1만큼 증가된 변수 a의 값과 b의 값이 덧셈 연산자 +에 의하여 더하여진다. 그리고 그 결과는 변수 y에 저장된다.

연산과정③ : 덧셈 연산이 끝났으므로 마지막으로 증가 연산자 ++에 의하여 변수 b의 값이 1만큼 증가한다.

```
a = a+1          : a값을 +1 증가시킨다.
y = a+b          : 증가된 a값과 b값을 더한다.
b = b+1          : b값을 +1 증가시킨다.
```

만일 변수 a의 값이 3, 변수 b의 값이 2라면 앞의 연산 결과는 어떻게 될까?

a는 4, y는 6, b는 3이 될 것이다. 앞에서 설명된 연산과정①, ②, ③을 다시 한 번 살펴보면 쉽게 이해가 될 것이다.

이번에는 다음 예를 통하여 단항 연산자의 또 다른 사용 예를 살펴보자.

```
y = a++ + ++b
```

앞의 예와 유사한 경우이다. 차이는 변수 a의 뒤에 증가 연산자가 위치해 있고 변수 b의 경우는 그 앞에 증가 연산자가 위치해 있다는 것이다.

이 예의 연산과정은 다음과 같을 것이다.

```
b = b+1          : b값을 +1 증가시킨다.
y = a-b          : a값과 증가된 b값을 더한다.
a = a+1          : a값을 +1 증가시킨다.
```

앞의 예와 마찬가지로 변수 a의 값이 3, 변수 b의 값이 2라고 해보자. 어떤 결과가 나올까? 똑같은 결과가 얻어질 것이다. 변수 b의 값은 3, 변수 y의 값은 6, 변수 a의 값은 4가 된다.

두 예의 연산 표현은 다르다. 그러나 연산 결과는 동일하게 나타났다. 차이가 없다는 얘기인가? 절대 그렇지 않다.

이번에는 두 예를 덧셈이 아닌 곱셈(×) 연산으로 다음과 같이 바꾸어보자.

```
y1 = ++a * b++
y2 = a++ * ++b
```

그리고 앞의 예와 마찬가지로 변수 a는 3, 변수 b는 2라고 하고 각각의 연산식의 결과를 확인해보자.

y1의 경우는 +1만큼 증가된 a의 값을 2인 b로 곱하는 것이므로 8이 된다. 반면

y2의 경우는 +1만큼 증가하여 3이 된 b의 값으로 3인 a의 값을 곱하므로 9가 된다. 두 예의 결과들에서 차이가 발생함을 볼 수 있다.

물론 a와 b의 값들은 결과적으로 +1씩 증가하여 각각 4와 3이 된다. 그러나 증감이 발생하기 전에 연산된 결과는 서로 다르다. 이처럼 연산 결과에서 차이가 발생하는 상황에 주의하여야 할 것이다.

앞의 예에서 사용된 ++a의 경우를 전위 증감 연산자라고 부른다. 반면 a++와 같은 경우는 후위 증감 연산자라고 한다.

당연히 --a나 a--도 마찬가지로 각각 전위 증감 연산자, 후위 증감 연산자가 된다. 그리고 연산 결과는 각각 변수 a의 값을 1만큼 감소시키는 결과로 나타난다. 물론 앞의 예처럼 --a는 먼저 변수 a의 값을 1만큼 감소시키고 연산을 처리하는 반면, a--는 먼저 변수 a의 연산을 수행하고 다음에 a의 값을 1만큼 감소시킨다.

다음의 프로그램 예를 통하여 이들 연산자와 좀 더 익숙해 질 것이다.

【프로그램 5-2】

```
#include<stdio.h>
int main(void)
{
        int a,b,x,y,z ;
        a=10;
        b=7;
        x=a++ +b--;
        printf("x=%d, a=%d, b=%d\n", x,a,b);
        y=++a + ++b;
        printf("y=%d, a=%d, b=%d\n", y,a,b );
        z=a++ + ++b;
        printf("z=%d, a=%d, b=%d\n", z,a,b );
        return 0;
}
```

해설

a=10; b=7 : 정수형 변수 a, b를 각각 10, 7로 초기화한다.
x=a++ + b-- : a의 값과 b의 값을 더하여 그 결과를 정수형 변수 x에 저장하고 그 후 a는 1만큼 증가시키고 b는 1만큼 감소시킨다.
y=++a + ++b : a와 b의 값을 각각 1만큼 증가시킨 후 증가된 값들을 서로 더하여 정수형 변수 y에 저장한다.
여기서 a와 b의 값은 이미 위의 연산 결과로 값이 변하였으며 변화된 값들이 이 연산에 적용됨에 주의하여야 한다.
z=a++ + ++b : b의 값을 1만큼 증가시킨 후 a의 값과 더하여 정수형 변수 z에 저장한다. 그리고 a의 값을 1만큼 증가시킨다.

【프로그램 5-2】를 작성하여 컴파일 한 후 프로그램을 실행시켜보자. 화면에는 다음과 같은 연산 결과가 나타날 것이다.

```
x=17, a=11, b=6
y=19, a=12, b=7
z=20, a=13, b=8
```

【프로그램 5-2】의 연산을 직접 계산해보고 tm 결과를 프로그램 실행결과와 비교해 보자.

프로그램에서 a=10, b=7로 초기화시켰지만 각 단항 연산자를 거치면서 a와 b의 값이 단항 연산자에 의하여 증가되거나 감소된 상태에서 또 다른 단항 연산을 수행하고 있음을 알아야 한다.

즉 a=10, b=7로 시작하였지만 "x=a++ +b--" 연산을 거치면서 a의 값은 11로, b의 값은 6로 변하였고 변화된 a와 b의 값을 이용하여 다음 연산 "y=++a + ++b"를 수행하고 있음에 주의하여야 한다.

지금까지 단항 연산자의 사용방법에 대하여 알아보았다. 다소 혼란스러워 보일 수도 있으나 익숙해지면 프로그래밍에 있어 매우 긴요한 수단임을 실감하게 될 것이다.

5.2 관계 연산자(Relational operator)

관계 연산자는 두 개의 피연산자를 비교하는데 사용하는 연산자이다. 주로 식이나 변수의 크기를 비교하여 그 결과에 따라 서로 다른 프로그램을 조건적으로 수행시키는데 많이 사용된다.

본 절에서는 관계 연산자의 기능과 연산, 그리고 그 결과에 대해서만 학습하고 조건문과 결합하여 사용하는 방법에 대해서는 다음에 다루기로 한다.

관계 연산자의 종류는 다음과 같다.

관계 연산자	기호	사용 예	기 능
크다	>	a > b	a가 b보다 크다
크거나 같다	>=	a >= b	a가 b보다 크거나 같다
작다	<	a < b	a가 b보다 작다
작거나 같다	<=	a <= b	a가 b보다 작거나 같다
같다	==	a == b	a와 b가 같다
다르다	!=	a != b	a와 b가 같지 않다

관계 연산자의 연산 결과는 "참" 또는 "거짓"으로 얻어진다. 연산 결과가 “참”이면 “1”의 값이, “거짓”이면 “0”의 값이 얻어진다.

한편 앞의 표에서 두 변수의 값이 서로 같은지, 혹은 다른지를 연산하는 연산자로서 “==”와 “!=”연산자가 사용되고 있음을 볼 수 있다. 즉 "a == b"라는 연산은 b의 값을 a에 저장하라는 의미가 아니라 a의 값과 b의 값이 같은지 비교해 보라는 의미이다. 당연히 a의 값과 b의 값이 같으면 “1”의 결과를, 서로 다르면 “0”의 결과를 되돌려 받는다.

마찬가지로 “a!=b” 연산도 변수 a와 변수 b의 값이 서로 다른지를 비교하는 식이다. 서로 다르면 “참”이 되어 “1”을 되돌려 받고, 다르면 “거짓”이 되어 “0”을 되돌려 받게 된다.

【프로그램 5-3】을 통하여 관계 연산자에 대하여 좀 더 상세히 알아보자.

【 프로그램 5-3 】

```
#include<stdio.h>
int main(void)
{
        int a,b, x1,x2,y1,y2,z1,z2;
        a=9;
        b=4;
        x1 = (a >b) ;
        x2 = (a >= b) ;
        y1 = (a < b) ;
        y2 = (a <= b) ;
        z1 = (a == b) ;
        z2 = (a != b) ;
        printf("x1=(a>b) -> %d\n", x1);
        printf("x2=(a>=b) -> %d\n", x2);
        printf("y1=(a<b) -> %d\n", y1);
        printf("y2=(a<=b) -> %d\n", y2);
        printf("z1=(a==b) -> %d\n", z1);
        printf("z2=(a!=b) -> %d\n", z2);
        return 0;
}
```

☞ 해설

x1 = (a >b) : 정수형 변수 a의 값과 정수형 변수 b의 값을 비교하여 a의 값이 b의 값보다 크면 "참(1)"을, 아니면 "거짓(0)"을 변수 x1에 저장한다.

x2 = (a >= b) : 변수 a의 값이 변수 b의 값보다 크거나 같으면 "참(1)"을, 아니면 "거짓(0)"을 변수 x2에 저장한다.

z1 = (a == b) : 변수 a의 값과 변수 b의 값이 같으면 "참(1)"을, 아니면 "거짓(0)"을 변수 z1에 저장한다.

z2 = (a != b) : 변수 a의 값과 변수 b의 값이 같지 않으면 "참(1)"을, 같으면 "거짓(0)"을 변수 z2에 저장한다.

printf("x1=(a>b) -> %d\n", x1) : "x1=(a>b) -> x1값"을 출력하고 한 줄 바꾸기를 수행한다.

【프로그램 5-3】 을 작성하여 컴파일 한 후 프로그램을 실행시켜보자. 화면에는 다음과 같은 결과가 나타날 것이다.

```
x1 = (a >b) -> 1
x2 = (a >= b) -> 1
y1 = (a < b) -> 0
y2 = (a <= b) -> 0
z1 = (a == b) -> 0
z2 = (a != b) -> 1
```

위의 결과로부터 "x1 = (a>b) (a의 값이 b의 값보다 큰가?)"를 물어 만일 a의 값이 b의 값보다 크다면 그 결과는 "참"이므로 "1"의 값을 변수 x1에 저장하게 되고 만일 "y1 = (a<b) (a의 값이 b의 값보다 작은가?)"를 물어 만일 a의 값이 b의 값보다 작으면 그 결과는 "거짓"이므로 "0"의 값을 변수 y1에 저장하게 된다. 이와 같이 관계 연산자를 이용한 연산의 결과는 참이냐? 혹은 거짓이냐? 만을 판별하고 그 출력 값은 참이면 "1"을, 거짓이면 "0"을 출력하게 된다.

5.3 논리 연산자(Logical operator)

논리 연산자는 여러 개의 조건을 조합하여 그 결과가 참인지 거짓인지를 구별하는 연산자이다. 논리곱(AND), 논리합(OR), 논리부정(NOT) 등의 연산을 수행한다.

이 연산자도 관계 연산자와 마찬가지로 연산식이 맞으면 "참(1)"을, 틀리면 "거짓(0)"을 출력한다.

논리 연산자의 종류는 다음과 같다.

논리 연산자	기호	사용 예	기 능
논리곱(AND)	&&	a && b	a와 b가 모두 참이면 참(1), 그 외는 모두 거짓(0).
논리합(OR)	||	a || b	a와 b중에 하나라도 참이면 참(1), 모두 거짓이면 거짓(0).
부정(NOT)	!	a = !b	b가 참(1)이면 a는 거짓(0), b가 거짓(0)이면 a는 참(1).

프로그램에서 실제 발생하는 상황들에 맞춰 논리 연산 기능을 정리해 보면 다음과 같다.

a	b	a&&b	a||b	!b
0	0	0	0	1
0	1(0외의 값)	0	1	1
1(0외의 값)	0	0	1	0
1(0외의 값)	1(0외의 값)	1	1	0

논리곱(a&&b)은 a와 b의 값이 모두 참(1)인 경우만 참(1)이 되고 a와 b의 값 중 어느 하나라도 거짓(0)이면 논리곱(a&&b)은 거짓(0)이 된다.

논리합(a||b)은 a와 b의 값이 하나라도 참(1)이면 참(1)이 되고 a와 b의 값이 모두 거짓(0)일 경우에만 거짓(0)이 된다.

한편 논리 부정(!a)은 a의 값과 반대가 된다. 즉 a의 값이 참(1)이면 거짓(0)이 되고 거짓(0)이면 참(1)이 된다.

참고로 변수 a의 값이 0이 아닌 + 혹은 -의 어떤 값으로 존재한다면 값이 존재한다는 의미로 참(1)으로 간주된다.

【프로그램 5-4】를 통하여 논리 연산자에 대하여 좀 더 상세히 알아보자.

【 프로그램 5-4 】

```
#include<stdio.h>
int main(void)
{
        int a,b;
        a=4;
        b=0;
        printf("a&&b=%d\n", a&&b);
        printf("a||b=%d\n", a||b);
        printf("!a=%d\n", !a);
        printf("!b=%d\n", !b);
        return 0;
}
```

해설

printf("a&&b=%d\n", a&&b) : a와 b의 값에 대하여 논리곱(a&&b)을 수행하고 그 결과를 "a&&b=a&&b 연산결과"로 화면에 출력한다.

printf("a||b=%d\n", a||b) : a와 b의 값에 대하여 논리합(a||b)을 수행하고 그 결과를 "a||b=a||b 연산결과"로 화면에 출력한다.

printf("!a=%d\n", !a) : a의 값에 대하여 논리 부정(!a)을 수행하고 그 결과를 "!a=!a 연산결과"로 화면에 출력한다.

【프로그램 5-4】를 작성하여 컴파일 한 후 프로그램을 실행시켜보자. 화면에는 다음과 같이 출력될 것이다.

a&&b=0
a||b=1
!a=0
!b=1

5.4 기타 연산자(Other operators)

C 프로그램에서는 지금까지 다룬 연산자들 외에도 비트 연산자(bit operator), 대입 연산자(assignment operator), 콤마 연산자(comma operator), 형 변환 연산자(cast operator), 조건 연산자(conditional operator)들이 사용되고 있다. 이번에는 이들 연산자들에 대하여 알아보자.

5.4.1 비트 연산자

비트 연산자는 데이터를 메모리에 저장되는 단위인 비트 단위로 처리하는 연산자이다.

예를 들어 변수 a의 값이 10이고 변수 b의 값이 15일 경우, 이들 값의 2진수표현은 각각 2바이트인 "0000 0000 0000 1010"과 "0000 0000 0000 1111"이 된다. 여기서 "0"과 "1"로 표현되는 각각의 숫자들이 비트이다. 이처럼 데이터를 비트 단위로 변환한 후 변환된 데이터에 대하여 연산을 수행하는 연산자를 비트 연산자라고 한다.

다음은 비트 연산자의 종류를 나타낸다.

비트 연산자	기호	사용 예	기 능
논리곱(AND)	&	a & b	비트 단위의 논리곱(AND)
논리합(OR)	|	a | b	비트 단위의 논리합(OR)
배타적 논리합(XOR)	^	a ^ b	비트 단위의 배타적 논리합(XOR)
논리 부정(NOR)	~	~ a	비트 단위의 논리 부정(NOR)
비트 이동	>>	a >> 2	오른쪽으로 비트 이동
비트 이동	<<	a << 2	왼쪽으로 비트 이동

이제 프로그램 예제를 통하여 비트 연산자들의 사용 방법을 익혀보자.

【프로그램 5-5】

```
#include<stdio.h>
int main(void)
{
	int a, b,v,w,x,y,z1,z2;
	a=12;
	b=7;

	v = a & b;
	w = a | b;
	x = a ^ b;
	y = ~a;
	z1 = a >> 2;
	z2 = b << 2;

	printf("a & b = %d\n", v);
	printf("a | b = %d\n", w);
	printf("a ^ b = %d\n", x);
	printf("~a = %d\n", y);
	printf("a>>2 = %d\n", z1);
	printf("b<<2 = %d\n", z2);
	return 0;
}
```

☞ **해설**

```
a=12 : a = 0000 0000 0000 1100
b=7  : b = 0000 0000 0000 0111

v = a & b : a와 b의 논리곱을 수행한다. 즉 대응하는 두 비트가
        (1,1)인 경우만 1이 되고 그 외는 모두 0이 된다.
        ☞ v = a & b => 0000 0000 0000 0100(=4)

w = a | b : a와 b의 논리합을 수행한다. 즉 대응하는 두 비트가
        (0,0)인 경우에만 0이 되고 그 외는 모두 1이 된다.
        ☞ w = a | b => 0000 0000 0000 1111(=15)

x = a ^ b : a와 b의 배타적 논리합을 수행한다. 즉 대응하는 두 비
        트가 (1,0) 또는 (0,1)로 서로 다른 경우만 1이 된다.
        ☞ x = a ^ b => 0000 0000 0000 1011(=11)

y = ~a : a의 논리 부정을 수행한다. 즉 0은 1로, 1은 0으로 변환
        시킨다.
        ☞ y = ~a => 1111 1111 1111 0011(=-13)
        1111 1111 1111 1111(-1), 1111 1111 1111 1110(=-2)
        ... 1111 1111 1111 0100(=-12) 순으로 1씩 감소함.

z1 = a >> 2 : a의 값을 오른쪽으로 2 비트씩 이동시킨다.
        ☞ z1 = a >> 2 = 0000 0000 0000 0011(=3)

z2 = b << 2 : b의 값을 왼쪽으로 2 비트씩 이동시킨다.
        ☞ z2 = b << 2 = 0000 0000 0001 1100(=28)
```

【프로그램 5-5】를 작성하여 컴파일 한 후 프로그램을 실행시켜보자. 화면에는 다음과 같이 출력될 것이다.

```
a & b = 4
a | b = 15
a ^ b = 11
~a = -13
a >> 2 = 3
b << 2 = 28
```

5.4.2 대입 연산자

이번에는 대입 연산자에 대하여 알아보자.

대입 연산자는 우변에 있는 수식의 연산 결과를 좌변에 있는 변수에 저장시키는 연산자이다. 다시 말해서 변수나 혹은 변수와 상수로 구성되는 연산식의 연산 결과를 좌변의 변수에 대입(저장)한다는 것이다.

이 연산자는 c 프로그램에서 많이 사용되는 연산 방식이므로 잘 익혀둘 필요가 있다. 물론 대입 연산자를 굳이 사용하지 않더라도 기존의 연산 방식을 이용하여 얼마든지 많은 연산을 처리할 수도 있다.

다음은 대입 연산자의 사용 예이다.

x += y =>	x = x+y	: x+y의 결과를 변수 x에 대입한다.
x /= y =>	x = (x/y)	: x/y의 결과를 변수 x에 대입한다.
x %=4 =>	x = (x%4)	: x%4의 결과를 변수 x에 대입한다.

앞의 표에서 보이는 바와 같이 대입 연산자로 표현된 식 “x += y”는 “x = x+y”와 같은 의미이므로 대입 연산자를 사용하지 않고도 얼마든지 다른 방법으로 표현할 수 있음을 알 수 있다.

5.4.3 콤마 연산자

콤마 연산자는 콤마로 수식을 연결하는 연산자이다. 콤마에 의하여 구분된 두 개 이상의 수식은 각각 왼쪽부터 오른쪽으로 순차적으로 계산된다. 그리고 그 결과는 맨 오른쪽 수식의 결과 값이 된다.

다음은 콤마 연산자의 사용 예이다.

```
x=(5+4, 7-2)      =>      5+4=9이나 오른쪽 수식이 7-2=5이므로 x=5
        가 된다.

x=(y=1, y++)      =>      y=1이다. 오른쪽 y++는 2를 의미하며 x =
        2가 된다.

x=(y=3, y+2)      =>      y = 3이다. y+2=5이며 따라서 x = 5가 된
        다.

int a=2, b, c;
b = a+1, c = b-a          =>      a=2, b=3, c=1이 된다.
```

5.4.4 형 변환 연산자

형 변환 연산자는 사용 중인 변수의 데이터 형을 강제로 변환시켜 사용하는 연산자이다.

다음은 형 변환 연산자의 사용 예이다.

```
int a=2, b=4
float c ;
c = (float)a/b     =>      a/b = 2/4 = 0.5 즉 a/b의 결과를 float형
        으로 형 변환함으로써 0.5의 결과 값을 얻을 수 있다.
```

5.4.5 조건 연산자

조건 연산자는 조건식을 검사하여 조건식의 결과가 참이면 식 1의 결과를 사용하고 조건식의 결과가 거짓이면 식 2의 결과를 사용하는 연산자이다.

다음은 조건 연산자의 사용 예이다.

```
int a=5, b=2;

c =(a>b)? a : b ;             =>        a>b가 참이므로 c = a가 된다.
```

변수 a의 값이 변수 b의 값보다 크므로 변수 c의 값은 a가 된다. 이와는 반대로 만일 변수 a의 값이 변수 b의 값보다 작으면 변수 c의 값은 a가 아닌 b가 된다.

이것이 조건 연산자이다.

5.4.6 sizeof 연산자

sizeof 연산자는 피연산자의 크기를 바이트 단위로 반환하는 연산자이다. 마치 함수처럼 보이지만 함수가 아닌 연산자이다.

다음은 sizeof 연산자의 사용 예이다.

```
sizeof(int)        => int형 상수의 크기가 4바이트이므로 4가 됨.
sizeof(float)      => float형 상수의 크기가 4바이트이므로 4가 됨.
sizeof(double)     => double형 상수의 크기가 8바이트이므로 8이 됨.
```

한편 연산자의 연산 우선순위는 단항 연산자 > 산술 연산자 > 관계 연산자 > 논리 연산자 > 대입 연산자 > 콤마 연산자의 순이다. 주의하여 사용할 필요가 있다. 물론 혼란스러운 상황이 발생한다면 간단히 괄호로 묶어 사용하는 것도 좋은 방법이다. 수학에서는 괄호가 최우선 연산 순위를 가지기 때문이다.

예제 실습

다음의 프로그램 예제들을 작성하고 컴파일하여 실행한 후 그 결과를 확인해보자.

【 예제 5-1 】

작성한 프로그램을 실행한 후 두 개의 정수 8과 3을 입력하고 그 결과를 확인해보자.

```
#include<stdio.h>
int main(void)
{
        int a,b,w,x,y,z;
        printf("Ex5-1\n");
        printf("Arithmetic calculation program\n");
        printf("Enter two integers :");        /* 두 개의 정수 입력 */
        scanf("%d %d", &a, &b);

        x=a*b + a/b;
        y=a/b - 1;
        z=a*b + a%b;
        w = a%b;

        printf("a*b=%d\n", a*b);
        printf("a/b=%d\n", a/b);
        printf("w=%d\n", w);
        printf("x= %d\n", x);
        printf("y= %d\n", y);
        printf("z= %d\n", z);
        printf("Ex5-1 End\n");
        return 0;
}
```

실행 결과

```
Ex5-1
Arithmetic calculation program
Enter two integers : 8  3
a*b=24
a/b=2
w=2
x = 26
y = 1
z=26
Ex5-1 End
```

scanf("%d %d", &a, &b) : 정수형 변수 a와 b의 값을 키보드로부터 입력 받는다. 두 개의 정수 값이 입력될 때 까지 프로그램은 실행되지 않는다.

x=a*b + a/b : 연산에는 우선순위가 있다. 먼저 앞에서부터 연산을 시작하지만 덧셈(+), 뺄셈(-) 보다는 곱셈(*), 나눗셈(/) 이 먼저 연산된다.
따라서 a*b와 a/b가 우선 계산되고 다음에 두 연산의 결과들이 더하여 진다.

z=a*b + a%b : a*b의 결과와 a%b의 나머지 값이 더하여 진다.

w = a%b : a의 값을 b의 값으로 나눈 후 그 나머지를 변수 w에 저장한다.

【 프로그램 수정하기 5-1 】

【예제 5-1】의 프로그램에서 변수 a, b를 임의의 다른 이름으로 바꾸어 프로그램을 수정해보시오.

【 예제 5-2 】

작성한 프로그램을 실행하여 그 결과를 확인해보자.

```
#include<stdio.h>
int main(void)
{
        int a,b,x,y,z;
        a=6, b=2;

        x=a++ +b--;
        y=++a + ++b;
        z=a++ + ++b;
        printf("Ex5-2\n");

        printf("x1=%d, a=%d, b=%d\n", x,a,b);
        printf("y1=%d, a=%d, b=%d\n", y,a,b );
        printf("z1=%d, a=%d, b=%d\n", z,a,b );

        a=6, b=2;
        x=a++ +b--;
        printf("x2=%d, a=%d, b=%d\n", x,a,b);

        a=6, b=2;
        y=++a + ++b;
        printf("y2=%d, a=%d, b=%d\n", y,a,b );

        a=6, b=2;
        z=a++ + ++b;
        printf("z2=%d, a=%d, b=%d\n", z,a,b );
        printf("Ex5-2 End\n");
        return 0;
}
```

실행 결과

```
Ex5-2
x1=8, a=9, b=3
y1=10, a=9, b=3
z1=11, a=9, b=3
x2=8, a=7, b=1
y2=10, a=7, b=3
z2=9, a=7, b=3
Ex5-2 End
```

위의 결과에서 알 수 있듯이 x1, a, b와 x2, a, b의 값들이 서로 다름을 알 수 있다. 마찬가지로 y1, a, b와 y2, a, b의 값들, 그리고 z1, a, b와 z2, a, b의 값들이 서로 다르다. 이러한 차이는 프로그램 상단에 있는 x1, y1, z1의 연산 과정에서 변수 a와 b의 값들이 단항 연산자들에 의하여 변경되었기 때문에 발생한 것이다. 반면 x2, y2, z2의 경우는 변수 a, b의 값을 각각 a=6, b=2로 매번 초기화하여 연산을 수행하였다. 【프로그램 5-2】의 연산 과정을 다시 한 번 살펴보면 이해가 빠를 것이다.

x=a++ +b-- : x=a+b를 수행한 후 a=a+1, b=b-1을 수행한다.
a와 b의 값이 변경되었다.

y=++a + ++b : 위에서 변경된 a, b 값들을 사용하여 a=a+1,
b=b+1을 수행한 후 y=a+b를 수행한다.

z=a++ + ++b : 위에서 변경된 a, b 값들을 사용하여 b=b+1를
수행한 후 z=a+b, a=a+1을 수행한다.

printf("x1=%d, a=%d, b=%d\n", x, a, b) : 3개의 단항 연산을 완료한
후의 x, a, b 값을 출력하므로 a와 b의 값은 최종 값이 된다.

printf("x2=%d, a=%d, b=%d\n", x, a, b) : 초기화된 a와 b의 값을
사용하여 단항 연산을 수행한 후 그 결과를 출력한다.

【 프로그램 수정하기 5-2 】

【예제 5-2】의 프로그램에서 변수 a, b를 프로그램 도중에 초기화하는 대신 단항 연산식을 사용하여 동일한 결과가 얻어지도록 프로그램을 수정해보시오.

【 예제 5-3 】

작성한 프로그램을 실행한 후 두 개의 정수 5와 4를 입력하고 그 결과를 확인해보자.

```
#include<stdio.h>
int main(void)
{
	int a,b,a1,b1,x,y,z;
	printf("Ex5-3\n");
	printf("Arithmetic calculation program\n");
	printf("Enter two integers :"); /* 두 개의 정수 입력 */
	scanf("%d %d", &a1, &b1);

	a = a1, b = b1 ;  /* 입력된 수를 임시 변수 a,b에 저장 */
	x=a++ / b--;

	a = a1, b = b1 ;  /* 입력된 수를 임시 변수 a,b에 저장 */
	y=++a % ++b + 2;

	a = a1, b = b1 ;  /* 입력된 수를 임시 변수 a,b에 저장 */
	z=a++ * ++b - a;

	printf("Inputted number is %d and %d.\n",a1,b1);
	printf("x=%d, a=%d, b=%d\n", x,a,b);
	printf("y=%d, a=%d, b=%d\n", y,a,b );
	printf("z=%d, a=%d, b=%d\n", z,a,b );
	printf("Ex5-3 End\n");
	return 0;
}
```

☞ 실행 결과

```
Ex5-3
Arithmetic calculation program
Enter two integers : 5 4
Inputted number is 5 and 4
x=1, a=6, b=5
y=3, a=6, b=5
z=20, a=6, b=5
Ex5-3 End
```

scanf("%d %d", &a1, &b1) : 변수 a1, b1에 각각 정수형 상수를 입력 한다.

a = a1, b = b1 : 변수 a와 b에 입력된 정수 a1, b1의 값을 주어 변수 a와 b를 연산에 사용한다.
입력된 정수 값이 단항 연산자의 수행에 의하여 변하는 것을 방지한다.

z=a++ * ++b - a : 연산 순서는 다음과 같다.

```
b = b+1
z = a * b - a
a = a + 1
```

【 프로그램 수정하기 5-3 】

【예제 5-3】을 변수 a, b 대신 a1, b1만을 사용하여 동일한 연산 결과를 얻는 프로그램으로 수정해보시오.

【 예제 5-4 】

작성한 프로그램을 실행하고 그 결과를 확인해보자.

```
#include<stdio.h>
int main(void)
{
        int a,b ;
        int x1,x2,x3,y1,y2,y3,z1,z2,z3;
        a=7;
        b=6;
        printf("Ex5-4\n");
        x1 = (a >b) ;
        x2 = (a >= b) ;
        x3 = (a >= ++b) ;
        y1 = (a < b) ;
        y2 = (a <= b) ;
        y3 = (--a <= b) ;
        z1 = (a == b) ;
        z2 = (a != b) ;
        z3 = (a-- != b) ;
        printf("x1=(a>b) -> %d\n", x1);
        printf("x2=(a>=b) -> %d\n", x2);
        printf("x3=(a>=++b) -> %d\n", x3);
        printf("y1=(a<b) -> %d\n", y1);
        printf("y2=(a<=b) -> %d\n", y2);
        printf("y3=(--a<=b) -> %d\n", y3);
        printf("z1=(a==b) -> %d\n", z1);
        printf("z2=(a!=b) -> %d\n", z2);
        printf("z3=(a-- !=b) -> %d\n", z3);
        printf("Ex5-4 End\n");
        return 0;
}
```

☞ **실행 결과**

```
Ex5-4
x1 = (a >b) -> 1
x2 = (a >= b) -> 1
x3 = (a >= ++b) -> 1
y1 = (a < b) -> 0
y2 = (a <= b) -> 1
y3 = (--a <= b) -> 1
z1 = (a == b) -> 0
z2 = (a != b) -> 1
z3 = (a-- != b) -> 1
Ex5-4 End
```

x1 = (a >b) : 정수형 변수 a의 값과 정수형 변수 b의 값을 비교하여 a의 값이 b의 값보다 크면 "참(1)"을, 아니면 "거짓(0)"을 변수 x1에 저장한다.

x3 = (a >= ++b) : 변수 b의 값을 1만큼 증가시킨 후 변수 a의 값과 비교하여 a의 값이 증가된 b의 값보다 크거나 같으면 "참(1)"을, 아니면 "거짓(0)"을 변수 x3에 저장한다.

z1 = (a == b) : 변수 a의 값과 변수 b의 값이 같으면 "참(1)"을, 아니면 "거짓(0)"을 변수 z1에 저장한다.

z3 = (a-- != b) : 변수 a의 값과 변수 b의 값이 같지 않으면 "참(1)"을, 같으면 "거짓(0)"을 변수 z3에 저장한다.
그리고 변수 a의 값은 1만큼 감소시킨다.

printf("x1=(a>b) -> %d\n", x1) : "x1=(a>b) -> x1값"을 출력하고 한 줄 바꾸기를 수행한다.
단항 연산자 ++, -- 가 수행될 때마다 변수 a와 b의 값이 변화하는 것에 주의한다.

【 프로그램 수정하기 5-4 】

【예제 5-4】의 프로그램에 (x1,x2,x3), (y1,y2,y3), (z1,z2,z3)이 모두 동일한 결과인지 가려내는 기능을 추가해 보시오.

【 예제 5-5 】

작성한 프로그램을 실행하고 그 결과를 확인해보자.

```
#include<stdio.h>
int main(void)
{
        int a, b, x, y, z ;
        x=15, y=4, z=0 ;
        printf("Ex5-5\n");

        a = x&&y||z ;
        b = !x&&y ;

        printf("a = %d\n", a) ;
        printf("b = %d\n", b) ;

        a = ++x ;
        b = ++z ;

        printf("a&&b = %d\n", a&&b) ;
        printf("!b = %d\n", !b) ;

        x = x&&z ;
        z = ++z ;

        printf("x&&z = %d\n", x) ;
        printf("x||z = %d\n", x||z) ;
        printf("Ex5-5 End\n");
        return 0;
}
```

실행 결과

```
Ex5-5
a=1
b=0
a&&b=1
!b=0
x&&z = 1
x||z = 1
Ex5-5 End
```

a = x&&y||z : 변수 x와 y의 논리곱을 수행하고 그 결과와 변수 z에 대하여 논리합을 수행한다. "참"이면 변수 a에 "1"을, "거짓"이면 변수 a에 "0"을 저장한다.

b = !x&&y : 변수 x에 대하여 논리 부정을 수행하고 그 결과와 변수 y에 대하여 논리곱을 수행한다.
마찬가지로 "참"이면 변수 b에 "1"을, "거짓"이면 변수 b에 "0"을 저장한다.
연산 순서 :
b1 = !x (여기서 b1은 임시 변수)
b = b1&&y

a = ++x : 변수 x의 값을 1 증가시킨 후 변수 a에 저장한다.

x = x&&z : 변수 x의 값과 z의 값을 논리곱한 후 그 결과를 변수 x에 저장한다.

printf("x||z = %d\n", x||z) : 변수 x와 z의 값을 논리합 한 후 그 결과를 다음과 같이 화면에 출력한다.
"x||z = x||z 의 결과값"

【프로그램 수정하기 5-5】

【예제 5-5】의 프로그램에 결과값 a&&b와 !b의 논리합, x&&z와 x||z의 논리곱을 구하는 기능을 적절한 위치에 추가해 보시오.

프로그램 에러 찾기

다음의 예제들을 작성하여 컴파일한 후 나타나는 프로그램 오류들을 찾아 수정하시오. 그리고 수정한 프로그램의 실행 결과를 확인하여 적어보시오.

【 예제 5-6 】

프로그램 오류를 수정하여 실행한 후 두 개의 정수를 입력하고 그 결과를 확인해보자.

```
#include<stdio.h>
int main(void)
{
	int a,b,x,y,z;
	printf("Ex5-6\n");
	printf("Arithmetic calculation program\n");
	printf("Enter two integers :");
	scanf("%d %d", a, b);

	x = a * b - b;
	y = a*b - a/b;
	z = a%b + b;

	printf("a*b=%d\n", a*b);
	printf("a/b=%d\n", a/b);
	printf("a%b=%d\n", a%b);
	printf("x= %d\n", x);
	printf("y= %d\n", y);
	printf("z= %d", z);
	printf("Ex5-6 End\n");
	return 0;
}
```

☞ 컴파일 결과

8행 scanf("%d %d", a, b) : 변수 선언 방법에서의 오류로 프로그램이 정상적으로 실행되지 않고 경고가 발생함.
각각의 변수 a, b 앞에 "&"를 붙여야 함.
경고(warning)는 error와는 달리 프로그램을 실행시킬 수는 있으나 연산 결과가 부정확하게 나타날 수 있음.

14행 printf("a%b=%d\n", a%b) : printf문 안에 있는 "a%b"의 "%b"가 "%d"처럼 출력데이터를 지정하는 표현으로 잘못 처리될 수 있음(실제 출력 결과는 a%b가 아닌 ab로 표현됨).
"a%b"에 "%"를 하나 더 추가하여 "a%%b"로 표현하면 됨.
☞ a%%b = %d

☞ 실행 결과

【 예제 5-7 】

프로그램 오류를 수정하여 실행하고 그 결과를 확인해보자.

```
#include<stdio.h>
int main(void)
{
        int a, b ;
        int x1, x2, y1, y2, z1 ;
        printf("Ex5-7\n");
        a=9, b=8;

        x1 = (a > b) ;
        x2 = (a => b) ;
        y1 = (a < b) ;
        y2 = (a =< b) ;
        z1 = (a = b) ;

        printf("x1=(a>b) -> %d\n", x1);
        printf("x2=(a>=b) -> %d\n", x2);
        printf("y1=(a<b) -> %d\n", y1);
        printf("y2=(a<=b) -> %d\n", y2);
        printf("z1=(a==b) -> %d\n", z1);
        printf("Ex5-7 End\n");
        return 0;
}
```

☞ **컴파일 결과**

9, 11, 12 행 : 관계 연산자 표현 방법 오류 발생함.

"=>", "=<", "=" 은 ">=", "<=", "=="로 표현되어야 함.

이 에러가 15, 17 행에까지 영향을 줌.

☞	=>	→	>=
	=<	→	<=
	=	→	==

☞ **실행 결과**

【예제 5-8】

프로그램 오류를 수정하여 실행하고 그 결과를 확인해보자.

```
#include<stdio.h>
int main(void)
{
        int a, b, c, x, y, z ;
        printf("Ex5-8\n");
        x=7, y=6, z=0 ;

        a = ++x++ ;
        b = ++z-- ;
        c = y++x;

        printf("a = %d\n", a) ;
        printf("b = %d\n", b) ;
        printf("c = %d\n", c) ;
        printf("Ex5-8 End\n");
        return 0;
}
```

☞ 컴파일 결과

7, 8행 ++x++과 ++z-- 표현 : 변수 x와 z에 증감 연산자가 이중으로 붙었으며 이로 인하여 컴파일 오류가 발생함.

9행의 "c = y++x" : "c = y++"까지 만으로 연산식이 완성된 것으로 처리됨.
따라서 그 다음의 "x"는 문장의 끝으로 간주되며 세미콜론(;)이 아닌 "x"가 붙은 경우이므로 오류가 발생함.

☞ 실행 결과

【 예제 5-9 】

프로그램 오류를 수정하여 실행하고 그 결과를 확인해보자.

```
#include<stdio.h>
int main(void)
{
        int a,b,x,y,z;
        printf("Ex5-9\n");
        a=5, b=0;

        x = a/b - b;
        y = a%b;
        z = a+ b * b;

        printf("x= %d\n", x);
        printf("y= %d\n", y);
        printf("z= %d", z);
        printf("Ex5-9 End\n");
        return 0;
}
```

☞ **컴파일 결과**

프로그램 컴파일 상의 오류는 발생하지 않으나 정수형 변수 b=0으로 초기화되었으므로 연산 "a/b"나 혹은 "a%b"를 수행 함에 있어서 오류가 발생함.
연산에 사용될 변수들의 값도 정확히 알고 프로그램 할 필요가 있음.

☞ 실행 결과

연 습 문 제

1. 정수형 변수 x와 y를 입력받아 다음의 산술 연산을 수행하고 그 결과를 출력하는 프로그램을 작성하시오.

   a=(x+y)%x
   b=(x-y)*y
   c=x*y-x
   d=x/y+y
   e=x%y*x

2. 세 개의 정수 a, b, c를 입력받아 다음의 단항 연산자를 사용하는 연산식을 구하는 프로그램을 작성하시오.

   W = a + b + --c
   X = a++ + --b- c++
   Y = ++a+ b++ + ++c
   Z = -a + ++b - --c

3. 다음의 수식을 구하는 프로그램을 작성하시오.

   Y1 = ab + b
   Y2 = (a+b)/(a-b)*4a
   여기서 a와 b의 값은 임의의 정수형 상수이다.

4. 정수형 변수 a, b, c를 입력받아 다음의 관계 연산식을 수행하고 그 결과를 출력하는 프로그램을 작성하시오.

V = (a! = b)
X = (a > b)
Y = (c <= a)
Z = (a == c)

5. 정수형 변수 a, b, c를 입력 받아 다음의 논리 연산을 수행하고 그 결과를 구하는 프로그램을 작성하시오.

V = a&&c
W = b||c
X = a||!b
Y = !c
Z = !b&&c

제 6 장
제 어 문

제 6 장 제 어 문

프로그램은 기본적으로는 한 문장 씩 순차적으로 실행하게 되어 있다. main() 함수를 시작으로 하여 한 번에 한 문장씩 차례대로 실행된다. 그러나 만일 모든 프로그램이 천편일률적으로 이처럼 순차적 실행만을 수행해야한다면 프로그램은 더 이상 프로그램으로서의 가치를 온전히 발휘하지 못할 것이다.

우리는 상황에 따라 어떠한 조건을 선택해야만 하는 경우를 종종 겪는다. 프로그램 역시 마찬가지이다. 때론 두세 가지 조건들이 하나의 프로그램 안에 모두 포함되어 특정 조건에 따라 선택적으로 실행될 필요가 있다. 이러한 경우에 사용하는 명령문을 제어문(Control statement)이라고 한다.

제어문은 크게 선택 제어문, 반복 제어문, 분기 제어문 등으로 나눌 수 있다.

이 장에서는 선택 제어문에 대해서만 학습한다. 반복 제어문, 분기 제어문 등은 다음 장에서 살펴보기로 한다.

선택 제어문이란 하나의 프로그램 안에 존재하는 조건을 판단하여 그 결과에 따라 선택적으로 해당되는 프로그램 문장들을 실행하는 명령이다.

선택 제어문에는 if 문, if ~ else 문, if ~ else if 문, switch - case 문 등이 있다.

6.1 if 제어문

가장 기본적인 선택 제어문은 if 제어문이다. if 제어문의 문장 형식은 다음과 같다.

```
if (조건식) 문장 ;
```

if 다음에 오는 소괄호 안에 if 제어문의 조건식이 위치한다. 만일 조건식이 "참(1)"일 경우에는 그 다음에 위치한 프로그램 문장을 실행한다. 그러나 만일 조건식이 "거짓(0)"인 경우에는 if 제어문에 연결된 프로그램 문장은 더 이상 실행하지 않는다. if 제어문에 연결된 프로그램 문장을 건너뛴 채 그 다음 문장으로 실행 순서가 넘어간다.

간단한 예제 프로그램을 실행해 봄으로써 if 제어문의 기본 동작을 이해해 보기로 한다.

【 프로그램 6-1 】

```
#include<stdio.h>
int main(void)
{
        int a, b;
        b=5;
        printf("Integer a = ");
        scanf("%d", &a);
        if (a > b) printf("Inputted number a is bigger than 5.\n");
        printf("a is %d.",a);
        return 0;
}
```

해설

scanf("%d", &a) : 정수형 변수 a의 값을 입력받는다.

if (a > b) printf("Inputted number a is bigger than 5.\n") : 입력된 정수 a의 값이 b의 값 5보다 크면 조건식이 "참(1)"이므로 "Inputted number a is bigger than 5."를 출력한 후 다음 행을 수행하며 입력된 정수 a의 값이 b의 값 5보다 작으면 조건식이 "거짓(0)"이 되므로 이 printf문을 수행하지 않고 다음 행으로 실행 순서가 넘어간다.

printf("a is %d.",a) : if(a>b)문의 조건식과 관계없이 "a is %d(입력값)."을 출력한다.

【프로그램 6-1】 을 작성하여 컴파일 한 후 프로그램을 실행시켜보자.
화면에서는 다음과 같은 결과가 나타날 것이다.

```
Integer a = 7
Inputted number a is bigger than 5.
a is 7.
```

키보드로부터 정수 "7"을 입력하면 입력된 수 a가 "7" 이므로 조건식 (a > b(=5))의 결과가 "참(1)"이 된다. 따라서 프로그램은 "Inputted number a is bigger than 5."를 출력하게 되고 다음 행에서 "a is 7."을 출력하게 된다.

프로그램을 다시 한 번 실행해서 이번에는 a의 값에 5보다 작은 수를 입력해 보자. 그러면 프로그램의 실행 결과는 다음과 같을 것이다.

```
Integer a = 3
a is 3.
```

위의 결과에서 알 수 있듯이 조건식(a > b(=5))이 "거짓(0)"이므로 "Inputted number a is bigger than 5." 라는 출력문은 수행되지 않게 된다.

지금까지 if 제어문의 가장 간단한 사용 방법에 대하여 알아보았다. 그리고 위의 【프로그램 6-1】 을 통하여 조건식이 "참(1)"일 경우, 오직 한 줄의 명령문만을 실행하는 프로그램의 예를 공부하였다.

이번에는 조건식이 "참(1)"일 경우에 두개 이상의 명령문을 실행하여야 하는 경우에 대한 프로그램 작성 방법에 대하여 알아보자.

이 경우의 if 제어문 형식은 다음과 같다.

```
if (조건식)
{               /* 중괄호로 두개 이상의 명령문을 포함 시킨다 */
     문장 1 ;          /* 조건식이 "참(1)"일 경우 실행한다 */
     문장 2 ;          /* 조건식이 "참(1)"일 경우 실행한다 */
     문장 3 ;          /* 조건식이 "참(1)"일 경우 실행한다 */
}
```

위에서 보는 바와 같이 if 제어문의 조건식이 "참(1)"일 경우에 실행할 명령문의 수가 두 개 이상일 경우에는 수행할 명령문들을 중괄호({, }) 안에 포함시켜 작성하면 된다.

매우 간단한 작업이다. 즉 조건식이 "참(1)"일 경우에 실행하고자 하는 명령문들을 모두 중괄호 안에 포함시킴으로써 많은 명령문들을 조건식의 결과에 따라 함께 처리할 수가 있다.

【 프로그램 6-2 】

```
#include<stdio.h>
int main(void)
{
     int a, b;
     b=5;
     printf("Integer a = ");
     scanf("%d", &a);
     if (a > b)
     {
          printf("Inputted number a is bigger than 5.\n");
          printf("Inputted number a is %d.\n",a);
     }
     printf("b=%d.",b);
     return 0;
}
```

해설

{, } : 조건식이 "참(1)"일 경우 실행할 명령문들을 중괄호 안에 포함시킨다.

printf("Inputted number a is bigger than 5.\n") : 조건식이 "참(1)"일 경우 실행한다.

printf("Inputted number a is %d.\n",a) : 조건식이 "참(1)"일 경우 실행한다.

【프로그램 6-2】를 작성하여 컴파일 한 후 프로그램을 실행시켜보자.
화면에는 다음과 같은 결과가 나타날 것이다.

```
Integer a = 8
Inputted number a is bigger than 5.
Inputted number a is 8.
b=5.
```

키보드로부터 정수 "8"을 입력하면 입력된 수 a가 "8" 이므로 조건식 (a > b(=5))의 결과가 "참(1)"이 된다. 따라서 프로그램은 중괄호 안에 있는 두 개의 명령문을 모두 실행하게 된다.
"Inputted number a is bigger than 5."와 "Inputted number a is 8."을 모두 출력하게 된다.
그리고 그 다음 행에서 "b=5."를 출력하게 된다.

프로그램을 다시 한 번 실행해서 이번에는 a의 값에 5보다 작은 수를 입력해 보자. 그러면 프로그램의 실행 결과는 다음과 같을 것이다.

```
Integer a = 4
b=5.
```

위의 결과에서 알 수 있듯이 조건식(a > b(=5))이 "거짓(0)"이므로 중괄호 안에 포함된 두 개의 명령문들은 모두 수행되지 않게 된다.

6.2 if ~ else 제어문

if ~ else 제어문의 기본 형식은 다음과 같다.

```
if (조건식)
        문장1 ;  /* 조건식이 "참(1)"인 경우 실행한다 */
else
        문장2;   /* 조건식이 "거짓(0)"인 경우 실행한다 */

문장 3;          /* if ~ else 문과 관계없이 실행한다 */
```

if ~ else 제어문은 if(조건식)의 결과가 "참(1)"이면 문장1을 실행하고 if(조건식)의 결과가 "거짓(0)"일 경우에는 else 이하의 문장2를 실행한다.

한편 조건식이 "참(1)"이어서 문장1을 실행한 경우에는 else 이하의 문장2는 실행하지 않고 다음의 문장3으로 실행 순서가 넘어가게 된다. 마찬가지로 조건식의 결과가 "거짓(0)"이어서 문장1을 실행하지 않고 else 이하의 문장2를 실행한 경우에도 다음의 문장3은 실행하여야 된다. 이는 문장3이 if 제어문과 상관없는 문장이기 때문이다. 반드시 실행하여야만 하는 것이다.

앞의 과정을 다시 정리해 보면 다음과 같다.

```
조건식이 "참(1)"일 경우 : 문장1 수행 후 문장3으로 넘어간다.

조건식이 "거짓(0)"일 경우 : 문장2 수행 후 문장3으로 간다.
```

프로그램 예제를 통하여 if ~ else 제어문의 사용 방법에 대하여 좀 더 알아보자.

【 프로그램 6-3 】

```
#include<stdio.h>
int main(void)
{
	int a, b;
	b=5;
	printf("Integer a = ");
	scanf("%d", &a);
	if (a > b)
	{
		printf("a=%d, b=5 \n",a);
		printf("Inputted number a is bigger than b.\n");
	}
	else
	{
		printf("a=%d, b=5\n",a);
		printf("Inputted number a is smaller than b.\n");
	}
	return 0;
}
```

☞ 해설

if(a > b) {...} : 조건식(a > b)이 "참(1)"일 경우 실행할 명령문들을 포함시킨다.

else {...} : 조건식(a > b)이 "거짓(0)"일 경우 실행할 명령문들을 포함시킨다.

【프로그램 6-3】 을 작성하여 컴파일 한 후 프로그램을 실행시켜보자. 그리고 정수 a의 값으로 10을 입력해 보자.

화면에서는 다음과 같은 결과가 나타날 것이다.

```
Integer a = 10
a=10, b=5
Inputted number a is bigger than b
```

이번에는 프로그램을 다시 실행시키고 정수 a의 값으로 4를 입력시켜 보자.

그러면 화면에는 다음과 같은 결과가 나타날 것이다.

```
Integer a = 4
a=4, b=5
Inputted number a is smaller than b.
```

위의 결과로부터 만일 조건식이 "참(1)"이면 if 조건식 다음의 중괄호 안에 있는 두 개의 명령문들이 수행되고 조건식이 "거짓(0)"이면 else 다음의 중괄호 안에 있는 두 개의 명령문들이 수행됨을 알 수 있다.

6.3 다중 if ~ else 제어문

이번에는 if 제어문 안에 또 다른 if 제어문이 포함되는 구조에 대하여 알아보자. 이러한 구조를 다중 if ~ else 제어문이라고 하는데 이처럼 중첩된 구조를 갖는 다중 if ~ else 제어문의 기본 형식은 다음과 같다.

```
if (조건식1)
        if (조건식2)
                문장 1;  /* 조건식1과 2가 "참(1)"인 경우 실행한다 */
        else
                문장 2;  /* 조건식1이 "참(1)"이고 조건식2가 "거짓(0)"
                인 경우 실행한다 */
else
        문장 3;          /* 조건식1이 "거짓(0)"인 경우 실행한다 */

문장 4;                  /* if ~ else 문과 관계없이 실행한다 */
```

앞의 형식에서 보는 바와 같이 if (조건식1) 안에 또 다른 if (조건식2)~else 제어문이 포함되는 중첩된 구조이다.

이 경우에는 먼저 if (조건식1)을 실행하여 그 결과가 "참(1)"인 경우에만 if (조건식2) ~ else 제어문을 실행한다. 만일 if (조건식1)의 결과가 "거짓(0)"이면 if (조건식2) ~ else 문은 건너뛰고 그 다음의 else에 있는 문장3을 실행한다.

한편 if (조건식1)의 결과가 "참(1)"인 경우에는 그 안에 포함된 if (조건식2)를 실행한다. 만일 if (조건식2)의 결과도 "참(1)"이면 문장1을 실행한다. 문장 1을 수행한 후에는 문장 4로 넘어간다.

반면 if (조건식1)의 결과가 "참(1)"이고 if (조건식2)의 결과가 "거짓(0)"이면 첫 번째 else 다음의 문장 2를 실행하고 다음에 문장 4로 넘어간다.

위의 실행 과정을 다시 정리하면 다음과 같다.

```
조건식1이 "참(1)"일 경우 : 조건식2를 수행한다.
        조건식2가 "참(1)"일 경우 : 문장 1 수행 후 문장 4로 분기한다.
        조건식2가 "거짓(0)"일 경우 : 문장 2 수행 후 문장 4로 분기한다.

조건식1이 "거짓(0)"일 경우 : 문장 3 수행 후 문장 4로 넘어간다.
```

중첩된 if ~ else 제어문은 두 개 이상의 조건식을 사용하는 프로그램에서 이용되는 제어문이다. 두 가지의 조건들을 동시에 처리할 경우 매우 유용하게 활용할 수 있는 방법이다.

프로그램 예제를 통하여 중첩된 if ~ else 제어문의 사용 방법을 좀 더 알아보자.

【프로그램 6-4】

```
#include<stdio.h>
int main(void)
{
        int a,b;
        b=5;
        printf("Integer a = ");
        scanf("%d", &a);
        if (a > b)
            if (a < 10)
                printf("a is bigger than %d and smaller than 10.\n",b);
            else
                printf("a is bigger than 10 or equal.\n");
        else
            if (a > 2)
                printf("a is bigger than 2 and smaller than %d.\n",b);
            else
                    printf("a is smaller than 2 or equal.\n");
        printf("Check the calculation result.");
        return 0;
}
```

☞ **해설**

if(a > b)
　　if (a < 10)
　　　　printf("a is bigger than %d... ,b) : 조건식(a > b)와 (a < 10)이 "참(1)"인 경우
　　else
　　　　printf("a is bigger than 10...\n") : 조건식(a > b)가 "참(1)"이고 (a < 10)가 "거짓(0)"인 경우

else
　　if (a > 2)
　　　　printf("a is bigger than 2... ,b) : 조건식(a > b)가 "거짓(0)"이고 (a > 2)가 "참(1)"인 경우
　　else
　　　　printf("a is smaller than 2...") : 조건식(a > b)와 (a > 2)가 모두 "거짓(0)"인 경우

printf("Check the calculation result.") : 각 조건식에 해당하는 명령문을 수행한 후 분기되는 프로그램 명령문의 위치이다.

【프로그램 6-4】를 작성하여 컴파일 한 후 프로그램을 실행시켜보자. 그리고 정수 a의 값으로 8을 입력해 보자.
화면에서는 다음과 같은 결과가 나타날 것이다.

```
Integer a = 8
a is bigger than 5 and smaller than 10.
Check the calculation result.
```

입력된 수 a가 8이고 초기 값 b는 5이므로 if(a > b)는 "참(1)"이 된다.
다음에 수행되는 두 번째 조건식 if(a < 10)도 "참(1)"이므로 화면에는 "a is bigger

than 5 and smaller than 10."가 출력된다. 그리고 프로그램은 마지막 줄로 분기하여 "Check the calculation result."를 출력하고 종료된다.

프로그램을 다시 한 번 실행시키고 이번에는 변수 a의 값으로 2를 입력해 보자. 그러면 화면에는 다음과 같이 출력될 것이다.

```
Integer a = 2
a is smaller than 2 or equal.
Check the calculation result.
```

이번에는 입력된 수가 2이므로 if (a > b)는 "거짓(0)"이 된다. 따라서 프로그램은 두 번째 위치에 있는 else 문으로 분기하게 되고 거기서 if (a > 2) 조건식을 수행하게 된다. 이번에도 a가 2 이므로 조건식(a > 2)는 "거짓(0)"이 되어 프로그램은 else 이하의 "a is smaller than 2 or equal."을 출력하고 마지막 줄에서 "Check the calculation result."를 출력하고 종료하게 된다.

프로그램을 다시 실행하여 이번에는 정수 값으로 10보다 큰 값, 혹은 2보다 작은 값을 각각 입력하고 그 결과를 확인하여 보자.
각각의 경우에 프로그램은 해당하는 조건식에 대응하는 명령문만을 수행하고 마지막 줄로 분기함을 알 수 있다.

6.4 if ~ else if 제어문

이번에는 여러 개의 복잡한 조건들을 손쉽게 처리할 수 있는 제어문인 if ~ else if 제어문에 대하여 알아보자.
if 문 다음에 else if 문을 필요한 조건만큼 나열함으로써 해당하는 조건식에 맞는 프로그램 명령을 수행하도록 하는 제어문이다.
if ~ else if 제어문의 기본 형식은 다음과 같다.

```
if (조건식1)  문장1;
else if (조건식2)  문장2;
else if (조건식3)  문장3;
else if (조건식4)  문장4;
else  문장5;
문장6;
```

위의 형식에서 보는 바와 같이 if ~ else if 제어문은 if (조건식1) 다음에 else if (조건식)들이 반복되고 마지막에 else 문으로 마무리되는 구조이다. else if (조건식)들에 의해 필요한 수만큼 조건식들을 더해갈 수 있는 구조이다.

if ~ else if 제어문이 동작하는 방법은 다음과 같다.

먼저 if (조건식1)을 수행한다. 이 조건식이 "참(1)"이면 문장1을 실행하고 그 다음에 if ~ else if 제어문 밖의 문장6으로 분기한다.

한편 if (조건식1)의 결과가 "거짓(0)"이면 다음 줄의 else if (조건식2)를 수행한다. 이 조건식의 결과가 "참(1)"이면 문장2를 수행하고 마지막 줄의 문장6으로 분기한다. 그러나 여기서도 else if (조건식2)가 "거짓(0)"이면 다음에는 else if (조건식3)으로 넘어간다.

else if (조건식4)까지 계속 조건식의 결과가 "거짓(0)"이면 마지막으로 else 문장5를 실행하고 다음의 문장6을 수행하게 된다.

위의 수행 과정을 정리해 보면 다음과 같다.

조건식1이 "참(1)"일 경우 : 문장1을 수행하고 문장6으로 분기한다.
조건식1이 "거짓(0)"이고 조건식2가 "참(1)"일 경우 : 문장2를 수행하고 문장6으로 분기한다.
조건식1과 2가 "거짓(0)"이고 조건식3이 "참(1)"일 경우 : 문장3을 수행하고 문장 6으로 분기한다.
조건식 1,2와 3이 "거짓(0)"이고 조건식4가 "참(1)"일 경우 : 문장4를 수행하고 문장6으로 분기한다.
조건식 1,2,3과 4가 모두 "거짓(0)"일 경우 : 문장5를 수행하고 문장6으로 넘어간다.

프로그램 예제를 통하여 if ~ else if 제어문의 사용 방법에 대하여 좀 더 알아보자.

【 프로그램 6-5 】

```
#include<stdio.h>
int main(void)
{
        int a,b,c,d,e ;
        b=10000, c= 1000, d= 100, e = 10;
        printf("Integer a = ");
        scanf("%d", &a);
        if (a >= b)
                printf("a is 5 digits number.\n");
        else if (a >= c)
                printf("a is 4 digits number.\n");
        else if (a >= d)
                printf("a is 3 digits number.\n");
        else if (a >= e)
                printf("a is 2 digits number.\n");
        else
                printf("a is 1 digit number.\n");

        printf("Check the calculation result.");
        return 0;
}
```

해설

```
if (a >= b)
        printf("a is 5 digits number.\n") : 조건식(a >= b)가 "참(1)"
                인 경우
else if (a >= c)
        printf("a is 4 digits number.\n") : 조건식(a >= b)가 "거짓
                (0)"이고 조건식(a >= c)가 "참(1)"인 경우
else
        printf("a is 1 digit number.\n") : 조건식(a >= b)가 "거짓(0)"
                이고 else if (조건식)들이 모두 "거짓(0)"인 경우
```

【프로그램 6-5】를 작성하여 컴파일 한 후 프로그램을 실행시켜보자. 그리고 정수 a의 값으로 5000을 입력해 보자.

화면에서는 다음과 같은 결과가 나타날 것이다.

```
Integer a = 5000
a is 4 digits number.
Check the calculation result.
```

입력된 수 a가 5000이고 초기 값 b는 10000이므로 if(a >= b)는 "거짓(0)"이 된다. 따라서 프로그램은 다음 행으로 이동되어 조건식 if(a >= c)를 수행한다.

변수 c의 초기치가 1000이므로 위의 조건식은 "참(1)"이 되고 따라서 화면에는 "a is 4 digits number."가 출력된다. 그리고 프로그램은 마지막 행으로 분기하여 "Check the calculation result."를 출력한다.

프로그램을 다시 실행시키고 변수 a의 값으로 5자리, 4자리, 3자리, 2자리, 한자리의 수를 각각 입력하여 보자. 그리고 각각의 결과를 확인하여 if ~ else if 제어문이 어떻게 동작하는지 확인하여 보자.

6.5 switch ~ case 제어문

switch ~ case 제어문은 다중 선택제어문이라고도 하는데 이는 if 제어문이 "참(1)"이나 "거짓(0)" 둘 중 하나의 결과만을 얻을 수 있는데 반해 switch ~ case 제어문은 어떤 조건식이나 변수 값에 대하여 그 결과 값이 가질 수 있는 여러 가지의 가능한 값들에 대하여 각각 다른 기능을 수행할 수 있도록 제어하기 때문이다.

예를 들어 엘리베이터의 경우를 보자.

20층까지 있는 건물에서 엘리베이터의 층수를 누르면 바로 해당 층으로 이동할 수 있어야 한다. 건물이 20층이므로 가능한 조건의 수는 모두 20개나 된다. 이러한 조건을 if 제어문이나 if ~ else if 제어문으로 처리한다면 어떻게 될까?

"1층입니까?", "아니면 2층입니까?", "아니면 3층입니까?", ... , "아니면 19층입니까?", "예, 20층입니다"처럼 모두 19차례의 if 조건식을 거쳐야만 한다. 번거롭고 비효율적이지 않을 수 없다.

이처럼 "참(1)"과 "거짓(0)" 이상의 많은 가능한 조건들이 존재하는 경우 switch ~ case 제어문을 사용하면 간단히 처리할 수 있다.

switch ~ case 제어문의 기본 형식은 다음과 같다.

```
switch(변수 혹은 식)
{
        case 식1 : 문장1;
        break;
        case 식2 : 문장2;
        break;
        case 식3 : 문장3;
        break;
        case 식4 : 문장4;
        break;
        default 식5 : 문장 5;   /* default문이 없는 경우도 있음*/
        break;
}
```

switch문의 변수나 혹은 식의 조건에 따라 해당하는 case 문으로 이동하여 해당 프로그램 문장을 실행한다. 그리고 break 문에 의해 switch ~ case 제어문을 빠져나오게 된다.

그런데 여기서 만일 switch ~ case 제어문내에 break문이 없다면 어떻게 될까? 이 경우는 다음과 같은 형식으로 표현될 것이다.

```
switch(변수 혹은 식)
{
        case 식1 : 문장1;
        case 식2 : 문장2;
        case 식3 : 문장3;
        case 식4 : 문장4;
        default 식5 : 문장 5;   /* default문이 없는 경우도 있음*/
}
```

프로그램 예제들을 살펴보면서 break문이 없는 switch ~ case 제어문과 break문이 있는 switch ~ case 제어문이 어떻게 실행되고 그 결과에 어떠한 차이가 있는지 알아보자.

【 프로그램 6-6 】

```
#include<stdio.h>
int main(void)
{
        int a;
        printf("Input the floor number : ");          /* 층 수 입력 */
        scanf("%d", &a);
        switch(a)
        {
                case 1: printf("It is 1st floor.\n");
                case 2: printf("It is 2nd floor.\n");
                case 3: printf("It is 3rd floor.\n");
                case 4: printf("It is 4th floor.\n");
                case 5: printf("It is 5th floor.\n");
                default : printf("It is more than 5th floor.\n");
        }
        return 0;
}
```

해설

switch(a) : 입력된 변수 a의 값을 판단하여 대응하는 case문으로 분기시킨다.

case 1: printf("It is 1st floor.\n") : 입력된 변수 a의 값이 1일 경우에 "It is 1st floor."를 출력한다.

default : printf("It is more than 5th floor.\n") : 입력된 변수 a의 값이 case문이 있는 1 ~ 5사이의 값이 아닌 경우, 즉 대응하는 case 문이 없는 경우에는 default문을 수행한다.
default문이 없을 경우에는 어떠한 동작도 수행하지 않고 switch ~ case 제어문을 빠져나온다.

【프로그램 6-6】을 작성하여 컴파일 한 후 프로그램을 실행시켜보자. 그리고 정수 a의 값으로 3을 입력해 보자.

화면에는 다음과 같은 결과가 나타날 것이다.

```
Input the floor number : 3
It is 3rd floor.
It is 4th floor.
It is 5th floor.
It is more than 5th floor.
```

키보드로부터 정수 3이 입력되었으므로 변수 a의 값은 3이다. 즉 switch(3)의 조건식이 되는 것이다.

case 3 : printf("It is 3rd floor.\n"); 문이 선택되므로 화면에는 "It is 3rd floor."가 출력된다.

그리고 이후의 case 문, 즉 case 4, case 5, default 문이 모두 순차적으로 실행된다. case문 안에 break문이 없어 switch ~ case 제어문을 빠져나가지 못하기 때문이다.

즉 변수 a의 값에 대응하는 case 3 이전의 case 1 과 case 2는 실행되지 않지만 case 3 이후의 모든 case 문들과 default 문은 자동으로 실행하게 된다.

위의 프로그램을 한 번 더 실행한 후 변수 a의 값으로 6 이상의 값을 입력해 보자. 그리고 그 출력 결과를 확인해 보자.

변수 a의 값에 대응하는 case 문이 없으므로 프로그램은 default 문만 실행하게 될 것이다.

```
Input the floor number : 6
It is more than 5th floor.
```

그리고 프로그램을 일부 수정하여 보자. default문을 삭제한 후 프로그램을 다시 실행하고 변수 a의 값으로 전과 같이 3과 6 이상의 값들을 두 번에 걸쳐 입력한 후 그 결과를 확인해 보자.

그러면 출력 결과는 각각 다음과 같을 것이다.

```
Input the floor number : 3
It is 3rd floor.
It is 4th floor.
It is 5th floor.

Input the floor number : 8
```

default 문에 대응하는 출력이 없음을 알 수 있다.

유사한 프로그램 예제를 다시 한 번 살펴보자.

이번에는 각 case 문 마다 break문이 포함되도록 하였다.

break 문은 프로그램이 수행을 중지하고 switch ~ case 제어문을 벗어나게 한다.

【 프로그램 6-7 】

```
#include<stdio.h>
int main(void)
{
        char a ;
        printf("Enter a character : ");        /* 한 문자 입력 */
        scanf("%c", &a);
        switch(a)
        {
                case 'a': printf("It is a.\n");
                break ;
                case 'b': printf("It is b.\n");
                break ;
                case 'c' : printf("It is c.\n");
                break ;
                case 'd' : printf("It is d.\n");
                break ;
                case 'e' : printf("It is e.\n");
                break ;
                default : printf("It is more than e.\n");
                break ;
        }
        printf("Check the result!");          /* 결과 확인 */
        return 0;
}
```

해설

switch(a) : 변수 a의 값을 판단하여 대응하는 case 문으로 분기한다.

case 'a': printf("It is a.\n") : 변수 a의 값이 문자 "a"일 경우에 "It is a."를 출력한다.

break : 프로그램 실행을 중지하고 switch ~ case 제어문을 벗어난다.

default : printf("It is more than e.\n") : 변수 a의 값이 case문이 있는 a~ e 사이의 값이 아닌 경우, 즉 대응하는 case 문이 없는 경우에는 default 문을 수행한다.
default 문이 없을 경우에는 어떠한 동작도 수행되지 않는다.

【프로그램 6-7】을 작성하여 컴파일 한 후 프로그램을 실행시켜보자. 그리고 하나의 문자로 c를 입력해 보자.
화면에는 다음과 같은 결과가 나타날 것이다.

```
Enter a character : c
It is c.
Check the result!
```

키보드로부터 문자 c가 입력되었으므로 "case 'c' : printf("It is c.\n")" 문이 선택된다. 그러므로 화면에는 "It is c."가 출력된다.
그리고 프로그램은 break 문에 의하여 switch ~ case 제어문을 벗어나 프로그램의 마지막 명령인 "Check the result!"를 출력하게 된다.

프로그램을 다시 실행시키고 키보드로부터 c가 아닌 다른 문자를 입력하고 그 결과를 확인해 보자. break 문에 의하여 더 이상 【프로그램 6-6】과 같이 여러 개의 case 문들이 선택되는 일은 없을 것이다.

예제 실습

다음의 프로그램 예제들을 작성하고 컴파일하여 실행한 후 그 결과를 확인해보자.

【예제 6-1】 작성한 프로그램을 실행한 후 두 개의 정수 8과 3을 입력하고 그 결과를 확인해보자.

```
#include<stdio.h>
int main(void)
{
        int a,b,x,y;
        printf("Ex6-1\n");
        printf("if Control statement\n");     /* if 제어 프로그램 */
        printf("Enter two integers : ");      /* 두 정수 입력 */
        scanf("%d %d", &a, &b);

        x=a%2 ;
        y=b%2 ;

        if (x != 0) printf("number a is odd.\n");    /* a = 홀수  */
        if (x == 0) printf("number a is even.\n");  /* a = 짝수 */

        if (y > 0) printf("number b is odd.\n");     /* b = 홀수 */
        if (y == 0) printf("number b is even.\n");  /* b = 짝수 */

        printf("Check the result!\n");
        printf("Ex6-1 End\n");
        return 0;
}
```

실행 결과

```
Ex6-1
if Control statement
Enter two integers : 8  3
number a is even.
number b is odd.
Check the result!
Ex6-1 End
```

프로그램을 다시 실행하고 두 개의 다른 정수 값들을 입력한 후 실행 결과를 확인해 보자. 그리고 이 프로그램이 어떤 기능을 수행하는 프로그램인지를 정리해 보자.

> scanf("%d %d", &a, &b) : 정수형 변수 a와 b의 값을 키보드로부터 입력 받는다. 두 개의 정수 값이 입력될 때까지 프로그램은 실행되지 않는다.
>
> x=a%2 : 입력된 정수 a를 2로 나누어 나머지를 구한다.
> 나머지가 0이면 짝수, 나머지가 1이면 홀수임을 알 수 있다.
>
> if (x != 0) printf("number a is odd.\n") : x의 값이 0 이 아니면 조건식(x != 0)이 "참(1)"이고 따라서 "number a is odd."가 출력된다.
> 또한 위의 식(x=a%2)로부터 x의 값이 1이므로 a의 값이 홀수임을 알 수 있다.
>
> if (x == 0) printf("number a is even.\n") : x의 값이 0 과 같으면 조건식(x == 0)이 "참(1)"이고 따라서 "number a is even."이 출력된다.
> 마찬가지로 위의 식(x=a%2)로부터 x의 값이 0 이므로 a의 값이 짝수임을 알 수 있다.

【 프로그램 수정하기 6-1 】

【예제 6-1】의 프로그램을 if ~ else 제어문을 사용하는 프로그램을 수정해보시오.

【예제 6-2】

작성한 프로그램을 실행한 후 두 개의 정수 9와 4를 입력하고 그 결과를 확인해보자.

```
#include<stdio.h>
int main(void)
{
        int a, b;
        printf("Ex6-2\n");
        printf("if ~ else Control statement\n");
        printf("Enter two integers a, b :");
        scanf("%d %d", &a, &b);

        if ((a+b)%2 ==0)
        {
                printf("a=%d, b=%d.\n",a, b);
                printf("Sum of a and b is even.\n");
        }
        else
        {
                printf("a=%d, b=%d.\n",a, b);
                printf("Sum of a and b is odd.\n");
        }

        if (!(a > b))
                printf("a is smaller than b.\n");
        else
                printf("a is bigger than b.\n");

        printf("Check the result!\n");
        printf("Ex6-2 End\n");
        return 0;
}
```

실행 결과

```
Ex6-2
if ~ else Control statement
Enter two integers a, b : 9    4
a=9, b=4.
Sum of a and b is odd.
a is bigger than b.
Check the result!
Ex6-2 End
```

프로그램을 다시 실행하고 또 다른 두 정수를 입력한 후 그 결과를 확인해 보자. 그리고 프로그램이 조건식에 따라 어떻게 분기되어 실행되는지 분석해 보자. 또한 이 프로그램이 어떤 기능을 수행하는 프로그램인지를 정리해 보자.

if ((a+b)%2 ==0) { ... } : 키보드로부터 입력된 a와 b의 값을 더한 후 2로 나누어 나머지가 0과 같은지 검사한다.
결과가 "참(1)"이면 중괄호({...}) 안의 명령문들을 실행하고 다음 조건문 if (a > b) 로 분기한다.
물론 조건문의 실행 결과가 "거짓(0)"이면 else 이후의 중괄호({...}) 안의 명령문들을 실행하고 다음 조건문 if (a > b)로 넘어간다.

if (!(a > b)) printf("...) : 논리 부정 "!"이 조건식 앞에 있으므로 입력된 두 수의 크기를 비교하여 a의 값이 b의 값보다 크지 않으면 "참(1)"이 되어 printf("...") 문을 실행하고 마지막 명령문 "printf("Check the result!)"로 분기한다.
물론 조건문의 결과가 "거짓(0)"일 경우는 else 이하의 printf("...") 문을 실행하고 마지막 명령문을 실행한다.

【 프로그램 수정하기 6-2 】

【예제 6-2】의 프로그램을 입력된 두 정수 a, b의 곱이 100보다 큰지 혹은 작은지를 구분하는 프로그램으로 수정해보시오.

【 예제 6-3 】

두 개의 정수 a 와 b를 입력받아 이들 중 0보다 작거나 같은 수가 있는지 확인하고 이들이 모두 0보다 클 경우는 두수 중 큰 값을 출력하는 프로그램을 작성해 보자.

```
#include<stdio.h>
int main(void)
{
        int a,b;
        printf("Ex6-3\n");
        printf("reiterated if ~ else Control statement\n");
        printf("Enter two integers :");
        scanf("%d %d", &a, &b);

        if ((a > 0) && (b > 0))
                if (a > b)
                        printf("Bigger number is a(%d).\n", a) ;
                else
                        printf("Bigger number is b(%d).\n", b) ;
        else
                if ( (a > 0) || (b > 0))
                        printf("a or b is bigger than 0.\n") ;
                else
                        printf("a and b are smaller than 0.\n") ;

        printf("Check the result!\n") ;
        printf("Ex6-3 End\n");
        return 0;
}
```

실행 결과

```
Ex6-3
reiterated if ~ else Control statement
Enter two integers : 8  9
Bigger number is b(9).
Check the result!
Ex6-3 End
```

프로그램을 다시 실행하고 두 정수의 값이 모두 0인 경우와 두 수 중 하나가 0인 경우를 입력하고 그 결과를 확인해 보자.

그리고 프로그램이 조건식에 따라 어떻게 분기되어 실행되는지 분석해 보자. 또한 이 프로그램이 어떤 기능을 수행하는 프로그램인지를 정리해 보자.

if ((a > 0) && (b > 0)) : 변수 a의 값이 0 보다 크고 동시에 변수 b의 값도 0 보다 큰 수인지를 검사한다.
두 조건식이 모두 "참(1)"이면 결과는 "참(1)", 두 조건식 중 하나라도 "거짓(0)"이면 "거짓(0)"이 된다.

if ((a > 0) && (b > 0))
if (a > b) printf("...") : a와 b의 값이 모두 0 보다 크고 또한 a의 값이 b의 값보다 큰 경우 printf() 문을 실행한다.

if ((a > 0) || (b > 0)) : 변수 a의 값이 0 보다 크거나 혹은 변수 b의 값이 0 보다 크면 "참(1)"이 된다.
두 조건식 중 하나라도 "참(1)"이면 결과는 "참(1)"이다.
두 조건식 모두 "거짓(0)"이어야만 결과도 "거짓(0)"이 된다.

【 프로그램 수정하기 6-3 】

【예제 6-3】의 프로그램을 입력된 두 정수 a, b가 모두 0보다 클 경우는 작은

수를 표시하고, 두 수 모두 0인 경우는 “a and b are all 0.”라고 표시하는 프로그램으로 수정해보시오(둘 중 하나만 0일 경우는 “a or b is not 0.”라고 표시함).

【예제 6-4】 점수를 입력받아 학점을 구하는 프로그램을 작성해 보자. 90점 이상은 A, 80점 이상은 B, 70점 이상은 C, 60점 이상은 D, 그 외는 F로 등급을 정하고 if ~ else if 문을 사용하여 프로그램을 작성한다. 작성한 프로그램을 실행한 후 점수 95점을 입력하고 그 결과를 확인해보자.

```
#include<stdio.h>
int main(void)
{
        int score ;          /* 정수형 변수 score 선언 */
        printf("Ex6-4\n");
        printf("if ~ else if Control statement\n");
        printf("Enter the score :");
        scanf("%d", &score) ;

        if (score >= 90)
                printf("Score %d is A grade.\n", score);
        else if (score >= 80)
                printf("Score %d is B grade.\n", score);
        else if (score >= 70)
                printf("Score %d is C grade.\n", score);
        else if (score >= 60)
                printf("Score %d is D grade.\n", score);
        else
                printf("Score %d is F grade.\n", score);

        printf("Check the result!\n") ;
        printf("Ex6-4 End\n");
        return 0;
}
```

실행 결과

```
Ex6-4
if ~ else if Control statement
Enter the score : 95
Score 95 is A grade.
Check the result!
Ex6-4 End
```

프로그램을 다시 실행하고 또 다른 점수들을 입력한 후 그 결과를 확인해 보자.

그리고 프로그램이 조건식에 따라 어떻게 분기되어 실행되는지 분석해 보고 이 프로그램이 어떤 기능을 수행하는 프로그램인지를 정리해 보자.

if (score >= 90) printf("...") : 입력된 점수가 90점 보다 높거나 같으면 printf() 문을 수행하고 if ~ else if 문을 벗어나 마지막 행의 "printf("Check the result!")"문을 수행한다.
만일 점수가 90점 보다 낮으면 printf() 문을 수행하지 않고 다음 행의 else if 문으로 넘어간다.

else if (score >= 80) printf("...") : 입력된 점수가 90점 보다 낮고 80점 보다 높거나 같으면 printf() 문을 수행하고 if ~ else if 문을 벗어나 마지막 행의 "printf("Check the result!")"문을 수행한다.
만일 점수가 80점 보다 낮으면 printf() 문을 수행하지 않고 다음 행의 else if 문으로 넘어간다.

else printf("...“) : 점수가 60점 보다 낮으면 이 명령을 수행한 후 마지막 명령문으로 간다.

【 프로그램 수정하기 6-4 】

【예제 6-4】의 프로그램을 60점 이하부터 시작하여 70점 이하, 80점 이하, 90점 이하로 구분하는 역순의 프로그램으로 수정해보시오.

【 예제 6-5 】

5층 엘리베이터에서 층수를 누르면 누른 층수를 표시하는 프로그램을 작성해 보자. 6층 이상은 모두 "no floor" 로 처리하기로 한다. switch ~ case 문을 사용하여 프로그램을 작성한다. 작성한 프로그램을 실행한 후 5층을 입력하고 그 결과를 확인해보자.

```
#include<stdio.h>
int main(void)
{
        int floor;
        printf("Ex6-5\n");
        printf("switch ~ case program\n") ;
        printf("Enter the floor number : ");            /* 층수 입력 */
        scanf("%d", &floor);
        switch(floor)
        {
                case 1: printf("First floor.\n");
                break ;
                case 2: printf("Second floor.\n");
                break ;
                case 3: printf("Third floor.\n");
                break ;
                case 4: printf("Fourth floor.\n");
                break ;
                case 5: printf("Fifth floor.\n");
                break ;
                default : printf("no floor.\n");
                break ;
        }
        printf("Check the result!\n");
        printf("Ex6-5 End\n");
        return 0;
}
```

☞ 실행 결과

```
Ex6-5
switch ~ case program
Enter the floor number : 5
Fifth floor.
Check the result!
Ex6-5 End
```

프로그램을 다시 실행하고 또 다른 층들을 입력한 후 그 결과를 확인해 보자.

그리고 프로그램이 조건식에 따라 어떻게 분기되어 실행되는지 분석해 보고 이 프로그램이 어떤 기능을 수행하는 프로그램인지를 정리해 보자.

switch(floor) : 변수 floor에 입력된 값을 검사하여 해당 case 문으로 이동한다. case 1: printf("First floor.\n") : 입력된 변수 floor가 1일 경우에 실행되며 "First floor."를 화면에 출력한다. break : 프로그램을 중지하고 switch ~ case 문을 벗어나 다음 행으로 이동한다. default : printf("no floor.\n") : case 문에 없는 floor 값이 입력되었을 경우는 기본으로 이 명령을 실행한다. 이 명령은 프로그램에서 생략될 수 있으며 생략되면 어떠한 출력도 나타나지 않게 된다.

【 프로그램 수정하기 6-5 】

【예제 6-5】의 프로그램을 1, 2, 3, 4, 5라는 숫자가 아닌 '1', '2', '3', '4', '5'라는 문자로 입력받아 실행하는 프로그램으로 수정해보시오.

프로그램 에러 찾기

다음의 예제들을 작성하여 컴파일한 후 나타나는 프로그램 오류들을 찾아 수정하시오. 그리고 수정한 프로그램의 실행 결과를 확인하시오.

【 예제 6-6 】

프로그램 오류를 수정하여 실행한 후 두 개의 정수를 입력하고 그 결과를 확인해보자.

```
#include<stdio.h>
int main(void)
{
        int a,b;
        printf("Ex6-6\n");
        printf("Enter two integers :");        /* 두 개의 정수 입력 */
        scanf("%d , %d", &a, &b);

        if (a > 0) ;
                printf("Inputted number a is bigger than 0.\n");

        if b > 0
                printf("Inputted number b is bigger than 0.\n");

        if (0 < a)
                printf("Inputted number a is bigger than 0.\n");

        if (a>0)&&(b>0)
                printf("Sum of two numbers is bigger than 0.\n");
        printf("Ex6-6 End\n");
        return 0;
}
```

☞ 컴파일 결과

scanf("%d , %d", &a, &b) : %d와 %d 사이에 콤마 ","가 들어가 있어 입력되는 값이 정확하지 않음.
☞ scanf("%d %d", &a, &b)

if (a > 0) ; : 조건식은 그 자체로 미완성 명령문임.
세미콜론 ";"으로 조건식을 닫으면 if (조건식)의 제어문이 동작하지 않음.
☞if (a > 0)

if b > 0 : if 제어문에 괄호"( )"가 빠짐.
☞ if (b > 0)

if (a>0)&&(b>0) : 프로그램 표현상의 오류가 발생함.
두 개 이상의 조건식이 사용될 경우는 조건식 전체를 괄호 "( )"로 묶어야 함.
☞ if ((a>0)&&(b>0))

☞ 실행 결과

【 예제 6-7 】

프로그램 오류를 수정하여 실행한 후 두 개의 정수를 입력하고 그 결과를 확인해보자.

```
#include<stdio.h>
int main(void)
{
        int a, b;
        printf("Ex6-7\n");
        printf("Enter two integers a, b :");
        scanf("%d %d", &a, &b);

        if ((a>=0)&&(b>=0))
                if !(b ==0)          /*   조건식(b==0)이   "거짓(0)"이면
"참(1)" */

                        printf("a=%d, b=%d\n", a, b);
                        printf("a and b are all bigger than 0.\n");

                else
                {
                        printf("a=%d, b=%d\n",a,b);
                        printf("b is 0.\n");
                }

        else
        {
                printf("a and b are all smaller than 0.\n");
        }
        printf("Check the result!\n");
        printf("Ex6-7 End\n");
        return 0;
}
```

☞ 컴파일 결과

if !(b ==0) : : if 문에 괄호"( )"가 빠졌음.

☞ if (!(b ==0))

if !(b ==0)

명령문들 : 두 개의 명령문들이 수행되는데도 불구하고 명령문들이 중괄호로 묶이지 않아 else문의 위치가 잘못되는 오류가 발생함.

☞
```
if !(b ==0)
{
        printf("a=%d, b=%d.\n", a, b);
        printf("a and b are all bigger than 0.\n");
}
```

☞ 실행 결과

【예제 6-8】

프로그램 오류를 수정하여 실행한 후 두 개의 점수를 입력하고 그 결과를 확인해보자.

```
#include<stdio.h>
int main(void)
{
	int score ;
	printf("Ex6-8\n");
	printf("Enter the score : ");		/*  점수 입력 */
	scanf("%d", &score) ;

	if (score >= 90)
		printf("%d point is A grade.\n", score);
	else
		printf("%d point is F grade.\n", score);
	else if (score >= 80)
		printf("%d point is B grade.\n", score);
	else if (score >= 70)
		printf("%d point is C grade.\n", score);
	else if (score >= 60)
		printf("%d point is D grade.\n", score);
	printf("Check the result!") ;
	printf("Ex6-8 End\n");
	return 0;
}
```

☞ **컴파일 결과**

else : if ~ else if 문의 마지막에 위치할 else문이 중간에 위치 하여 else문의 위치가 잘못되었다는 오류가 발생함.

실행 결과

【예제 6-9】

프로그램 오류를 수정하여 실행한 후 건물의 층수를 입력하고 그 결과를 확인해보자.

```
#include<stdio.h>
int main(void)
{
        int floor ;
        printf("Ex6-9\n");
        printf("Enter the floor number : ");            /* 층수 입력 */
        scanf("%d", &floor);
        switch(floor)
        {
                case 1: printf("It is 1st floor.\n");
                break ;
                case 2: printf("It is 2nd floor.\n");
                break ;
                case 3: printf("It is 3rd floor.\n");
                case 4: printf("It is 4th floor.\n");
                break ;
                case 5: printf("It is 5th floor.\n");
                default : printf("no floor.\n");
                break ;
        }
        printf("Check the result!");
        printf("Ex6-9 End\n");
        return 0;
}
```

컴파일 결과

case 3: printf("3층 입니다.\n") : 컴파일 상의 오류는 발생하지 않으나 break 문이 없어 "3"을 입력하면 case 3과 case 가 함께 실행됨.

실행 결과

연 습 문 제

1. 두 개의 정수 x와 y를 입력 받아서 x와 y의 값들이 각각 짝수 인지 혹은 홀수인지를 검사하고 그 결과를 출력하는 프로그램을 작성하시오.

2. 영어와 수학 두 과목의 점수를 입력받아 평균을 구하고 또한 평균값에 대한 학점을 부여하는 프로그램을 작성하시오.
   학점 부여의 기준은 다음과 같다.

   90 점 이상 A
   80 점 이상 B
   70 점 이상 C
   60 점 이상 D
   60 점 미만 F

3. 영어와 수학 두 과목 중 한 과목이 90점 이상이면 과목명과 "우수" 등급을 출력하고 두 과목 모두 90점 이상이면 과목명과 "최우수" 등급을 출력하고 두 과목 모두 90점 미만이면 과목명과 "노력" 등급을 출력하는 프로그램을 작성하시오.

   영어 또는 수학 : 우수
   영어, 수학 : 최우수
   영어, 수학 : 노력

4. 1 부터 8까지의 숫자들 중 하나를 입력받아 해당 문자를 출력하는 프로그램을 작성하시오.

1 -> one
2 -> two
3 -> three
4 -> four
5 -> five
6 -> six
7 -> seven
8 -> eight

5. 10 층짜리 엘리베이터가 있습니다. 엘리베이터의 층 번호를 누르면 각 층의 층 번호를 알려주는 프로그램을 작성하시오.

1,2 층 : 식료품점
3,4 층 : 잡화점
5,6 층 : 의류점
7,8 층 : 문구점
9,10 층 : 레스토랑
그 외 : 다시 누르세요.

제 7 장
반복 제어문

제 7 장 반복 제어문

앞 장에서는 조건식의 결과에 따라 프로그램이 분기하는 제어문의 사용방법에 대하여 학습하였다. 이 장에서는 프로그램의 반복적인 수행 기능과 그 기능을 처리하는 방법에 대하여 알아본다. 어떤 하나의 기능을 반복적으로 처리할 수 있다는 것은 어쩌면 우리가 프로그램이라는 수단을 사용하는 가장 주된 이유 중 하나일 수도 있다. 그만큼 반복 처리 기능은 프로그램만이 가진 중요한 기능이며 또한 없어서는 않될 기능이기도 하다.

반복 제어문은 프로그램에서의 이러한 반복 처리 기능을 수행하는 제어문이다. 설정된 조건식이 충족될 때까지 프로그램을 계속적으로 반복 실행한다.

반복 제어문에는 for 제어문, 다중 for 제어문, while 제어문, do-while 제어문 등이 있다. 이제 반복 제어문에 대하여 알아보기로 하자.

또한 이 장의 뒷부분에서는 반복 제어문 외에도 많이 사용되고 있는 다른 제어문들에 대하여도 추가적으로 알아볼 것이다.

7.1 for 제어문

반복 제어문의 특징은 초기식, 조건식, 증감식 등 세 가지 요소들을 가지고 있다는 것이다. 초기식은 반복 제어문을 시작하는 출발점이고 조건식은 반복 제어문의 계속적인 수행 혹은 종료를 결정하는 조건이다. 또한 증감식은 초기식부터 시작하여 변수의 증가 혹은 감소를 수행함으로써 조건식에 접근하는 수단이 된다. 만일 이들 세 가지 요소들 중 어느 하나라도 빠지면 프로그램은 정확하게 시작할 수 없거나 혹은 프로그램이 영원히 반복 처리 기능에서 빠져나오지 못할 수도 있다. 그러므로 초기식, 조건식, 증감식이라는 세 가지 요소들을 반드시 설정하여야 하며 또한 이들 세 가지 요소들을 정확히 설정하는 것이 원하는 결과를 정확히 얻어낼 수 있는 키포인트가 된다.

for 제어문의 형식은 다음과 같다.

```
for (초기식; 조건식; 증감식)
{
        문장 1 ;
        문장 2 ;
        문장 3 ;
        문장 4 ;
}
```

이 제어문은 먼저 초기식의 조건에서 중괄호({ }) 안에 있는 프로그램을 수행하고 증감식에 의하여 변화된 변수의 값을 가지고 조건식을 검사한다. 조건식의 검사 결과가 "참(1)"일 경우는 해당하는 중괄호({ }) 안의 프로그램을 한 번 더 수행한다. 물론 이 때는 이미 초기식을 가지고 수행한 프로그램의 결과치를 가지고 수행하게 된다.

다음에는 또 다시 증감식에 의하여 변화된 변수의 값을 가지고 조건식의 상태를 검사한다. 만일 조건식의 검사 결과가 "참(1)"이면 프로그램의 반복 기능은 계속된다.

어느 순간에 증감식에 의하여 변화된 변수의 값으로 인해 조건식이 "거짓(0)"의 상태에 도달하게 되는데 이때가 프로그램이 반복 제어문을 빠져 나오는 때가 된다.

한편 for 제어문에서 초기식, 조건식, 증감식 등은 반드시 소괄호 안에 포함되도록 작성하여야 한다.

간단한 프로그램 예제를 실행해 봄으로써 for 제어문의 기본 동작을 이해해 보기로 한다.

【 프로그램 7-1 】

```
#include<stdio.h>
int main(void)
{
        int i, sum;
        sum = 0;

        for (i=1; i<=100; i++)
                sum = sum +i;
        printf("Total sum is %d.", sum);
        return 0;
}
```

해설

for (i=1; i<=100; i++) : 정수형 변수 i의 초기 값은 1, 조건식은 i가 100보다 작거나 같을 것, 증감식은 i의 값을 +1씩 증가시키는 것이다.

sum = sum +i : for 제어문의 조건식이 "참(1)"인 한 계속 실행한다.

【프로그램 7-1】 을 작성하여 컴파일 한 후 프로그램을 실행시켜보자.
화면에서는 다음과 같은 결과가 나타날 것이다.

```
Total sum is 5050.
```

정수형 변수 i의 초기치가 1이므로 조건식(i <= 100)은 "참(1)"이 된다. 따라서 sum = sum + i를 수행하여 sum의 초기값 0에 변수 i의 값인 1을 더한다. 즉 sum의 값은 1이 된다. 그리고 증감식(i++)에 의해 변수 i의 값은 +1 만큼 증가되어 2가 된다.
2로 증가된 변수 i의 값으로 다시 한 번 조건식(i <= 100)을 검사한다. 결과는 역시 "참(1)"이다. 그러므로 1이었던 sum의 값은 sum = sum + i에 의해 3이 된다.

이와 같은 동작을 반복하여 계속 증가된 i의 값이 100을 넘어 101이 될 때 조건식(i <= 100)은 "거짓(0)"이 되고 sum = sum+i 프로그램 문장은 더 이상 수행하지 않고 for 제어문을 벗어나게 된다. for 제어문을 벗어난 프로그램은 printf() 문으로 넘어가게 되며 이때까지의 sum의 값이 화면에 출력된다.

위의 【프로그램 7-1】 의 for 제어문 부분을 for 제어문을 사용하지 않고 다시 작성하면 다음과 같이 될 것이다.
같은 명령이 100차례나 반복되어 프로그램의 길이도 꽤 길어지는 등 매우 따분한 프로그램이 될 것이다.

```
for (i=1; i<=100; i++)
sum = sum +i;

☞
        sum = sum + 1;
        sum = sum + 2;
        sum = sum + 3;
        sum = sum + 4;
        ....
        sum = sum + 99;
        sum = sum + 100;
```

지금까지 간단한 for 제어문에 대하여 알아보았다.
이번에는 다중 for 제어문에 대하여 알아보자.

7.1 다중 for 제어문

다중 for 제어문은 for 제어문 안에 또 다른 for 제어문이 들어간 구조의 제어문으로서 다음과 같은 형식으로 표현된다.

```
for (초기식1; 조건식1; 증감식1)
{
        (문장1 ;)
        for (초기식2; 조건식2; 증감식2)
        {
                문장2 ;
                문장3 ;
                …
        }
        …
}
```

다중 for 제문의 실행은 먼저 첫 번째 for 문의 초기식1을 수행하고 조건식1을 검사하여 그 결과가 "참(1)"이면 문장1이 있으면 이를 수행하고 두 번째 for 제어문으로 가서 두 번째 for 제어문에 대한 초기식2와 조건식2를 검사한다.

만일 조건식2가 참이면 문장2와 문장3 등 두 번째 for 제어문 안에 있는 프로그램 명령들을 수행하고 두 번째 for 제어문의 조건식2가 "거짓(0)"이 될 때까지 두 번째 for 제어문 안에 있는 명령들을 반복 수행한 후 조건식2가 "거짓(0)"이 되면 프로그램은 다시 첫 번째 for 제어문으로 되돌아간다.

첫 번째 for 제어문으로 돌아와서 초기식1이 증감식1에 의하여 증감된 후 다시 조건식1을 검사하여 조건식1이 "참(1)"이면 다시 두 번째 for 제어문을 종전과 같이 반복하여 수행한다.

첫 번째 for 제어문의 조건식1이 "거짓(0)"이 될 때까지 위의 과정이 반복된다.

즉 첫 번째 for 제어문이 1회 수행될 때 마다 두 번째 for 제어문은 초기식2로부터 시작하여 조건식2가 "거짓(0)"이 될 때까지 반복 수행하여 두 번째 for 제어문을 완료하며 그 후 다시 첫 번째 for 제어문으로 되돌아가 또 한 번의 첫 번째 for 제어문을 시작하는 것이다. 물론 조건식1이 거짓이 되면 프로그램은 첫 번째 for 제어문과 첫 번째 for 제어문에 포함된 모든 for 제어문들을 벗어나 다음 명령으로 이동하게 된다.

여기서 반드시 주의할 것은 증감식1과 증감식2에서 사용하는 변수는 서로 달라야 한다는 것이다. 예들 들면 증감식1과 증감식2를 각각 i와 j로 표시한다든가 하는 것이다. 만일 증감식1의 변수가 증감식2의 변수와 동일하다면 첫 번째 for 제어문과 두 번째 for 제어문의 독립성이 보장되지 않는다. 당연히 그 처리 결과는 오류일 수밖에 없을 것이다.

프로그램 예제를 통하여 다중 for 제어문을 좀 더 학습해보자.

【 프로그램 7-2 】

```
#include<stdio.h>
int main(void)
{
        int i, j;
        for (i=1; i <4; i++)
                for (j=1; j < 3; j++)
                        printf("%d-%d\n",i,j) ;
        return 0;
}
```

해설

```
for (i=1; i <4; i++)
        for (j=1; j < 3; j++) printf() : i=1 일 때 j=1부터 2까지,
                               i=2 일 때 j=1부터 2까지,
                               i=3 일 때 j=1부터 2까지 printf()를 수행한다.
```

【프로그램 7-2】를 작성하여 컴파일 한 후 프로그램을 실행시켜보자.
화면에는 다음과 같은 결과가 나타날 것이다.

```
1-1
1-2
2-1
2-2
3-1
3-2
```

첫 번째 for 제어문의 초기식 i 가 1일 경우, 조건식(i < 4)이 "참(1)"이므로 두 번째 for 제어문을 수행한다.

두 번째 for 제어문은 초기식이 j=1이고 조건식이 j < 3, 그리고 증가식이 j++ 이므로 각각 j=1, j=2 일 경우를 수행한 후 첫 번째 for 제어문으로 되돌아간다.

다음에는 i=2 가 되며 아직도 조건식(i < 4)이 "참(1)"이므로 두 번째 for 제어문을 수행한다.

i=3일 때까지 두 번째 for 제어문을 수행하고 i=4가 되면 조건식(i < 4)이 "거짓(0)"이 되므로 프로그램은 두 번째 for 제어문을 수행하지 않고 for 제어문을 벗어나게 된다.

7.3 while 제어문

while 제어문도 for 제어문과 기능상 큰 차이가 없다. for 제어문과 마찬가지로 while 제어문도 조건식이 "참(1)"인 한 while 제어문 안에 있는 프로그램 명령들을 반

복적으로 수행한다. 다만 이들 두 반복 제어문 간에는 사용 형식상 약간의 차이가 있기에 주의할 필요가 있다.

다음은 while 제어문의 형식이다.

```
초기식 ;
while (조건식)
{
        문장1 ;
        문장2 ;
        ….
        증감식 ;
}
```

for 제어문의 경우는 for 명령 안에 초기식, 조건식, 증감식을 모두 포함시켜야 하지만 while 제어문의 경우는 while 명령 안에 조건식만 들어간다. 초기식은 앞의 형식에서 보이는 것처럼 while 제어문 전에 선언해 주어야 하며 증감식은 while 제어문에 의해 실행되는 프로그램 명령(문장)들 중에 포함되어야 한다.

만일 증감식이 포함되지 않으면 while 제어문의 조건식은 영원히 "참(1)"의 상태에 있게 되므로 프로그램은 결코 while 제어문에서 빠져 나올 수 없게 된다. 초기식, 조건식, 증감식이 반드시 포함되었는지 확인하는 습관을 가져야할 것이다.

이제 간단한 예제를 통하여 while 제어문의 사용 방법을 알아보자.

for 제어문과의 형식 비교를 위해 【프로그램 7-1】을 while 제어문으로 다시 작성하여 보자.

【프로그램 7-3】

```
#include<stdio.h>
int main(void)
{
        int i, sum ;
        sum = 0;
        i = 1 ;           /* 초기식을 선언한다      */
        while ( i<=100)
        {
                sum = sum +i;
                i++;     /* 증감식을 선언한다      */
        }
        printf("Total sum is %d.",sum);
        return 0;
}
```

해설

i= 1 : while 제어문의 조건식을 위한 초기식을 선언한다.
while (i<=100) { ... } : 조건식이 "참(1)"인 한 중괄호({...}) 내의 프로그램 명령들을 반복 수행한다.
i++ : while 제어문의 조건식을 위한 증감식을 선언한다.

【프로그램 7-3】 을 작성하여 컴파일 한 후 프로그램을 실행시켜보자.
화면에는 다음과 같은 【프로그램 7-1】 과 같은 결과가 나타날 것이다.

Total sum is 5050.

여기서 while 제어문 안에는 조건식만 포함되므로 초기식은 while 제어문 이전에,

그리고 증감식은 while 제어문이 "참(1)"일 경우에 수행하는 프로그램 명령문 안에 각각 포함되었음을 확인하자.

7.4 do ~ while 제어문

while 제어문과 유사한 반복 제어문으로서 do ~ while 제어문이 있다.

이 제어문이 while 제어문과 다른 점은 while 제어문이 먼저 조건식을 확인하여 조건식이 "참(1)"일 경우에만 프로그램 명령들을 실행하는데 반해 do ~ while 제어문은 조건식에 관계없이 일단 먼저 do 문을 실행하고 그 다음에 while 제어문의 조건식을 검사하는 순서로 프로그램이 수행된다는 것이다.

따라서 do ~ while 제어문은 do 문에 의해 어떠한 경우라도 적어도 한 번은 프로그램 명령을 수행하게 되어 있다.

do ~ while 문의 형식은 다음과 같다.

```
초기식 ;
do
{
        문장1 ;
        문장2 ;
        …;
        증감식
} while (조건식) ;
```

위의 형식에서 보는 바와 같이 프로그램은 do 문({ }) 안에 있는 프로그램 명령들을 한번 실행하고 그 다음에 while(조건식)을 수행한다. 만일 조건식이 "참(1)"이면 프로그램은 다시 do 문을 실행할 것이고 조건식이 "거짓(0)"이면 프로그램은 do ~ while 제어문을 벗어날 것이다.

여기서도 while 제어문의 경우와 같이 초기식은 do ~ while 제어문 이전에, 그리고 증감식은 do 문({ }) 안에 포함되어져야만 한다.

단 이 제어문의 경우 while 제어문과 달리 먼저 증감식이 실행되고 증감이 발생한 이후에 조건식의 검사가 이루어지는데 다음의 【프로그램 7-4】 의 경우에서 보듯 결과적으로 차이는 발생하지 않음을 알 수 있다.

【 프로그램 7-4 】

```
#include<stdio.h>
int main(void)
{
        int i, sum;
        sum = 0;
        i = 1 ;           /* 초기식을 선언한다     */
        do
        {
                sum = sum +i;
                i++;      /* 증감식을 선언한다     */
        } while ( i <= 100);
        printf("Total sum is %d.", sum);
        return 0;
}
```

해설

do {...} : 일단 do 문의 중괄호 안에 있는 명령문들이 실행된다.

{...}while(i < 50) : 중괄호({...}) 안에 있는 명령문들을 실행하고 while 문의 조건식(i < 50)을 검사한다. 조건식이 참이면 do {...} 문을 다시 실행하고 거짓이면 다음의 printf() 문으로 이동한다.

【프로그램 7-4】 를 작성하여 컴파일 한 후 프로그램을 실행시켜보자.
화면에는 다음과 같은 결과가 나타날 것이다.

```
Total sum is 5050.
```

변수 i의 초기치가 1이고 while 문의 조건식이 (i <= 100)이므로 조건식의 결과는 "참(1)"이 된다. 따라서 do 문은 i 값을 +1씩 증가시켜가면서 100이 될 때까지 반복 실행된다. 그리고 그 결과치가 화면에 출력된다.

지금까지 반복 제어문에 대하여 알아보았다. 이제 그 외의 제어문들에 대하여 좀 더 살펴보기로 한다.

7.5 break 제어문

break 제어문은 for, while, do ~ while 제어문과 같은 반복 제어문과 함께 사용하는 제어문으로서 프로그램이 반복문을 실행하다가 break 문을 만나면 조건식에 관계없이 반복문을 벗어나 다음의 명령으로 이동하도록 하는 제어문이다.
특정한 실행 조건에 따라 반복 제어문의 반복 횟수를 서로 다르게 하고자 할 경우에 많이 사용된다.

프로그램 예제를 통하여 break 제어문의 사용 방법을 좀 더 알아보자.

【 프로그램 7-5 】

```
#include<stdio.h>
int main(void)
{
        int i, sum ;
        sum = 0;

        for (i=1; i<=10; i++)
        {
                sum = sum +1;
                if (i==5) break;
        }
        printf("Total reiteration times are %d.", sum);
        return 0;
}
```

☞ **해설**

if (i==5) break : i=1부터 시작하여 for 제어문을 실행하다가 i=5가 되면 "sum = sum +1"을 수행하고 if (i==5) 가 "참(1)"이 되므로 프로그램은 for 제어문을 벗어나 마지막 행의 printf() 문으로 이동한다.

【프로그램 7-5】 를 작성하여 컴파일 한 후 프로그램을 실행시켜보자. 화면에는 다음과 같은 결과가 나타날 것이다.

```
Total reiteration times are 5.
```

break 문이 없는 프로그램이라면 "Total reiteration times are 10."이 출력되어야 하나 변수 i의 값이 5일 때 break 문이 실행되므로 프로그램은 5회만 반복됨을 알 수 있다.

7.6 continue 제어문

continue 제어문 역시 for, while, do ~ while 제어문과 같은 반복 제어문과 함께 사용하는 제어문이다. 프로그램이 반복 제어문을 수행하다가 continue 제어문을 만나면 continue 제어문 이하의 명령들의 실행을 중단하고 다시 반복 제어문의 조건식으로 이동한다. 그리고 반복 제어문의 조건식을 재검사하여 그 결과에 따라 프로그램을 실행시킨다. 일종의 skip(건너뜀) 기능이라고 이해하면 될 것이다.

continue 제어문은 반복 제어문에서 특정한 실행 조건만을 건너뛸 때 주로 사용된다.

프로그램 예제를 통하여 continue 제어문의 사용 방법을 좀 더 알아보자.

【 프로그램 7-6 】

```
#include<stdio.h>
int main(void)
{
        int i, j, sum;
        for (i=1; i<=10; i++)
        {
                if (i==5) continue;
                printf("%d\n", i);
        }
        return 0;
}
```

해설

if (i==5) continue : i=1부터 시작하여 for 제어문을 실행하다가 i=5가 되면 다음의 printf() 문을 실행하지 않고 다시 for (i=1;i<=10; i++) 문으로 되돌아간다.

【프로그램 7-6】 을 작성하여 컴파일 한 후 프로그램을 실행시켜보자.
화면에는 다음과 같은 결과가 나타날 것이다.

```
1
2
3
4
6
7
```

8
9
10

정상적인 for 제어문이라면 1 부터 10까지의 정수들이 출력되어야 하나 변수 i의 값이 5일 때 continue 제어문이 실행되어 중괄호({ }) 내의 나머지 명령들을 실행하지 않고 다시 for 문으로 돌아가므로 5를 제외한 나머지 정수들만이 출력됨을 알 수 있다.

7.7 goto 제어문

goto 제어문은 프로그램의 실행 위치를 다른 곳으로 분기(jump)시키는 경우에 사용한다. 즉 이 제어문은 특정 조건에 따라 goto 제어문이 지정하는 레이블(Label)이 있는 프로그램 위치로 프로그램의 실행 위치를 분기시키게 된다.

goto 제어문의 형식은 다음과 같다.

```
            문장1;
            goto 레이블
            문장2;
레이블:     문장3;
            문장4;
```

문장1을 수행한 후 문장2를 수행하지 않고 goto 문이 지정하는 "레이블"이 붙은 프로그램 명령의 위치로 실행 순서가 이동하게 된다.

프로그램 예제를 통하여 goto 제어문의 사용 방법을 좀 더 알아보자.

【 프로그램 7-7 】

```
#include<stdio.h>
int main(void)
{
        printf("Hello!\n");
        printf("Welcome to Korea!\n");
        goto next;
        printf("Good morning!\n");
next :          printf("Good afternoon!\n");
        printf("Have a good time!\n");
        return 0;
}
```

해설

goto next : "Welcome to Korea!"까지 출력하고 레이블 "next :" 가 있는 프로그램 명령문으로 분기한다.
따라서 "printf("Good morning!\n")"문은 실행되지 않고 건너뛰게 된다.

next : printf("Goon afternoon!\n") : goto next 문에 의하여 프로그램이 분기될 위치("next"가 있는 명령어)를 나타낸다.

【프로그램 7-7】 을 작성하여 컴파일 한 후 프로그램을 실행시켜보자.
화면에는 다음과 같은 결과가 나타날 것이다.

```
Hello!
Welcome to Korea!
```

Good afternoon!
Have a good time!

위의 출력 결과를 통하여 알 수 있듯이 "goto next" 문에 의하여 이 명령문과 "next : printf("Good afternoon!\n")" 문 사이에 존재하는 모든 명령들은 실행되지 않고 넘어간다. 즉 "printf("Good morning!\n")" 문은 실행되지 않는다.

예제 실습

다음의 프로그램 예제들을 작성하고 컴파일하여 실행한 후 그 결과를 확인해보자.

【 예제 7-1 】

for 제어문을 사용하여 1부터 100까지의 합을 구하고 또한 그 합으로부터 거꾸로 100 부터 1 까지를 빼나가는 프로그램이다. 작성한 프로그램을 실행하고 그 결과를 확인해보자.

```
#include<stdio.h>
int main(void)
{
        int i, j, sum;
        printf("Ex7-1\n");

        printf("for Control statement\n");
        sum = 0;

        for (i=1; i<=100 ; i++)
        sum = sum + i ;
        printf("Sum from 1 to 100 is %d.\n", sum);
        printf("i = %d.\n",i) ;

        for (j=100; j >=1; --j)
        sum = sum - j ;
        printf("Result is %d.\n",sum);
        printf("j = %d.\n",j) ;
        printf("Ex7-1 End\n");
        return 0;
}
```

실행 결과

```
Ex7-1
for Control statement
Sum from 1 to 100 is 5050.
i = 101.
Result is 0.
j = 0.
Ex7-1 End
```

for (i=1; i<=100 ; i++) : 1부터 100까지 +1씩 증가시켜 가면서 프로그램 명령의 반복 기능을 수행한다.

for (j=100; j >=1; j--) : 100부터 1까지를 -1씩 감소시켜 가면서 프로그램 명령의 반복 기능을 수행한다.

sum = sum - j : 1부터 100까지의 합인 sum 에서 변수 j의 값을 감한 후 그 결과를 sum에 다시 저장한다.

【 프로그램 수정하기 7-1 】

【예제 7-1】의 프로그램을 100부터 1까지 빼고 그 결과를 1부터 100까지 더하는 프로그램으로 수정해보시오(sum 초기값 5050).

【 예제 7-2 】

변수 i의 값이 1부터 9까지 증가하면서 각 i의 값에 대하여 j=i+1 부터 j=9 일 때까지 변수 j의 값을 출력한다. 작성한 프로그램을 실행하고 그 결과를 확인해보자.

```
#include<stdio.h>
int main(void)
{
        int i, j;
        printf("Ex7-2\n");
        printf("multi for Control statement\n");

        for (i=0; i<=9 ; i++)
        {
                for (j=i+1; j <=9; j++)
                printf("%d",j);
                printf("\n");
        }
        printf("Ex7-2 End\n");
        return 0;
}
```

실행 결과

```
Ex7-2
multi for Control statement
123456789
23456789
3456789
456789
56789
6789
789
89
9
```

Ex7-2 End

for (i=0; i<=9 ; i++) {...} : 변수 i의 값이 1부터 9까지 증가하면서 중괄호({...}) 안에 있는 명령들을 수행한다.

for (j=i+1; j <=9; j++) : 변수 j의 초기치는 현재의 i값에 1을 더한 값이다. 즉 상위 for 제어문에서 변수 i의 값이 증가할 때 마다 변수 j의 초기치도 함께 증가한다.

【 프로그램 수정하기 7-2 】

【예제 7-2】의 프로그램에서 출력결과가 987654321, 87654321, 7654321, ..., 321, 21, 1로 나오도록 프로그램을 수정해보시오(두 번째 for 제어문의 초기식, 조건식, 증감식 수정).

【 예제 7-3 】

while 제어문을 사용하여 1부터 100까지의 합을 구하고 또한 하나의 문자를 입력받아 입력받은 문자부터 "z"까지를 출력한다. 작성한 프로그램을 실행한 후 한 개의 문자 v를 입력하고 그 결과를 확인해보자.

```
#include<stdio.h>
int main(void)
{
        int a=0, sum=0;
        char b;
        printf("Ex7-3\n");

        printf("while Control statement\n");

        while (a <=100)
        {
                sum = sum + a;
                a++;
        }
        printf ("total sum is %d.\n", sum);
        printf("Enter a character :");        /* 한 문자 입력 */
        scanf("%c", &b);
        while (b <= 'z')
        {
                printf("%c", b) ;
                b++;
        }
        printf("\n");
        printf("Ex7-3 End\n");
        return 0;
}
```

실행 결과

Ex7-3

```
while Control statement
total sum is 5050.
Enter a character : v
vwxyz
Ex7-3 End
```

프로그램을 다시 실행하고 "v" 대신 다른 문자를 입력하여 보자. 그리고 프로그램이 어떻게 실행되는지 분석해 보자.

while (a <=100) {...} : 변수 a의 초기치는 0으로 선언되었다. 변수 a의 값이 100보다 작은 한 중괄호({...}) 안의 명령들을 반복하여 실행한다.

a++ : 변수 a의 값이 +1씩 증가한다. 증감식이 중괄호({...}) 안에 포함되어 있음에 주의한다.

while (b <= 'z') {...} : 문자 b가 "z" 보다 작은 한 중괄호({...}) 안의 명령들을 반복하여 실행한다.

【 프로그램 수정하기 7-3 】

【예제 7-3】의 프로그램을 임의의 한 문자 입력 후 입력된 문자로부터 역순으로 a까지 출력하는 프로그램으로 수정해보시오.

【 예제 7-4 】

한 개의 문자를 입력받아 'h' 보다 낮은 문자이면 그 문자부터 시작하여 'h'까지 출력하는 프로그램이다. 작성한 프로그램을 실행한 후 한 개의 문자 g를 입력하고 그 결과를 확인해보자.

```
#include<stdio.h>
int main(void)
{
        char ch, b;
        printf("Ex7-4\n");
        printf("do ~ while Control statement\n");
        printf("Enter a character : ");       /* 한 개의 문자 입력 */
        scanf("%c", &ch);
        b = ch;
        do
        {
                printf("%c", b) ;
                b++;
        } while(b <= 'h');
        printf("\n");
        printf("Ex7-4 End\n");
        return 0;
}
```

실행 결과

```
Ex7-4
do ~ while Control statement
Enter a character : g
gh
Ex7-4 End
```

프로그램을 다시 실행하고 이번에는 문자 'n'을 입력하여 보자.
그리고 그 결과를 확인하여 보자.

```
Ex7-4
```

```
do ~ while Control statement
Enter a character : n
n
Ex7-4 End
```

입력한 문자가 "h" 보다 낮으면 입력한 문자부터 "h"까지의 모든 문자를 출력하지만 입력한 문자가 "h" 보다 높으면 일단 입력한 문자는 출력하되 while 조건식이 "거짓(0)"이 되므로 입력한 문자 외에는 어떤 문자도 출력되지 않는다.

do{...} while(b<'h') : 일단 do 이하의 중괄호({...}) 안의 명령을 실행하고 다음에 조건식(b<'h')을 검사한다. 조건식 결과가 "참(1)"이면 do 이하의 중괄호({...}) 안의 명령을 다시 실행하고 결과가 "거짓(0)"이면 do ~ while 제어문을 벗어난다.

【 프로그램 수정하기 7-4 】

【예제 7-4】의 프로그램에서 do ~ while 제어문을 while 제어문으로 바꾸어보시오.

【 예제 7-5 】

부호가 있는 변수 a를 입력받아 양수면 변수 a나 8 중, 작은 수까지 출력하고 음수면 부호를 바꾸고 입력된 정수까지 홀수만을 출력하는 프로그램이다. 작성한 프로그램을 실행한 후 한 개의 정수 -7을 입력하고 그 결과를 확인해보자.

```
#include<stdio.h>
int main(void)
{
        int a, k ;
        printf("Ex7-5\n");
        printf("break, continue, goto Control statement\n");
        printf("Enter an integer with sign : ");      /* 부호 있는 정수
입력 */
        scanf("%d", &a);

        if (a < 0) goto minus;
        for (k=0; k < a; k++)
        {
                printf("%d\n",k);
                if (k==8) break;
        }
        goto end;
 minus : a = -a;
        for (k=0; k < a; k++)
        {
                if (k%2==0) continue;
                printf("%d\n",k);
        }
 end : printf("end\n");
        printf("Ex7-5 End\n");
        return 0;
}
```

실행 결과

```
Ex7-5
break, continue, goto Control statement
Enter an integer with sign : -7
1
3
5
end
Ex7-5 End
```

음수가 입력되었으므로 부호가 바뀌고 입력된 7이하의 정수 중 홀수만이 출력된다. 짝수는 continue 제어문으로 인하여 프로그램 명령이 for 제어문으로 되돌아가기 때문에 출력되지 못한다.

프로그램을 다시 실행하고 이번에는 +20을 입력하자. 그리고 그 결과를 확인하자.

```
Ex7-5
break, continue, goto Control statement
Enter an integer with sign : +20
0
1
2
3
4
5
6
7
8
end
Ex7-5 End
```

양수가 입력되었고 입력된 수가 20이므로 8에서 프로그램이 break문을 실행하게 되어 0부터 8까지만 출력하게 된다.

if (a < 0) goto minus : 변수 a의 값이 0보다 작으면 레이블 "minus"가 있는 프로그램 명령으로 분기한다.

for (k=0; k < a; k++) {...} : 변수 k의 값이 변수 a의 값보다 작은 한 중괄호({...}) 안의 명령들을 반복 실행한다.

if (k==8) break : 변수 k의 값이 8과 같으면 for 제어문을 벗어난다.

goto end : 레이블 "end"가 있는 프로그램 명령으로 이동한다.

minus : a = -a : 레이블 "minus"에 의하여 분기될 위치이다. 변수 a의 부호를 바꾼다.

if (k%2==0) continue : 변수 k의 값을 2로 나누어 나머지가 0이면 다음 명령을 실행하지 않고 for 문으로 되돌아간다.

【 프로그램 수정하기 7-5 】

【예제 7-5】의 프로그램을 입력되는 수가 양수이든 음수이든 모두 짝수만 출력하는 프로그램으로 수정해보시오.

프로그램 에러 찾기

다음의 예제들을 작성하여 컴파일한 후 나타나는 프로그램 오류들을 찾아 수정하시오. 그리고 수정한 프로그램의 실행 결과를 확인하시오.

【 예제 7-6 】

프로그램 오류를 수정하여 실행하고 그 결과를 확인해보자.

```
#include<stdio.h>
int main(void)
{
        int i, sum;
        sum = 0;
        printf("Ex7-6\n");

        for (i=1, i<=10, i++)
                sum = sum +1;
        printf("Total reiteration times are %d.\n", sum);
        printf("Ex7-6 End\n");
        return 0;
}
```

☞ **컴파일 결과**

for (i=1, i<=10, i++) : 초기식, 조건식, 증감식이 각각 세미콜론(;)이 아닌 콤마(,)로 분리되어 있으므로 컴파일 오류가 발생하였다.

☞ for (i=1; i<=10; i++)

☞ 실행 결과

【 예제 7-7 】

프로그램 오류를 수정하여 실행하고 그 결과를 확인해보자.

```
#include<stdio.h>
int main(void)
{
        printf("for Control statement\n");
        int a, b ;
        a=1, b=1;
        printf("Ex7-7\n");

        for (a=1; a<10; a)
            for (b=1; b<10; b=b+3)
                printf("a=%d, b=%d.\n", a, b);
        printf("Ex7-7 End\n");
        return 0;
}
```

☞ 컴파일 결과

printf("for Control statement\n") : 변수 선언(int a, b) 이전에 printf() 문이 실행되므로 프로그램 오류가 발생하였다.
프로그램에서 사용할 변수가 먼저 선언되고 그 후에 필요한 함수나 명령들이 위치하여야 한다.

☞ int a, b ;
printf("for Control statement\n");

for (a=1; a<10; a) : 증감식에서 변수 a에 어떠한 변화도 없으므로 for 제어문을 벗어날 어떠한 조건도 발생하지 않는다.
따라서 같은 조건을 무한 반복하게 된다.

☞for (a=1; a<10; 값이 변화되는 증감식)
예) a++, a--, a=a+2, a=a*2 ..

☞ 실행 결과

【 예제 7-8 】

프로그램 오류를 수정하여 실행하고 그 결과를 확인해보자.

```
#include<stdio.h>
int main(void)
{
	int a=0, sum=0;
	printf("Ex7-8\n");
	printf("Add from 1 to 100 using while command.\n");
	while (a <=100)
	{
		a= 1;
		sum = sum + a;
	}
	printf("Total sum is %d.\n", sum);
	printf("Ex7-8 End\n");
	return 0;
}
```

☞ 컴파일 결과

컴파일 과정에서는 어떠한 오류도 발생하지 않는다.
그러나 while 제어문 안에 초기식 "a=1" 이 포함되어 있어 while 문의 조건식 "a <= 100"은 항상 "참(1)"이 되고 또한 증감식도 while 제어문 안에 포함되어 있지 않으므로 while 제어문은 무한 반복된다.

☞ a= 1 : 이미 while 제어문 전에 a=0으로 초기화되어 있으므로 불필요하다.
a++와 같은 증감식이 while 제어문 안에 포함되어야 한다.

실행 결과

【 예제 7-9 】

프로그램 오류를 수정하여 실행한 후 한 개의 부호 있는 정수를 입력하고 그 결과를 확인해보자.

```
#include<stdio.h>
int main(void)
{
        int a, k;
        printf("Ex7-9\n");
        printf("Enter an integer with sign :");        /* 부호 있는 정수 
입력 */
        scanf("%d", &a);

jump :          printf("Inputted number is %d.\n",a);
        for (k=0; k < a; k++)
                printf("%d\n",k);
        goto jump;
        printf("Ex7-9 End\n");
        return 0;
}
```

컴파일 결과

컴파일 과정에서는 어떠한 오류도 발생하지 않는다.
그러나 goto jump 제어문에 의하여 프로그램이 분기하는 위치가 goto jump 문 이전의 위치에 있으므로 분기될 위치와 분기하는 위치 사이에 있는 프로그램 명령들 중에서 goto jump 문을 벗어날 조건식이 없으면 프로그램은
jump : printf("Inputted number is %d.\n",a); 와 goto jump ; 사이에서 무한 반복하게 된다.
그러므로 프로그램이

```
        goto jump ;
        ...
jump :  printf("Inputted number is %d.\n",a);
```

의 순서가 되도록 작성하던지 아니면 다음과 같이 goto 문을 벗어날 수단의 추가가 필요하다.

```
jump :  printf("Inputted number is %d.\n",a); 와
        ...
        if (k==4) goto next;
        ...
goto jump ;
next :  printf("goto 문을 벗어났습니다.");
        ...
```

실행 결과

연 습 문 제

1. 다음의 변수들과 for문을 사용하여 1 부터 100까지의 짝수들의 합을 구하는 프로그램을 작성하시오.

```
int i, sum;
i= 1;
```

2. 다음의 변수들과 다중 for 문을 사용하여 구구단 프로그램을 작성하시오.

```
int i, j ;
```

3. 다음의 변수들과 while 문을 사용하여 1 부터 100까지의 홀수들의 합을 구하는 프로그램을 작성하시오.

```
int i, sum;
i = 1;
```

4. 1부터 100까지의 숫자 중에 10의 배수만 빼고 나머지를 모두 출력하는 프로그램을 작성하시오.

5. 부호 있는 정수를 입력받아 음수이면 부호를 양수로 바꾼 후 입력된 수와 정수 10 중, 작은 수까지 1부터 시작하여 각 정수들을 제곱하여 화면에 출력하고 만일 입력된 수가 양수이면 입력된 정수까지 홀수들을 빼고 짝수들을 부호를 바꾼 후 출력하는 프로그램을 작성하시오.

goto 제어문, break 제어문, continue 제어문을 포함하여 작성하시오.

제 8 장
배 열

8.1 일차원 배열

8.2 이차원 배열

8.3 다차원 배열

예제 실습

프로그램 에러 찾기

연습 문제

제 8 장 배 열

배열이란 여러 개의 원소들로 구성되는 집합과 같은 개념이다. 배열 안에서 수많은 데이터들을 하나의 변수로 묶어서 처리할 수 있다.

지금까지 우리는 하나의 데이터에 대하여 하나의 변수를 할당해 왔다. 사용하는 데이터들이 많지 않았기 때문에 별 어려움 없이 간단하게 변수를 할당할 수 있었다. 그런데 만일 데이터가 100개가 넘는다고 가정해 보자. 과연 100개가 넘는 데이터들 각각에 대하여 하나씩 변수를 할당해 주어야 하는가. 100개가 넘는 변수를 사용해야만 하는가.

이러한 경우에 우리는 배열이라는 개념을 이용하여 하나의 변수로 간단히 100개가 넘는 데이터들을 처리할 수 있다.

또한 데이터가 정수이든 문자이든 상관없이 배열로 처리할 수 있다. 물론 배열을 이용하여 변수를 선언할 경우, 배열을 구성하는 데이터들은 반드시 동일한 형식을 가져야만 된다. 변수가 정수들로만 구성되든지 혹은 문자들로만 구성되든지 하여야 한다는 것이다. 이것은 당연하다. 배열 역시 변수를 선언할 때 지금까지 학습해 온 변수들처럼 정수형(int) 혹은 문자형(char)와 같이 데이터의 유형을 함께 선언해 주어야하기 때문이다.

이제부터 일차원 배열을 시작으로 배열의 사용 방법에 대하여 알아보자.

8.1 일차원 배열

일차원 배열은 동일한 형식의 데이터들을 일차원으로 나열한 형태를 가진다. 일차원 배열의 기본 형식은 다음과 같다.

```
데이터형 배열명[요소수]
```

실제로 배열 형식으로 배열 변수를 선언하면 다음과 같은 모양이 된다.

int a[5]

종전과 같이 정수형(int) 변수 a가 선언되었음을 알 것이다. 다만 변수 a가 a[5]로 바뀌었을 뿐이다.
종전의 변수 a는 a의 값으로 한 개의 정수를 갖는다는 것을 의미하였는데 반해 여기서의 a[5]는 변수 a가 5개의 정수들을 가질 수 있다는 것을 의미한다.

배열 변수가 선언되었으면 이제 배열 변수를 초기화시켜보자.
이제까지는 정수형 변수 a는 "a = 10"등과 같은 방식으로 초기화시켰으나 배열 변수의 경우는 상황이 다르다. 변수의 값으로 변수를 선언할 때 정의하였던 배열 요소의 수만큼 가질 수 있기 때문이다.
앞에서도 잠시 언급하였던 것처럼 "int a[5]"는 모두 5개까지의 정수들을 가질 수 있으므로 다음과 같이 중괄호({ })를 사용하여 초기화시킬 수 있을 것이다.

```
int a[5]
a[5]={10,20,30,40,50}
```

이러한 방법으로 5개의 정수들, 10,20,30,40,50을 하나의 배열 변수로 묶어 초기화할 수 있다.
여기서 배열에 포함된 각각의 정수들은 각각 a[0], a[1], a[2], a[3], a[4]에 대응된다. a[5]의 "5"는 배열 요소 수가 5개라는 것을 의미한다. 그러나 이 배열 변수가 프로그램 안에서 사용될 때는 a[0]부터 a[4]까지로 각각 할당된다. 즉 첫 번째 배열 요소가 0부터 시작한다는 것이다. 이 점에 유의하여야 할 것이다.

결국 앞의 배열 변수는 다음과 같이 할당된다.

a[0] = 10, a[1] = 20, a[2] = 30, a[3] = 40, a[4] = 50

한편 배열 변수에 포함된 데이터들은 컴퓨터의 메모리 안에 연속적으로 할당된다. 따라서 배열 변수의 첫 데이터가 메모리 안에 저장된 배열 데이터의 시작 위치이며 따라서 첫 번째 메모리 주소가 되기도 한다. 이에 관해서는 뒤의 포인터 변수에서 상세히 다루기로 한다.

한편 초기 값들이 확정되어 있는 경우는 배열 변수의 요소 수를 생략하고 다음과 같이 선언하여도 무방하다.

```
int a[]
a[] = {10,20,30,40,50}
```

문자형 배열 변수 또한 정수형 배열 변수의 선언 방식과 같은 방법으로 선언하고 초기화시킬 수 있다.

다음은 문자형 배열 변수의 선언 및 초기화 예이다.

```
char a[5]
a[5]={'a','b','c','d','e'}
```

문자형 배열 변수 a[5]가 선언되었고 변수 a[5]의 데이터들도 문자형(홑따옴표 사용)으로 초기화되었다.

물론 문자형 배열 변수의 경우는 중괄호({ }) 없이 직접 따옴표를 사용하여 다음과 같이 문자열로 표현할 수도 있다.

```
a[5]="abcde"
```

문자열 배열 변수 각각의 요소는 다음과 같다.

```
a[0] = 'a', a[1] = 'b', a[2] = 'c', a[3] = 'd', a[4] = 'e'
```

한편 배열 변수의 요소 수는 5로 선언하였으나 실제는 5개가 아닌 4개, 혹은 그 이하의 요소들만을 사용할 수도 있을 것이다. 이러한 경우에는 어떻게 될까.

다음의 배열 변수 선언 및 초기화의 예를 보자.

```
char a[5] = {'a', 'b', 'c', 'd' }
```

배열 변수의 요소 수는 5개로 선언되었으나 실제의 데이터들은 4개만 사용되었다. 이 경우 각 요소들은 a[0]='a', a[1]='b', a[2]='c', a[3]='d'로 할당될 것이다. 그리고 마지막 요소는 없으므로 a[4]는 지정할 대상이 없게 된다.

이러한 경우에는 a[4]에 '\0' 이 할당된다. 이는 요소가 비어있다는 의미가 된다.

즉 선언된 요소 수 보다 적은 요소들이 사용될 경우에는 지정되지 않는 나머지 요소들은 '\0'으로 채워지게 되는 것이다.

이제 배열 변수를 사용할 준비가 되었다. 프로그램 예제를 학습하면서 배열의 사용 방법에 대하여 좀 더 상세히 알아보자.

【 프로그램 8-1 】

일반 변수들을 사용하여 각 변수들의 값을 출력하는 프로그램이다.

```
#include<stdio.h>
int main(void)
{
        int a,b,c,d,e ;
        a=1;
        b=2;
        c=3;
        d=4;
        e=5;

        printf("%d\n",a);
        printf("%d\n",b);
        printf("%d\n",c);
        printf("%d\n",d);
        printf("%d\n",e);
        return 0;
}
```

【프로그램 8-1】 을 작성하여 컴파일 한 후 프로그램을 실행시켜보자.
화면에는 다음과 같은 결과가 나타날 것이다.

```
1
2
3
4
5
```

정수형 변수 a, b, c, d, e를 각각 1, 2, 3, 4, 5로 초기화하고 이들 값들을 출력한 프로그램이다. 별도의 설명이 필요 없는 매우 간단한 프로그램이다.

이제 이 프로그램을 배열 변수를 사용하는 프로그램으로 바꿔보자.

다음의 【프로그램 8-2】는 앞의 프로그램에서 일반 변수들을 배열 변수를 변경한 프로그램이다.

【 프로그램 8-2 】

```
#include<stdio.h>
int main(void)
{
        int a[5] = {1,2,3,4,5} ;
        int i ;

        for (i=0; i<=4; i++)
                printf("%d\n",a[i]);
        return 0;
}
```

해설

int a[5] = {1,2,3,4,5} : 요소 수가 5개인 정수형 배열 변수 a[5]를 선언 하고 요소 값들을 {1,2,3,4,5}로 초기화 하였다.
printf("%d\n",a[i]) : 배열 변수의 각 요소 a[i](i=0~4) 값들을 출력한다.

【프로그램: 8-2】를 작성하여 컴파일 한 후 프로그램을 실행시켜보자.

화면에는 【프로그램 8-1】과 동일한 결과가 나타날 것이다.

【프로그램 8-1】과 【프로그램 8-2】의 비교를 통하여 배열 변수를 사용함으로써 프

로그램이 얼마나 간결해 질 수 있는지 알 수 있다.

다음의 프로그램 예제를 통하여 배열 변수의 선언 방법들을 좀 더 익혀 보자.

【 프로그램 8-3 】

```
#include<stdio.h>
int main(void)
{
        int a[]={10,20,30,40,50};
        int b[5] = {1,2,3,4};
        char ch[10] = {'a', 'b', 'c', 'd', 'e', 'f' };
        char chr[6] = "abcde";
        int i;
        int c[2] ;
        c[0]=2, c[1]=4;
        for (i = 0 ; i<5 ; i++)
                printf("%d,",a[i]);
        printf("\n");
        for (i = 0 ; i<5 ; i++)
                printf("%d,",b[i]);
        printf("\n");
        for (i = 0 ; i<10 ; i++)
                printf("%c,",ch[i]);
        printf("\n");
        for (i = 0 ; i<6 ; i++)
                printf("%c,",chr[i]);
        printf("\n");
        for (i = 0 ; i<2 ; i++)
                printf("%d,",c[i]);
        printf("\n");
        return 0;
}
```

☞ **해설**

int a[]={10,20,30,40,50} : 정수형 배열 변수 a[]가 선언되었다.
요소 수는 선언되지 않았으나(a[]) 초기치가 5개 요소를 갖는 것으로 확정되었기 때문에 int a[5] = {10,20,30,40,50}과 같은 의미가 된다.

int b[5] = {1,2,3,4} : 정수형 배열 변수 b가 5개의 요소를 갖도록 선언되었으나 초기치는 {1,2,3,4}로 4개의 요소만이 선언되었다.
따라서 이 선언은 다음과 같이 인식될 것이다.
b[0]=1, b[1]=2, b[2]=3, b[3]=4, b[4]=0
초기치가 선언되지 않은 b[4] 요소의 경우에는 배열 변수가 정수형이므로 0으로 채워진다.

char ch[10] = {'a', 'b', 'c', 'd', 'e', 'f' } : 요소 수가 10개인 문자형 배열 변수가 선언되었으나 초기치는 6개로 확정되었다.
따라서 7번째 요소부터 10번째 요소 까지는 "\0"으로 채워진다.
ch[0]='a', ch[1]='b', ch[2]='c', . . . ch[6]='\0', ch[7]='\0', ch[8]='\0', ch[9]='\0' 으로 인식된다.

char chr[6] = "abcde" : 문자형 배열 변수의 또 다른 표현 방법이다.
다음과 같이 인식된다.
chr[0]='a', chr[1]='b', chr[2]='c', chr[3]='d', chr[4]='e', chr[5]='\0'

【프로그램 8-3】 은 다양한 형식으로 배열 변수를 선언하고 선언된 초기 값들을 출력하는 프로그램이다. 프로그램을 작성하여 컴파일 한 후 프로그램을 실행시켜보자. 화면에는 다음과 같은 결과가 출력될 것이다.

```
10,20,30,40,50,
```

```
1,2,3,4,0,
a,b,c,d,e,f, , , , ,
a,b,c,d,e, ,
2,4,
```

위의 결과로부터 문자형 배열 변수가 선언되고 선언된 요소 수보다 초기치의 요소 수가 적을 경우에는 첫 번째 배열 요소부터 각 초기치를 할당하고 초기치를 할당받지 못하는 배열 요소는 '\0'으로 할당됨을 알 수 있다.

지금까지 일차원 배열에 대하여 학습하였다. 이제 한 차원 높은 이차원 배열에 대하여 알아보자.

8.2 이차원 배열

이차원 배열은 일차원 배열에 비하여 다소 복잡하지만 기본 형식이나 사용 방법에 있어서는 일차원 배열과 다를 바 없다.
따라서 이차원 배열의 구성 형식만 제대로 이해한다면 이차원 배열 변수를 사용하는데 별다른 어려움은 없을 것이다.

이차원 배열의 기본 형식은 다음과 같다.

```
데이터형 배열명[행 요소 수] [열 요소 수]
```

이차원 배열에서는 일차원 배열이 갖는 요소 수가 행 요소 수와 열 요소 수로 확장된다. 즉 행과 열의 이차원적 조합에 의해 배열 변수를 표현하는 방법이다.

다음과 같은 이차원 배열 변수의 선언을 보자.

```
int a[2][3]
```

이 배열 변수는 행으로 2개, 열로 3개의 요소들을 갖는다는 것을 의미한다. 그러므로 이 배열 변수에 대한 배열 요소들은 다음과 같이 구체적으로 표현될 수 있다.

	0열	1열	2열
0행	a[0][0]	a[0][1]	a[0][2]
1행	a[1][0]	a[1][1]	a[1][2]

한편 이차원 배열 요소들은 프로그램 상에서 다음과 같은 순서로 선언된다.

{ a[0][0], a[0][1], a[0][2], a[1][0], a[1][1], a[1][2] }

이제 이차원 배열 변수를 다음과 같이 선언하고 초기화해 보자.

```
int a[2][3] ;
a[2][3] = {11,12,13,21,22,23} ;
```

그러면 각 배열 요소는 다음과 같이 할당될 것이다.

a[0][0] = 11, a[0][1] = 12, a[0][2] = 13
a[1][0] = 21, a[1][1] = 22, a[1][2] = 23

프로그램 예제를 통하여 이차원 배열의 사용 방법을 좀 더 살펴보자.

【 프로그램 8-4 】

```
#include<stdio.h>
int main(void)
{
        int data[2][3] ;
        int i, j, sum;
        data[0][0] = 10;
        data[0][1] = 11;
        data[0][2] = 12;
        data[1][0] = 20;
        data[1][1] = 21;
        data[1][2] = 22;
        sum = 0;

        for (i=0; i<2; i++)
                for (j=0; j<3; j++)
                        sum = sum + data[i][j];
        printf ("Total sum is %d.\n", sum);
        return 0;
}
```

해설

int data[2][3] : 행 요소 수 2개, 열 요소 수 3개를 가진 정수형 이차원 배열 변수 data를 선언하였다.

data[0][1] = 11 : 첫 번째 행의 두 번째 열에 초기치 11을 선언하였다.

for (i=0; i<2; i++)
for (j=0; j<3; j++) : 각 행에 대한 모든 열들의 값을 처리하기 위하여 다중 for 문을 사용하였다.

sum = sum + data[i][j] : 각 행(i)과 열(j)들에 대한 값들을 연산 처리 한다.

【프로그램 8-4】를 작성하여 컴파일 한 후 프로그램을 실행시켜보자.
화면에는 다음과 같은 결과가 나타날 것이다.

```
Total sum is 96.
```

이차원 배열 변수 data가 행 요소 수 2개, 열 요소 수 3개를 갖도록 선언되었고 각 요소들의 총합, 즉 6개 요소들의 총합을 구하는 프로그램을 작성하여 실행하였다.
요소들의 총합을 구하기 위하여 다중 for 제어문을 사용하였으며 행 변수 i와 열 변수 j를 사용하여 모든 배열 요소들의 합을 구하는 기능이 수행되었음을 알 수 있을 것이다.

8.3 다차원 배열

다차원 배열이란 이차원 이상의 배열을 의미하는 것으로 우리는 이미 다차원 배열의 하나인 이차원 배열을 학습하였기 때문에 다차원 배열이라 해도 별반 두려움은 없을 것이다.

이차원 배열은 일차원 배열에서 요소를 행 요소와 열 요소 등 이차원적으로 확장한 것을 제외하고는 사용하는 방식에 있어서 별 차이가 없었다. 마찬가지로 3차원 이상의 다차원 배열 역시 개념만 정확히 이해한다면 큰 어려움 없이 사용할 수 있을 것이다.

다음과 같이 일차원 배열과 다차원 배열의 선언 예를 보면서 다차원 배열의 선언 방법을 스스로 정리해 보자.

```
int a[10]                    : 일차원 배열
int a[10][20]                : 이차원 배열
int a[10][20][30]            : 삼차원 배열
....                         : ....
int a[10][20][30]...[n]      : n차원 배열
```

예제 실습

다음의 프로그램 예제들을 작성하고 컴파일하여 실행한 후 그 결과를 확인해보자.

【 예제 8-1 】

두 개의 배열 변수 a[]와 b[5]의 차를 구하여 배열 변수 c[5]에 넣고 그 총합을 구하는 프로그램이다. 작성한 프로그램을 실행하고 그 결과를 확인해보자.

```
#include<stdio.h>
int main(void)
{
        int a[] = {10,11,12,13,14} ;
        int b[5] = {6, 7, 4, 3} ;
        int c[5] ;
        int i, sum;
        printf("Ex8-1\n");
        printf("Array program!\n");          /* 1차원 배열 */
        sum = 0;
        for (i=0; i<5 ; i++)
        {
                c[i] = a[i] - b[i] ;
                printf("c[%d] = %d, ", i, c[i]);
                sum = sum + c[i] ;
        }
        printf("\n");
        printf("sum = %d.\n",sum);
        printf("Ex8-1 End\n");
        return 0;
}
```

실행 결과

```
Ex8-1
Array program!
c[0] = 4, c[1] = 4, c[2] = 8, c[3] = 10, c[4] = 14,
sum = 40.
Ex8-1 End
```

int a[] = {10,11,12,13,14} : 5개의 초기치 요소를 갖는 정수형 배열 변수 a[]를 선언하였다.

int b[5] = {6, 7, 4, 3} : 5개의 요소를 갖는 정수형 배열 변수 b[5]가 선언되었다. 그러나 초기 값으로 4개의 요소들만 사용되었다. 마지막 요소 값은 0 으로 채워질 것이다.

int c[5] : 5개의 요소를 갖는 정수형 배열 변수 c[5]가 선언되었다. 실행 결과를 저장할 변수이므로 초기치가 선언되지 않았다.

c[i] = a[i] - b[i] : 변수 a[i]의 값에서 변수 b[i]의 값을 뺀 결과를 변수 c[i]에 저장하였다.

sum = sum + c[i] : 배열 변수 c[i]의 각 요소 값들이 변수 sum에 더해진다.

【 프로그램 수정하기 8-1 】

【예제 8-1】의 프로그램에서 두 개의 배열 변수 a[]와 b[5]의 합을 구하여 그 결과를 배열 변수 a[5]에 다시 넣고 a[5]의 총합을 구하는 프로그램으로 수정해보시오.

【예제 8-2】

문자형 배열 변수 a[5]에 초기 값으로 영문자 'C' 로부터 시작하여 문자 값이 하나씩 증가한 총 5개의 문자들이 순차적으로 저장되고 출력하도록 하는 프로그램이다. 작성한 프로그램을 실행하고 그 결과를 확인해보자.

```
#include<stdio.h>
int main(void)
{
        char a[5], b;
        int i ;
        printf("Ex8-2\n");
        printf("Array program!\n");          /* 1차원 배열 */

        b = 'C' ;
        for (i=0; i<=4 ; i++)
        {
                a[i] = b ;
                printf("%c\n", a[i]);
                b++;
        }
        printf("Ex8-2 End\n");
        return 0;
}
```

☞ 실행 결과

```
Ex8-2
Array program!
C
D
E
F
G
Ex8-2 End
```

b = 'C' : 문자형 변수 b의 값을 문자 'C'로 초기화하였다.

a[i] = b : 문자형 배열 변수 a[i]에 문자형 변수 b의 값을 저장한다.
즉 a[0] = 'C'

b++ : 문자형 변수 b가 +1씩 증가하는 것이므로 문자의 크기가 1씩 증가하는 것은 아니고 문자를 코드화한 아스키(ASCII) 코드치가 +1씩 증가하는 것이다.
결과적으로 'C' 가 1 증가하면 'D'가 된다.

【 프로그램 수정하기 8-2 】

【예제 8-2】의 프로그램에서 문자형 배열 변수 a[5]에 초기 값으로 영문자 'K'로부터 시작하여 문자 값이 하나씩 감소한 총 5개의 문자들이 순차적으로 저장되고 출력되는 프로그램으로 수정해보시오.

【 예제 8-3 】

배열에 문자형 데이터를 입력하고 그 결과를 화면에 출력하는 프로그램이다. 작성한 프로그램을 실행한 후 5개의 문자열 "abcde"를 입력하고 그 결과를 확인해보자.

```
#include<stdio.h>
int main(void)
{
	char a[5];
	int i, j ;
	printf("Ex8-3\n");
	printf("Enter 5 characters :\n");     /* 5개의 문자 입력 */

	for (i=0; i<5; i++)
		scanf("%c",&a[i]) ;
	for (j=0; j<5; j++)
		printf("%c.\n", a[j]) ;
	printf("%s\n",a) ;
	printf("Ex8-3 End\n");
	return 0;
}
```

☞ **실행 결과**

```
Ex8-3
Enter 5 characters :
abcde
a
b
c
d
e
abcde
Ex8-3 End
```

프로그램을 다시 실행하고 다른 문자들을 입력하여 보자. 그리고 프로그램이 어떻게 실행되는지 분석해 보자.

```
for (i=0; i<5; i++)
        scanf("%c",&a[i]) : 5개의 문자를 입력하여 a[5]에 저장한다.

printf("%s", a)  : 배열 변수 a에 저장된 문자들을 문자열(%s)로 출력한
        다.
```

【 프로그램 수정하기 8-3 】

【예제 8-3】의 프로그램을 문자가 아닌 정수를 입력받는 프로그램으로 수정해 보시오. 또한 문자열 출력 부분은 입력된 정수의 총합을 출력하는 프로그램으로 수정하시오.

【 예제 8-4 】

배열에 저장된 3개의 데이터들을 이용하여 인접한 데이터간의 덧셈 연산을 수행한 후 그 결과를 초기화 데이터가 없는 배열의 나머지 부분에 저장하는 프로그램이다. 작

성한 프로그램을 실행하고 그 결과를 확인해보자.

```
#include<stdio.h>
int main(void)
{
        int i, j ;
        int a[6]={10,20,30} ;
        printf("Ex8-4\n");
        printf("Array arithmetic program\n");        /* 배열 연산 */
        for (i=0 ; i<3; i++)
                a[i+3] = a[i]+a[i+1] ;
        for (j=0; j<6; j++)
                printf("%d,", a[j]);
        printf("\nEx8-4 End\n");
        return 0;
}
```

실행 결과

```
Ex8-4
Array arithmetic program
10,20,30,30,50,60,
Ex8-4 End
```

프로그램의 연산 과정을 살펴보자.

배열의 가능한 요소 수는 6개이나 초기화 데이터 수는 각각 10, 20, 30 등 3개의 요소로 선언되었다.

초기에 선언되지 않은 나머지 요소들, 즉 a[3], a[4], a[5]는 명령 a[i+3] = a[i]+a[i+1]에 의하여 다음과 같이 채워진다.

a[3] = a[0] + a[1]
a[4] = a[1] + a[2]
a[5] = a[2] + a[3]

a[i+3] = a[i]+a[i+1] : 초기화 데이터, a[0], a[1], a[2]를 이용하여 a[3], a[4], a[5]를 구하는 명령이다.

【 프로그램 수정하기 8-4 】

【예제 8-4】의 프로그램을 초기값 int a[6]={30,20,10}로 바꾸고 a[0] - a[2]로 a[3]를, a[1] - a[3]으로 a[4]를, a[2] - a[4]로 a[5]를 채우는 프로그램으로 수정하시오.

【 예제 8-5 】

이차원 배열 data[2][4]에 정수형 데이터를 입력하고 그 결과를 화면에 출력하는 프로그램이다. 작성한 프로그램을 실행한 후 8개의 정수 "11 22 33 44 55 66 77 88"을 입력하고 그 결과를 확인해보자.

```
#include<stdio.h>
int main(void)
{
        int j, k;
        int data[2][4] ;
        printf("Ex8-5\n");
        printf("Array program!\n");         /* 2차원 배열 */
        printf("Enter 8 integers :\n");     /* 8개의 정수형 데이터 */
        for (j=0; j<2; j++)
                for(k=0; k<4; k++)
                        scanf("%d", &data[j][k]);
        printf("data[2][4]={");

        for (j=0; j<2; j++)
        {
                printf("{");
                for (k=0; k<4; k++)
                        printf("%d,",data[j][k]);
                printf("}");
        }
        printf("}");
        printf("\nEx8-5 End\n");
        return 0;
}
```

실행 결과

```
Ex8-5
Array program!
Enter 8 integers :
11 22 33 44 55 66 77 88
data[2][4]={{11,22,33,44,}{55,66,77,88,}}
Ex8-5 End
```

프로그램을 다시 한 번 실행하고 다른 정수 8개를 입력하여 보자. 그리고 그 결과를 확인해 보자.

```
int data[2][4] : 정수형 이차원 배열 변수 data가 선언되었다.
         배열의 요소 수는 행이 2개, 열이 4개이다.

for (j=0; j<2; j++)
         for(k=0; k<4; k++)
                  scanf("%d", &data[j][k]) : 중첩 for 제어문을 사용하여
                           배열 변수 data에 정수(%d)를 입력한다.
```

【 프로그램 수정하기 8-5 】

【예제 8-5】의 프로그램에서 이차원 배열 data[2][4]를 data[3][3]인 프로그램으로 수정하시오.

프로그램 에러 찾기

다음의 예제들을 작성하여 컴파일한 후 나타나는 프로그램 오류들을 찾아 수정하시오. 그리고 수정한 프로그램의 실행 결과를 확인하시오.

【 예제 8-6 】

프로그램 오류를 수정하여 실행하고 그 결과를 확인해보자.

```
#include<stdio.h>
int main(void)
{
        int j ;
        int data[3] ;
        data[3] = {1,2,3,4} ;
        printf("Ex8-6\n");

        for (j=1, j<4, j++)
                printf("data[%d]=%d.\n", j, data[j]);
        printf("Ex8-6 End\n");
        return 0;
}
```

☞ 컴파일 결과

data[3] = {1,2,3,4} : 배열 변수의 초기화를 선언하는 형식에서 오류가 발생하였다.

☞ data[0]=1;
data[1]=2;
data[2]=3;
data[3]이므로 3개 요소만 사용할 수 있다.

☞ int data[3] = {1,2,3}

for (j=1, j<4, j++) : j=1부터 반복하는 for 제어문이므로 "printf("data[%d]=%d.\n",j, data[j])" 명령은 data[0]이 아닌 data[1]부터 출력하게 된다.
또한 for 제어문 안의 초기식, 조건식, 증감식간 구분은 ","가 아닌 ";"으로 표시되어야 한다.

☞ for (j=0 ; j<3 ; j++) 또는
printf("data[%d]=%d.\n", j-1, data[j-1])

☞ 실행 결과

【 예제 8-7 】

프로그램 오류를 수정하여 실행하고 그 결과를 확인해보자.

```
#include<stdio.h>
int main(void)
{
        int a[5] ={76.5, 80.5, 90.5, 90.0, 89.5} ;
        int average, sum ;
        int j ;
        sum=0;
        printf("Ex8-7\n");

        for (j=0; j<5; j++)
                sum = sum+ a[j];
        average = sum / 5;
        printf("average is %d.\n", average);
        printf("Ex8-7 End\n");
        return 0;
}
```

☞ 컴파일 결과

int a[5] ={76.5, 80.5, 90.5, 90.0, 89.5} : 배열 요소 값들이 실수들로 구성되어 있는데 배열 변수는 정수형으로 선언되었다.

이 경우 소수점 이하의 값들은 모두 무시된다.

프로그램 컴파일 오류는 없지만 연산 결과에 오류가 발생할 수 있다.

☞ float a[5] ={76.5, 80.5, 90.5, 90.0, 89.5} ;

☞ float average ; : 평균값도 소수일 가능성이 높다.

☞ printf("average is %f.\n", average); : %d → %f로

실행 결과

【 예제 8-8 】

프로그램 오류를 수정하여 실행하고 그 결과를 확인해보자.

```
#include<stdio.h>
int main(void)
{
        int j, k ;
        char a[2][3]={{a,b,c}{d,e,f}};
        printf("Ex8-8\n");

        for (j=0; j<2; j++)
             for (k=0; k<3; k++)
                    printf("a[%d][%d]=%c.\n", j, k, a[j][k]);
        printf("Ex8-8 End\n");
        return 0;
}
```

☞ 컴파일 결과

char a[2][3]={{a,b,c}{d,e,f}} : 배열 요소의 값이 문자일 경우는 필히 홑 따옴표를 사용하여야 한다.
홑 따옴표를 사용하지 않아 오류가 발생하였다.
☞ char a[2][3]={{'a','b','c'}{'d','e','f'}}

char a[2][3]={{'a','b','c'}{'d','e','f'}} : 배열 요소의 각 행 사이에는 콤마"," 로 분리되어야 한다.
"Initializer syntax error ..." 에러가 발생하였다.
☞ char a[2][3]={{'a','b','c'},{'d','e','f'}}

☞ 실행 결과

【 예제 8-9 】

프로그램 오류를 수정하여 실행하고 그 결과를 확인해보자.

```
#include<stdio.h>
int main(void)
{
        int j,k;
        char a[2][3] ;
        a[1][1] = 'a' ;
        a[1][2] = 'b' ;
        a[1][3] = 'c' ;
        a[2][1] = 'd' ;
        a[2][2] = 'e' ;
        a[2][3] = 'f' ;
        printf("Ex8-9\n");

        for (j=1; j<3; j++)
                for (k=1; k<4; k++)
                        printf("%c,",a[j][k]);
        printf("Ex8-9 End\n");
        return 0;
}
```

컴파일 결과

char a[2][3] : 이 배열 변수는 행으로 2개, 열로 3개의 항을 가지며 a[0][0] ~ a[1][2]까지의 요소를 갖게 된다.
그러나 프로그램에서는 초기화 값이 a[1][1] = 'a'로부터 선언되어 마지막 요소인 a[1][2]를 넘어 a[2][3]까지 선언되었으므로 프로그램 컴파일 과정에서의 오류는 없지만 실행 결과는 전혀 다른 결과로 나타난다.

☞
```
a[0][0] = 'a' ;
a[0][1] = 'b' ;
a[0][2] = 'c' ;
a[1][0] = 'd' ;
a[1][1] = 'e' ;
a[1][2] = 'f' ;

for (j=0 ; j<2 ; j++)
        for (k=0 ; k<3 ; k++)
```

☞ **실행 결과**

연 습 문 제

1. 다음의 초기 값들을 화면에 출력하고 또한 그 합을 구하여 출력하는 프로그램을 작성하시오.

   {10,20,30,40,50,60}

2. 배열 변수 a[5]={4,5,6,3,5}와 b[5]={10,20,30,30,20}의 각 요소를 더하여 배열 변수 c[5]에 저장하는 프로그램을 작성하시오.

3. a[6]={10,20,30,40,50,60} 이 a[6]={60,50,40,30,20,10}으로 변환되도록 하는 프로그램을 작성하시오.

4. 다음의 문자열을 초기 값으로 하여 문자열들 중에서 'o'가 몇 번 사용되었는지를 출력하는 프로그램을 작성하시오.

   Welcome to korea!

5. 5명의 학생들의 국어, 영어, 수학 성적이 다음과 같을 경우 각 학생이 얻은 점수의 평균을 구하여 배열에 저장하는 프로그램을 작성하시오.

학생1={60,50,80,평균값}
학생2={75.85,90,평균값}
학생3={95.80,90,평균값}
학생4={70.80,90,평균값}
학생5={90.95,90,평균값}

제 9 장
포 인 터

9.1 포인터 변수

9.2 배열과 포인터

9.3 포인터와 문자열

9.4 포인터 배열

예제 실습

프로그램 에러 찾기

연습 문제

제 9 장 포 인 터

지금까지 다루어 온 변수들은 모두 연산에 직접적으로 관여하는 데이터들을 변수값으로 가지고 있었다. 또한 앞 장에서 학습한 배열 역시 각각의 독립적인 데이터들인 정수나 문자들로 구성된 변수였다.

이장에서는 지금까지의 개념과는 달리 C언어가 가진 특별한 기능 중 하나로서 메모리의 주소를 직접 다룰 수 있는 포인터 기능에 대하여 학습한다. 포인터 변수는 데이터가 아닌 데이터를 저장하는 메모리 주소를 지정하는 변수임을 기억하며 이장의 학습을 시작해 보자.

9.1 포인터 변수

포인터 변수란 포인터라는 용어가 의미하듯 다른 변수를 가리키는 변수를 의미한다. 따라서 지금까지의 개념과 같은 데이터 값을 가리키는 변수가 아니라 데이터를 저장하는 메모리의 주소를 가리키는 변수가 바로 포인터 변수이다. 포인터 변수는 데이터가 저장되는 메모리 주소들을 활용하여 연산을 수행하게 되므로 하드웨어를 직접 제어하는 기능의 실현 등 프로그램의 활용성을 더욱 확장시킬 수 있다.

포인터 변수의 형식은 다음과 같다.

```
데이터형 *포인터변수이름
```

위에서 보는 바와 같이 포인터 변수는 데이터 값을 다루는 일반변수와 구분되도록 하기 위하여 변수 이름 앞에 연산자 * 기호를 붙인다.

포인터 변수를 다음과 같이 선언해 보자.

```
int *a
```

여기서 변수 a가 포인터 변수이며 데이터가 저장된 위치인 메모리 주소를 가리킨다. 그리고 변수 a가 지정하는 주소 위치에 저장된 데이터 값은 *a로 표시한다.

한편 정수형(int)으로 표현된 데이터형은 포인터 변수 a의 위치에 저장된 데이터 값이 정수라는 것을 의미한다.

여기서 이해를 돕기 위하여 일반 변수와 포인터 변수의 차이를 다시 한 번 정리해 보자.

일반 변수는 다음과 같이 선언된다.

```
int a
a = 50
```

여기서 변수 a는 정수형 변수이며 변수 a의 값으로 정수 50이 지정되었다. 즉 50은 변수 a가 가진 데이터인 것이다. 이것이 우리가 지금까지 학습해 온 일반 변수의 사용 방법이었다.

한편 포인터 변수는 앞에서와 같이 "*변수명"의 형식으로 선언된다. 여기서 "변수명" 자체는 데이터를 저장하는 메모리 주소의 위치를 의미하게 된다. 그리고 "*변수명"은 변수명이 지정하는 주소에 저장된 데이터를 의미하게 된다.

다음은 포인터 변수의 선언 예이다.

```
int *a
a = 4949
*a = 50
```

이 대목에서 포인터 변수에 대하여 계속 진행하기 전에 데이터와 주소에 대한 개념을 정리해 볼 필요가 있다.

기본적으로 데이터는 메모리에 저장된다. 그리고 메모리에 저장된 데이터의 위치는 주소체계를 사용하여 표현한다. 그러므로 메모리의 주소는 데이터를 저장할 메모리의 위치를 의미하게 된다.

다음은 메모리의 주소와 데이터와의 관계를 나타낸다.

주 소	데이터
	…
4949	50
4950	42
4951	36
	…

여기서 주소 4949 번지에는 데이터 50이 저장되어 있고 주소 4950 번지에는 데이터 42가, 그리고 주소 4951 번지에는 데이터 36이 저장되어 있음을 알 수 있다.

이제 메모리의 주소인 포인터 변수에 주소 값을 지정하는 방법에 대하여 알아보자. 포인터변수에 데이터 값이 저장된 위치인 주소를 지정하는 방법은 다음과 같다.

포인터변수 = &일반변수

이제 일반 변수와 포인터 변수간의 상호 연결 관계는 다음과 같이 정리될 수 있다.

int a : 정수형 변수 a를 선언한다.
a = 5 : 변수 a에 데이터 값 5를 저장한다.

int *p : 정수형 포인터 변수 p를 선언한다.
p = &a : 포인터 변수 p에 변수 a의 데이터가 위치한 메모리 주소를 저장한다. 즉 *p = 5 가 된다.

*p = 20 : 포인터 변수 p가 지정하는 주소에 데이터 20을 저장한다.

프로그램 예제를 통하여 포인터 변수의 사용 방법에 대하여 좀 더 상세히 알아보자.

【 프로그램 9-1 】

일반 변수의 데이터 값을 포인터 값으로 지정하는 프로그램이다.

```
#include<stdio.h>
int main(void)
{
        int a;              /* 일반 변수 */
        int *p;             /* 포인터 변수 */
        a = 10;
        p = &a;

        printf("address of variable a : %d\n", &a);
        printf("data of variable a : %d\n", a);
        printf("address of pointer variable p : %d\n", p);
        printf("data of pointer variable p : %d\n", *p);
        return 0;
}
```

해설

int *p : 포인터 변수 p를 선언한다.

p = &a : 변수 a의 주소를 포인터 변수로 선언한다.

【프로그램 9-1】을 작성하여 컴파일 한 후 프로그램을 실행시켜보자.
화면에는 다음과 같은 결과가 나타날 것이다.

```
address of variable a : 1245024
data of variable a : 10
address of pointer variable p : 1245024
```

data of pointer variable p : 10

앞의 【프로그램 9-1】에서 변수 a의 데이터 값을 10으로 초기화하였다. 이 데이터는 메모리의 일정 부분에 저장되게 되는데 그 저장 위치인 주소는 &a로 표현되며 변수 a의 값 10은 주소 1245024번지에 저장되었다.

한편 포인터 변수 p가 &a로 정의되었으므로 포인터 변수 p는 변수 a의 주소 값과 같다. 따라서 포인터 변수의 값, 즉 *p는 결국 10이 된다.

9.2 배열과 포인터

배열과 포인터는 특정한 주소 공간에 데이터들을 저장하고 특정 주소를 기준으로 주소의 번호를 이용하여 데이터를 처리할 수 있다는 점에서 서로 매우 유사한 변수 구조를 가지고 있다. 그러므로 배열과 포인터는 프로그램에서 함께 사용될 수 있다.

다음은 배열과 포인터의 주소 및 데이터 관계를 나타낸다.

```
int a[5] : 정수형 배열 변수 a를 선언한다.
a[0] = 0, a[1]=1, a[2]=2, a[3]=3, a[4]=4 : 배열 변수의 각 요소들이 초
          기화된다.

int *p : 정수형 포인터 변수 p를 선언한다.
p = a : 포인터 변수 p에 변수 a가 위치한 메모리의 주소를 할당한다.
          즉 p에는 배열 데이터의 시작 주소인 a[0]의 메모리 주소가 할
          당된다.
*p : 포인터 변수 p가 지정하는 주소 위치의 데이터 값을 의미한다.
          즉 *p = 0 (a[0]위치의 데이터)이 된다.

a[5] = {1,2,3,4,5} 일 경우

<데이터 표시>                  <주소 표시>
a[0] = *p = 1                 p = a   또는 p = &a[0]
a[1] = *(p+1) = 2             p = a+1 또는 p = &a[1]
a[2] = *(p+2) = 3             p = a+2 또는 p = &a[2]
a[3] = *(p+3) = 4             p = a+3 또는 p = &a[3]
a[4] = *(p+4) = 5             p = a+4 또는 p = &a[4]
```

【 프로그램 9-2 】

포인터 변수를 사용하여 5개의 문자를 입력하고 입력된 문자열을 다시 역 방향으로 출력하는 프로그램이다.

```
#include<stdio.h>
int main(void)
{
        char a[5];
        char *p;
        int c;
        p = a;
        printf("Enter 5 characters :");        /* 5개의 문자 입력 */

        for (c=0; c<5; ++c)
        {
                *p=getchar();
                ++p;
        }

        p = a+4;
        for (c=0; c<5; ++c)
        {
                putchar(*p);
                --p;
        }
        return 0;
}
```

해설

char a[5] : 문자형 배열 변수 a[5]를 선언한다.

char *p : 문자형 포인터 변수 *p를 선언한다.

p = a : 포인터 변수 p에 배열 변수 a[5]의 첫 번째 요소인 a[0]의 주소 값을 할당한다.

*p=getchar() : 키보드로부터 한 개의 문자를 입력받아 포인터 변수 p가 가리키는 주소의 데이터 값으로 저장한다.

p = a+4 : 포인터 변수 p에 배열 변수 a[5]의 다섯 번째 요소인 a[4]의 주소 값을 할당한다.

putchar(*p) : 포인터 변수, p가 지정하는 위치의 데이터 값을 화면에 출력한다.

【프로그램 9-2】를 작성하여 컴파일 한 후 프로그램을 실행시켜보자.
화면에는 다음과 같은 결과가 나타날 것이다.

```
Enter 5 characters : abcde
edcba
```

for 제어문과 getchar() 명령에 의하여 입력한 다섯 개의 문자가 a[0]부터 a[4]까지의 데이터로 각각 저장되며 또한 for 제어문과 putchar(*p) 명령에 의하여 입력된 문자들이 화면에 출력된다. 그러나 출력되는 순서는 "p = a+ 4" 에 의해 a[4]부터 a[0]까지 역순으로 출력된다.

9.3 포인터와 문자열

앞에서 배열을 포인터로 표현하고 처리했던 것처럼 문자열 또한 배열이나 포인터로 처리할 수 있다. 그러나 문자열을 배열로 처리하는 것과 포인터로 처리하는 것은 프로그램 작성 상 큰 차이가 있다.

문자열을 배열로 사용하여 처리할 경우는 문자열의 길이를 계산하여 배열의 크기로 미리 지정해 주어야 하나 문자열을 포인터를 사용하여 처리할 경우는 문자열의 길이를 고려할 필요도 없고 또한 포인터가 메모리의 주소에 직접 접근하여 데이터를 처리하게 되므로 연산 속도 또한 빠르다.

다음의 프로그램 예제를 통하여 포인터를 이용하여 문자열을 처리하는 방법에 대하여 알아보자.

【 프로그램 9-3 】

```
#include<stdio.h>
int main(void)
{
        char *p = "Korea";
        int k;

        printf("Result = %s\n", p);
        for (k=0; k<=5; k++)
        {
                printf("p[%d] = %c\n", k, *p);
                p++;
        }
        return 0;
}
```

해설

char *p = "Korea" : 문자열 "Korea"를 포인터 변수 *p로 초기화하였다.

printf("Result = %s\n", p) : 포인터 변수 p가 지정하는 위치부터 시작하는 문자열 스트링(%s)을 화면에 출력한다.

printf("p[%d] = %c\n", k, *p) : 포인터 변수 p가 지정하는 데이터 값 *p를 한 문자(%c)씩 화면에 출력한다.

【프로그램 9-3】은 문자열을 포인터 변수를 이용하여 처리하는 프로그램이다. 프로그램을 작성하여 컴파일 한 후 프로그램을 실행시켜보자.
화면에는 다음과 같은 결과가 출력될 것이다.

```
Result = Korea
p[0] = K
p[1] = o
p[2] = r
p[3] = e
p[4] = a
p[5] = \0
```

위의 결과로부터 문자열을 한 번에 모두 출력할 경우에는 문자열의 첫 번째 위치를 지정하고 있는 포인터 변수 p의 값을 출력하면 된다. 반면 문자열을 한 문자씩 출력할 경우에는 각 문자열의 위치가 갖는 데이터를 나타내는 포인터 변수 값 *p, *(p+1), *(p+2), *(p+3), *(p+4), *(p+5)를 각각 출력해주면 된다.

9.4 포인터 배열

포인터 배열은 여러 개의 포인터 변수들로 구성된 배열을 의미하며 포인터 변수가 지정하는 데이터의 시작 주소들을 배열 요소로 갖게 된다.

포인터 배열의 기본 형식은 다음과 같다.

데이터형 *포인터변수명[행 요소 수]

다음은 포인터 배열의 선언 예이다.

예) char *a[3] = {"Korea", "Japan", "China"}

☞ 각 포인터 *a[0], *a[1], *a[2]는 각각 *a[0] = "K", *a[1] = "J", *a[2] = "C" 에 대응된다.

☞ a[0]는 "K"를 저장한 주소를, a[1]은 "J"를 저장한 주소를, 그리고 a[2]는 "C"를 저장한 주소를 가리킨다.

☞*a[0] = "K", *(a[0]+1) = "o", *(a[0]+2) = "r", *(a[0]+3) = "e", *(a[0]+4) = "a", *(a[0]+5) = "\0"에 해당된다.

【 프로그램 9-4】

```
#include<stdio.h>
int main(void)
{
	char *season[4];
	int k;

	season[0] = "spring";
	season[1] = "summer";
	season[2] = "fall";
	season[3] = "winter";

	for (k=0; k<4; k++)
		printf("%s\n", season[k]);
	return 0;
}
```

해설

char *season[4] : 포인터 배열 변수 *season[4]가 선언된다.
배열 요소 수는 4개이다.

season[0] = "spring" : 각 배열 요소를 초기화한다.

printf("%s\n", season[k]) : 각 배열 요소"season[0]"의 시작 주소에 대응하는 해당 문자열을 출력한다.

【프로그램 9-4】를 작성하여 컴파일 한 후 프로그램을 실행시켜보자.
화면에는 다음과 같은 결과가 나타날 것이다.

```
spring
summer
fall
winter
```

예제 실습

다음의 프로그램 예제들을 작성하고 컴파일하여 실행한 후 그 결과를 확인해보자.

【 예제 9-1 】

두 개의 변수 a와 b를 100으로 초기화한 후, 변수 a의 주소를 포인터 변수 p에 할당하고 포인터 변수 p의 값을 1000으로 변경할 경우 변수 a의 값이 어떻게 변하는가를 확인하는 프로그램이다. 작성한 프로그램을 실행하고 그 결과를 확인해보자.

```
#include<stdio.h>
int main(void)
{
	int a, b;
	int *p;
	a = b = 100;
	p = &a;

	printf("Ex9-1\n");
	printf("data a = %d , data b = %d \n", a, b);
	*p = 1000;
	printf("data a = %d , data b = %d \n", a, b);
	printf("address p of data a = %d \n", p);
	printf("data of address p = %d \n", *p);
	printf("Ex9-1 End\n");
	return 0;
}
```

실행 결과

```
Ex9-1
data a = 100, data b = 100
data a = 1000, data b = 100
address p of data a = 1245024
data of address p = 1000
Ex9-1 End
```

p = &a : 변수 a의 주소를 포인터 변수 p에 할당한다. *p = 1000 : 포인터 변수 p의 값으로 1000을 지정한다. printf("data of address p = %d\n",*p) : 포인터 변수 p가 지정하는 주소에 저장된 데이터 값을 화면에 출력한다.

【 프로그램 수정하기 9-1 】

【예제 9-1】의 프로그램에서 변수 b의 값도 포인터 변수 q로 할당하고 *q에 500을 입력하여 데이터 b의 주소와 데이터 값도 함께 출력하는 프로그램으로 수정해보시오.

【 예제 9-2 】

포인터 변수를 이용하여 세 개의 문자를 역순으로 배열하는 프로그램이다. 작성한 프로그램을 실행하고 그 결과를 확인해보자.

```
#include<stdio.h>
int main(void)
{
	char a = 'K', b = 'O', c = 'R';
	char *d, *e, *f, g;
	d = &a;
	e = &b;
	f = &c;

	printf("Ex9-2\n");
	printf("a = %c, b = %c, c = %c\n", *d, *e, *f);
	g = *f;
	*f = *d;
	*d = g;
	printf("a = %c, b = %c, c = %c\n", *d, *e, *f);
	printf("Ex9-2 End\n");
	return 0;
}
```

실행 결과

```
Ex9-2
a = K, b = O, c = R
a = R, b = O, c = K
Ex9-2 End
```

char a = 'K' : 문자형 변수 a에 문자 'K'를 지정한다.

d = &a : 변수 a의 주소를 포인터 변수 d에 할당한다.

g = *f : 포인터 변수 f의 데이터 값을 변수 g에 일시 저장한다.

【 프로그램 수정하기 9-2 】

【예제 9-2】의 프로그램을 KOR을 한 문자씩 이동시킨 ORK(K→O, O→R, R→K)로 표현하는 프로그램으로 수정해보시오.

【 예제 9-3 】

10개의 정수들로 구성된 배열에서 포인터 변수를 이용하여 최대치와 최소치를 구하는 프로그램이다. 작성한 프로그램을 실행하고 그 결과를 확인해보자.

```
#include<stdio.h>
int main(void)
{
	int num[10] = {18, 42, 23, 17, 35, 26, 54, 34, 21, 33};
	int k, *p, max, min;
	max = num[0], min = num[0];
	p = num;

	printf("Ex9-3\n");
	for(k=1; k<10; k++)
	{
		if(*(p+k)>max)
			max=*(p+k);
		if(*(p+k)<min)
			min = *(p+k);
	}

	printf("max = %d, min = %d\n", max, min);
	printf("Ex9-3 End\n");
	return 0;
}
```

실행 결과

```
Ex9-3
max = 54, min = 17
Ex9-3 End
```

max = num[0], min = num[0] : 변수 max와 min의 값을 배열의 첫 번째 요소로 초기화한다.

p=num : 배열 변수 num[10]의 첫 번째 요소 위치를 포인터 변수 p로 지정한다(p=&num[0]).

【 프로그램 수정하기 9-3 】

【예제 9-3】의 프로그램을 배열 요소들의 최대치와 최소치의 차이까지 구하는 프로그램으로 수정해보시오.

【 예제 9-4 】

다섯 개의 문자열로 구성된 포인터 배열을 배열과 포인터를 사용하여 출력하는 프로그램이다. 작성한 프로그램을 실행하고 그 결과를 확인해보자.

```
#include<stdio.h>
int main(void)
{
	int k;
	char *chars[5]={"A", "AB", "ABC", "ABCD", "ABCDE"};
	printf("Ex9-4\n");
	for(k=0; k<5; k++)
		puts(chars[k]);

	for(k=4; k>=0; k--)
		puts(*(chars+k));
	printf("Ex9-4 End\n");
	return 0;
}
```

☞ 실행 결과

```
Ex9-4
A
AB
ABC
ABCD
ABCDE
ABCDE
ABCD
ABC
AB
A
Ex9-4 End
```

char *chars[5]={"A", "AB", "ABC", "ABCD", "ABCDE"} : 요소 수가 5 개인 포인터 배열이 선언된다. puts(chars[k]) : 변수 k가 지정하는 배열 요소인 대응 문자열을 출력한다. puts(*(chars+k)) : 포인터 변수 chars와 변수 k의 합에 대응하는 배열 문자열을 출력한다.

【 프로그램 수정하기 9-4 】

【예제 9-4】의 프로그램에서 출력문 "puts(chars[k])"를 배열 형식이 아닌 포인터 변수 형식(*변수명)으로 바꾸어 동일한 결과를 얻어 보시오.

【 예제 9-5 】

배열 변수로 초기화된 값들을 포인터 변수를 이용하여 호출하고 또한 포인터 변수 연산을 수행하는 프로그램이다. 작성한 프로그램을 실행하고 그 결과를 확인해보자.

```
#include<stdio.h>
int main(void)
{
        int k, sum, *p;
        int num[5]={10, 20, 30, 40, 50};
        p = num;
        sum = 0;
        printf("Ex9-5\n");
        for(k=0; k<=4; k++)
        {
                sum = *p++ *2;
                printf("%d\n", sum);
        }
        printf("Ex9-5 End\n");
        return 0;
}
```

☞ **실행 결과**

```
Ex9-5
20
40.
60
80
100
Ex9-5 End
```

p = num : 배열 변수 num의 시작주소를 포인터 변수 p에 할당한다.

sum = *p++ *2 : *p++는 포인터 변수의 데이터 값을 처리한 후 포인터 변수 p(주소 값)를 +1 증가시킨다.
*2는 포인터 변수의 데이터 값을 2로 곱하는 연산을 수행한다.

【 프로그램 수정하기 9-5 】

【예제 9-5】의 프로그램에서 배열을 {95, 80, 90, 85, 100}로 초기화하고 총합과 평균을 구하는 프로그램으로 수정해보시오.

프로그램 에러 찾기

다음의 예제들을 작성하여 컴파일한 후 나타나는 프로그램 오류들을 찾아 수정하시오. 그리고 수정한 프로그램의 실행 결과를 확인하시오.

【 예제 9-6 】

프로그램 오류를 수정하여 실행하고 그 결과를 확인해보자.

```
#include<stdio.h>
int main(void)
{
        int a = 200;
        int *p;
        p = a;
        printf("Ex9-6\n");
        printf("address p of a = %d, data of *p = %d\n", p, *p);
        printf("Ex9-6 End\n");
        return 0;
}
```

☞ 컴파일 결과

p = a : 변수 a의 데이터가 포인터 변수 p의 주소 값으로 할당된다.
컴파일 오류는 발생하지 않으나 프로그램 실행 결과는 오류를 발생시킨다.
변수 a의 주소가 포인터 변수 p의 주소로 할당되어야한다.
☞ p = &a

☞ 실행 결과

【 예제 9-7 】

프로그램 오류를 수정하여 실행하고 그 결과를 확인해보자.

```
#include<stdio.h>
int main(void)
{
        int x[] = {15, 12, 8, 7, 4, 28};
        int i, *p;
        int min=x[0];
        p = &x;
        printf("Ex9-7\n");
        for (i=1; i<6; i++)
                if ((*p+i) < min)
                        min = (*p+i) ;
        printf (" min = %d\n" , min);
        printf("Ex9-7 End\n");
        return 0;
}
```

☞ **컴파일 결과**

p = &x : 배열 변수의 첫 번째 요소를 포인터 변수의 주소로 지정하였으나 형식이 잘못되어 경고가 발생한다.
☞ p = &x[0] 혹은 p = x

if ((*p+i) < min) min = (*p+i) : 포인터 변수의 표시 오류로 실행 결과에 오류가 발생한다.
☞ if (*(p+i) < min) min = *(p+i)

☞ 실행 결과

【 예제 9-8 】

프로그램 오류를 수정하여 실행하고 그 결과를 확인해보자.

```
#include<stdio.h>
int main(void)
{
        char *number[4] ;
        int k, j;

        number[1] = "zero";
        number[2] = "one";
        number[3] = "two";
        number[4] = "three";
        printf("Ex9-8\n");

        for (j=0; j<5; j++)
        {
                for (k=0; k<4; k++)
                        printf("%c", *(number[k]+j));
                printf("\n");
        }
        printf("Ex9-8 End\n");
        return 0;
}
```

☞ 컴파일 결과

컴파일 오류는 발생하지 않으나 프로그램 실행 결과에 오류가 발생한다.
☞ 포인터 배열 요소수가 4개 이면 각 포인터 요소는 number[0] 부터 시작하여야 함.

☞ 실행 결과

【 예제 9-9 】

프로그램 오류를 수정하여 실행하고 그 결과를 확인해보자.

```
#include<stdio.h>
int main(void)
{
        int k, sum, *p;
        int num[5]={10, 20, 30, 40, 50};
        p = num;
        sum = 0;
        printf("Ex9-9\n");
        for(k=0; k<=4; k++)
        {
                printf("%d\n", *p++);
                sum = sum + *p;
        }
        printf("Sum = %d.\n", sum);
        printf("Ex9-9 End\n");
        return 0;
}
```

컴파일 결과

컴파일 오류는 발생하지 않으나 프로그램 실행 결과에 오류가 발생한다.

☞ for 제어문의 k=4에 도달하였을 때 printf("%d\n", *p++) 명령의 *p++가 배열의 범위를 초과한 위치에 있게 되므로 sum = sum + *p에서의 정의되지 않은 *p값에서 오류가 발생한다.

sum = sum + *p 명령의 위치가 printf("%d\n", *p++) 명령보다 앞서야 함.

실행 결과

연 습 문 제

1. 키보드로부터 다음의 문자열을 입력하고 포인터를 사용하여 입력된 문자열을 화면에 출력하는 프로그램을 작성하시오.

   입력 문자열 : "Welcome"

2. 변수 a에 300을 지정하고 변수 a의 값이 저장된 주소와 데이터를 포인터 변수 p와 *p를 사용하여 화면에 출력하는 프로그램을 작성하시오.

3. 다음의 포인터 배열에서 각 문자열의 세 번째 문자들을 출력하는 프로그램을 작성하시오.

   char *season[4] = {"spring", "summer", "fall", "winter"}

4. 알파벳(A ~ Z) 중 포인터 변수를 사용하여 짝수 번째에 있는 문자들만 출력하는 프로그램을 작성하시오.

5. 문자열 "abcdefghij"를 초기 값으로 하여 다음의 문자열을 포인터 변수를 사용하여 출력하는 프로그램을 작성하시오.

```
a
ab
abc
abcd
abcde
abcdef
abcdefg
abcdefgh
abcdefghi
abcdefghij
```

제 10 장
함 수

10.1 사용자 정의함수

10.2 함수의 호출 방법

10.3 함수의 재귀적 호출(recursive call)

예제 실습

프로그램 에러 찾기

연습 문제

제 10 장 함 수

함수란 프로그램 상에서 반복적으로 사용되는 특정 기능들을 수행하도록 별도의 독립적인 프로그램으로 만들어 사용하는 프로그램을 말한다. 특정 기능을 수행하는 함수용 프로그램을 호출하여 사용함으로써 프로그램의 작성이 간결해지고 또한 프로그램의 분량과 작성 시간을 크게 단축시킬 수 있다.

지금까지 우리는 printf(), scanf(), putchar(), getchar() 등 이미 여러 가지 함수들을 사용해왔다. 프로그램 상에 printf()라는 함수를 넣는 것만으로 손쉽게 프로그램의 연산 결과를 화면상에서 볼 수 있다. 간단히 printf()라는 함수를 프로그램 안에 포함시키는 것만으로 말이다.

그런데 만일 우리가 프로그램을 작성할 때 printf()라는 함수를 사용하지 못한다면 어떻게 될까? printf() 함수를 대신하는 장문의 프로그램이 대신 사용되어져야만 할 것이다. 프로그램을 작성할 때마다 함수를 대신하는 이러한 장문의 프로그램들을 추가하여야만 한다면 프로그램이 얼마나 길어질 것이며, 또한 프로그램 작성의 불편함은 또 어떨까?

프로그램 안에 함수를 호출하는 단 한 줄의 명령을 삽입함으로써 프로그램은 너무도 간결하여지고 작성이 쉬워졌음을 인정하지 않을 수 없을 것이다. 이것이 함수의 위력이다. 함수 프로그램이 아무리 복잡하고 어렵게 구성되었더라도 우리는 이미 완성된 함수를 프로그램 안에서 간단히 호출하여 사용하기만 하면 되는 것이다.

함수는 크게 표준 함수와 사용자 정의 함수로 구분할 수 있다.

C 프로그램에서는 많이 사용되는 기능들을 이미 함수화하여 라이브러리(LIB) 파일로 제공하고 있다. 우리는 이미 앞선 프로그램 예제들에서 <stdio.h>헤더 파일을 프로그램 본문에 포함(#include) 시킴으로써 이들 함수들을 편리하게 이용할 수 있었다. 이제 익숙해진 printf()나 scanf()와 같은 함수들이 <stdio.h>헤더 파일에 이미 포함되어져 있는 함수들이다. 이러한 함수들, 이미 표준화하여 라이브러리(LIB) 파일을 통하여 제공되는 함수들을 표준 함수라고 한다.

한편 사용자 정의 함수는 라이브러리 파일로 제공되지 않는 함수로서 프로그램 작성자의 필요와 목적에 따라, 그리고 응용 분야의 특성에 따라 프로그램 작성자가 직접 작성하여 사용하는 함수이다. 프로그램에서 main() 문과 함께 작성되며 함수의 호출 및 결과의 반환을 통하여 서로 연결되는 것이 일반적이다.

10.1 사용자 정의 함수

사용자 정의 함수의 구조 및 호출 방법에 대하여 알아보자.

사용자 정의 함수문의 기본 구조는 다음과 같다.

```
[반환형] 함수이름(매개변수1, 매개변수2, ...)
{
        함수 또는 내부 변수 선언
        함수 처리 프로그램
        .
        .
        결과값 반환
}
```

여기서 [반환형]은 함수가 사용하는 변수들의 유형을 나타내는 것으로 생략될 경우가 많은데 이 경우에는 정수형(int 형)으로 처리되며 반환형이 없는 경우에는 void를 대신 사용한다.

함수이름은 사용자가 임의로 결정할 수 있으며 보통 함수의 특성이나 기능을 나타내는 이름으로 명명하는 것이 좋다. 한편 함수이름과 함께 정의되는 매개변수는 함수의 기능을 수행하는데 필요한 값들을 넘겨받기 위한 변수로서 데이터 형과 변수 이름으로 지정된다. 매개변수가 없는 경우는 void로 표시하며 보통 한 개 이상 여러 개로 구성되는 것이 일반적이다.

다음은 사용자 정의 함수 표현의 몇 가지 유형의 예이다.

```
void Print_Message(void)
{

}
```

매개변수를 갖지 않는 함수의 예이다.

함수이름 및 매개변수가 없는 것으로 보아 단순한 메시지의 출력을 수행하는 함수일 수 있다.

```
int Sum(int x, int y)
{

}
```

매개변수로 두 개의 정수형 변수들을 사용하는 함수의 예이다. 두 정수의 합을 구하는 함수일 수 있다.

```
double Average(double a, double b, double c)
{

}
```

매개변수로 세 개의 더블형 변수들을 사용하는 함수의 예이다. 세 상수의 평균을 구하는 함수일 수 있다.

한편 함수문의 중괄호({ }) 안에는 우리가 이미 학습해 온 프로그램의 일반적인 구조가 포함된다. 변수의 선언과 초기화, 연산의 처리 등이 수행될 수 있도록 작성하면 된다. 단지 기존의 프로그램 구조와 차이가 있는 부분은 함수문의 마지막 부분으로서 결과 값의 반환 여부를 선언해주는 것이다.

만일 함수의 연산 결과를 함수를 호출한 프로그램에 되돌려주어야 한다면 결과 값의 반환 표시를 해 주어야 한다. 이 기능에 대해서는 예제를 통하여 익혀보기로 한다.

프로그램 예제를 통하여 함수 문의 사용 방법을 알아보자.

【 프로그램 10-1 】

두 개의 정수를 입력받아 이들의 합을 구하는 프로그램이다.

```
#include<stdio.h>
int main(void)
{
        int a, b, sum ;

        printf("Enter a value for integer a : ") ;    /* 정수 a의 값 */
        scanf("%d",&a);
        printf("Enter a value for integer b : ") ;    /* 정수 b의 값 */
        scanf("%d",&b);

        sum = a + b;
        printf("Sum of two integers : %d\n", sum);
        return 0;
}
```

【프로그램 10-1】을 작성하여 컴파일 한 후 프로그램을 실행시켜보자.
화면에는 다음과 같은 결과가 나타날 것이다.

```
Enter a value for integer a : 5
Enter a value for integer b : 6
Sum of two integers : 11
```

더 이상 설명이 필요 없는 간단한 덧셈 프로그램이다. 두 개의 정수를 키보드로부터 입력 받아 이들의 합을 계산하고 그 결과를 화면에 출력되는 것이다.
이제 이 프로그램을 함수를 사용하는 프로그램으로 바꾸어 보자.

【 프로그램 10-2 】

두 개의 정수를 입력 받아 이들의 합을 구하는 프로그램이다. 함수 문, sum을 사용한다.

```
#include<stdio.h>

int sum(int x, int y)
{
        int z;
        z = x + y;
        return(z);
}

int main(void)
{
        int a, b, c ;

        printf("Enter a value for integer a : ") ;
        scanf("%d",&a);
        printf("Enter a value for integer b : ") ;
        scanf("%d",&b);
        c = sum(a, b);
        printf("Sum of two integers : %d\n",c);
        return 0;
}
```

해설

int sum(int x, int y) : 함수 문, sum이 선언되었다.
반환형은 정수형(int)이고 매개변수 역시 정수형(int)이며 두 개의 변수가 각각 x와 y로 선언되었다.

return(z) : 함수 문에서 연산 처리된 변수 z의 값을 함수 문, sum을 호출한 프로그램의 위치로 되돌려 준다.

c = sum(a, b) : 함수 문 sum을 호출한다. 매개변수(실인수)로 a와 b 두 개의 정수형 변수를 전달한다. 이들 변수의 값, 즉 a와 b의 값이 함수 문, sum에서는 매개변수(가인수) x와 y의 값으로 대체된다.
함수 문, sum의 실행 결과는 변수 c의 값으로 되돌려진다.

printf("Sum of two integers : %d\n", c) : 함수 문으로부터 되돌려 받은 연산 결과인 변수 c의 값이 화면에 출력된다.

【프로그램 10-2】를 작성하여 컴파일 한 후 프로그램을 실행시켜보자.
화면에는 【프로그램 10-1】과 동일한 결과가 나타날 것이다.

앞의 두 프로그램 예제들을 통하여 함수 문의 사용 방법을 알아보았다. 언뜻 보기에는 함수 문을 사용하지 않는 프로그램이 더욱 간결해 보일 수 있다. 하지만 결코 그렇지 않다. 프로그램이 점점 복잡해질수록, 프로그램에서 함수 문의 기능을 사용하는 빈도수가 높아질수록 함수 문의 필요성은 더욱 증대될 수밖에 없다.

10.2 함수의 호출 방법

앞의 예제에서 함수 문을 호출하고 그 결과 값을 되돌려 받는 방법에 대하여 알아보았다.

이제 함수를 호출할 때 함께 전달하는 매개변수(실인자)의 사용 방법에 대하여 알아보기로 한다.

매개변수(실인자)의 전달 방법에는 크게 두 가지 방식이 사용된다.

하나는 값에 의한 호출(call by value) 방식이고 또 하나는 주소에 의한 호출(call by reference) 방식이다.

값에 의한 호출 방식은 이미 앞의 【프로그램 10-2】 에서 사용한 바 있다. 즉 함수문을 호출할 때 함께 전달하는 매개변수(실인자)로 값을 가진 인자를 전달하는 것이다.

다음의 예제를 통하여 값에 의한 호출 방법을 다시 한 번 정리해 보자.

【 프로그램 10-3 】

값에 의하여 함수를 호출(call by value)하는 프로그램이다.

```
#include<stdio.h>
int main(void)
{
        int a, b, c ;
        a = 15, b = 20;

        c = cal(a, b) ;
        printf("c = %d\n", c) ;
        return 0;
}

cal(x, y)
{
        int result;
        result = (2*x + 2*y) / (x+y) ;
        return(result);
}
```

☞ **해설**

```
c = cal(a, b) : 함수 문을 호출한다.
        매개변수(실인자)로는 각각 값을 가진 a와 b가 전달된다. 즉
        값에 의한 함수 호출방식이 사용되었다.
        함수 문의 처리 결과는 변수 c의 값으로 되돌려 진다.

cal(x, y) : 함수 문이 선언되었다.
        함수 이름 앞에 반환형이 선언되지 않았으므로 기본형인 정
        수형의 값을 반환할 것이다.
        매개변수(가인자)로는 x와 y 두 개의 인자가 사용된다.

return(result) : 함수 문에서의 연산 결과인 변수 result의 값이 함수 문
        을 호출한 위치로 되돌려 진다.
```

【프로그램 10-3】을 작성하여 컴파일 한 후 프로그램을 실행시켜보자.
화면에는 다음과 같은 결과가 나타날 것이다.

```
c=2
```

앞의 예제는 값에 의하여 함수를 호출하는 프로그램의 예제이다. 여기서 함수 문은 【프로그램 10-2】와는 달리 main() 함수 문 뒤, 즉 프로그램의 뒷부분에 위치하였다. 그렇다. 프로그램은 항상 main() 함수에서부터 실행을 시작하므로 호출되는 함수 문이 main()의 앞에 위치하든 뒤에 위치하든 실행순서에 변화가 발생하지는 않는다. 결국 함수 문의 위치는 main() 프로그램의 앞이나 뒤, 어느 곳이든 상관없다는 뜻이다.

이번에는 주소에 의한 호출 방식(call by reference)에 대하여 알아보자.
주소에 의한 함수 호출이라는 것은 함수를 호출할 때 매개변수(실인자)로 데이터 값(a)이 아니라 데이터 값을 저장하고 있는 주소(&a)를 지정하여 전달하는 것이다.
즉 주소를 함수 호출의 매개변수(실인자)로 사용하므로 함수 문에서는 매개변수(가인자)로 주소를 받아 함수 기능을 처리하고 그 결과를 해당 주소에 저장함으로써 함

수 문의 처리를 끝내게 된다.

이 방식은 함수 문에서 되돌려 줄 값이 두 개 이상일 경우나 혹은 배열 전체를 전달하는 경우에 효과적으로 사용할 수 있는 함수 호출 방법이다.

【 프로그램 10-4 】

주소에 의하여 함수를 호출(call by reference)하는 프로그램이다.

```
#include<stdio.h>
int main(void)
{
        int a, b, c ;
        a = 15, b = 20;
        sum(a,b,&c);
        printf("c = %d\n", c) ;
        return 0;
}

sum(x, y, z)
int x, y, *z ;
{
        *z = x + y;        /* return 문 없음 */
}
```

해설

sum(a,b,&c) : 함수 문, sum을 호출한다.
매개변수(실인자)로는 각각 값을 가진 a와 b, 그리고 c의 주소 값이 함께 전달된다. 즉 값과 주소에 의한 함수 호출 방법이 함께 사용되었다.
함수 문에서 a = x로, b = y로, 그리고 &c는 z로 대체된다.
함수 문의 처리 결과를 되돌려 받는 변수는 별도로 지정하지 않았다.

int x, y, *z : 함수 문에서 사용할 변수, x, y와 포인터 z을 선언한다.

*z = x + y : x와 y의 합을 포인터 변수 *z에 저장한다.
*z = *(&c)이므로 c의 값을 저장한 주소(&c)의 데이터, 즉 z의 데이터 값을 의미한다.
즉 z와 &c는 매개변수로서 가인자와 실인자의 관계이므로 사실상 같은 주소를 의미한다.
특정 주소에 연산 결과를 저장하므로 return 문을 사용하여 변수의 값을 반환할 필요 없이 함수 호출 문에서 해당 주소의 값을 읽어 사용하기만 하면 된다.

printf("c = %d\n", c) : 함수 문에서 주소, z에 저장된 값, 즉 *z의 값이 결국 c의 값이 되며 연산 결과가 화면에 출력된다.

【프로그램 10-4】를 작성하여 컴파일 한 후 프로그램을 실행시켜보자.
화면에는 다음과 같은 결과가 나타날 것이다.

```
c = 35
```

함수 문에서 return 문으로 반환하는 값이 없어도 주소 &c가 가진 데이터 값을 읽어내어 화면에 출력한 것이다. 이와 같은 주소에 의한 호출 방법은 배열 등과 같이 반환할 값이 두 개 이상일 경우에 매우 효과적으로 사용될 수 있다.

10.3 함수의 재귀적 호출(recursive call)

프로그램은 필요한 경우 얼마든지 반복하여 함수를 호출할 수 있다. 또한 프로그램이 함수일지라도 함수 문 안에서 또 다른 함수를 얼마든지 호출하여 사용할 수 있다. 이것은 당연한 일이다. 매우 효율적이고 효과적인 기능을 프로그램 상에서 특별히 제한할 이유가 없는 것이다.

그러면 함수는 스스로 자체 함수를 또 다시 호출할 수도 있는가? 다른 함수야 얼마든지 호출할 수 있다고 해도 자기 자신을 스스로 호출할 수도 있겠는가?

답은 “호출할 수 있다”이다. 함수가 논리적으로 통할 수만 있다면 얼마든지 자신을 반복하여 호출할 수도 있다. 이러한 호출 방법을 함수의 재귀적 호출이라고 한다.

함수가 자체 함수를 호출하여 사용할 경우, 함수를 호출하기 전에 사용 중인 변수들의 값은 일시적으로 특정 위치에 저장되어야만 한다. 그렇지 않으면 변수들의 값이 계속 함수의 재귀적 호출에 의하여 다른 값들로 대체되어 프로그램의 정상적인 실행이 곤란해진다.

따라서 함수 호출 전에 변수들의 값은 스택(Stack) 이라고 하는 메모리 영역에 일시적으로 저장되며 호출된 함수의 실행이 완료되면 이들 값들은 다시 변수들로 되돌려진다.

여기서 스택 메모리의 크기는 제한되어 있으므로 함수의 재귀적 호출 횟수가 많아지면 스택 메모리를 초과하여 "스택 오버플로우(Stack overflow)" 문제가 생길 수 있으므로 주의하여야 한다.

【 프로그램 10-5 】

함수의 재귀적 호출을 수행하는 프로그램이다.

```
#include<stdio.h>

int k = 0 ;
int main(void)
{
        if (k==3)
                exit(1);
        k++;
        printf("k = %d\n", k) ;
        main();
        return 0;
}
```

해설

int k = 0 : 일반적인 변수 선언 같지만 여기서는 상황이 다르다.
그 동안 main() 함수 안에서 변수를 선언하였지만 여기서의 변수는 main() 함수 밖에서 선언되었다.
main() 함수 안에서 선언되면 변수 k의 값이 함수의 재귀적 호출 때마다 계속 초기화되므로 프로그램은 실행을 무한정 반복하게 될 것이다.
이처럼 main() 함수 밖에서 선언된 변수를 외부(extern) 변수라고 한다.

if (k==3)
exit(1) : 외부 변수 k의 값이 3일 경우에 main() 함수를 종료한다.

main() : main() 함수를 다시 호출한다.

【프로그램 10-5】를 작성하여 컴파일 한 후 프로그램을 실행시켜보자.
화면에는 다음과 같은 결과가 나타날 것이다.

```
k = 1
k = 2
k = 3
```

main() 함수 내에서 main() 함수를 다시 호출하는 프로그램을 통하여 함수의 재귀적 호출 방법에 대하여 알아보았다. 주의할 것은 외부 변수를 선언하는 것과 재귀적 호출의 횟수가 스택 메모리 용량을 넘지 않도록 하여야 한다는 것이다.

예제 실습

다음의 프로그램 예제들을 작성하고 컴파일하여 실행한 후 그 결과를 확인해보자.

【 예제 10-1 】

키보드로부터 정수를 5회 입력 받아 화면에 출력하는 프로그램이다. 정수를 입력 받아 반환하는 기능을 함수로 작성하였다. 작성한 프로그램을 실행한 후 정수를 5회 입력하고 그 결과를 확인해보자.

```
#include<stdio.h>
int main(void)
{
	int k, input ;
	printf("Ex10-1\n");
	for (k=0; k<5; k++)
	{
		input = call();
		printf("output%d = %d\n", k, input);
	}
	printf("Ex10-1 End\n");
	return 0;
}

int call()
{
	int x;
	printf("Enter an integer :");		/* 정수 입력 */
	scanf("%d", &x);
	return(x);
}
```

실행 결과

```
Ex10-1
Enter an integer : 1
output0 = 1
Enter an integer : 2
output1 = 2
Enter an integer : 3
output2 = 3
Enter an integer : 4
output3 = 4
Enter an integer : 5
output4 = 5
Ex10-1 End
```

input = call() : 함수 call을 호출한다. 전달할 매개변수가 없다. 그러나 반환되는 값은 변수 input에 저장된다. int call(x) : 함수 문이다. 반환할 형은 정수형(int)이다. 호출하는 프로그램으로부터 매개변수를 전달 받지 않는다. return(x) : 키보드로부터 입력 받은 변수 값 x를 반환한다.

【 프로그램 수정하기 10-1 】

【예제 10-1】의 프로그램을 5회 입력된 정수의 총합을 구하는 프로그램으로 수정해보시오.

【 예제 10-2 】

두 개의 정수를 입력하여 둘 중 큰 수를 출력하는 프로그램이다. 두 수중 큰 값을 결정하여 반환하는 기능을 함수로 처리하였다. 작성한 프로그램을 실행한 후 두 개의 정수를 입력하고 그 결과를 확인해보자.

```
#include<stdio.h>
int main(void)
{
        int a, b, result;
        printf("Ex10-2\n");
        printf("Enter two integers :\n");    /* 두 정수 입력 */
        scanf("%d %d", &a, &b) ;

        result = max(a, b);
        printf("bigger number of two integers = %d\n", result);
        printf("Ex10-2 End\n");
        return 0;
}

int max(x, y)
{
        if (x > y)
                return(x) ;
        else
                return(y) ;
}
```

실행 결과

```
Ex10-2
Enter two integers : 12  13
bigger number of two integers = 13
Ex10-2 End
```

result = max(a, b) : 매개변수 a, b와 함께 함수 max를 호출한다.
값에 의한 함수 호출 방법이다.
함수로부터 반환되는 값은 변수 result에 저장된다.

int max(x, y) : 함수 max가 실행된다.
매개변수는 x, y이고 반환하는 값은 정수형(int)이다.
함수를 호출할 때 사용한 매개변수 a는 x로 대체되고 b는 y로 대체된다.

return(x) : x와 y의 값을 비교하여 x가 크면 x의 값을 반환한다.

【 프로그램 수정하기 10-2 】

【예제 10-2】의 프로그램을 입력된 두 정수의 값들이 일치하면 "1"을, 일치하지 않으면 "0"을 출력하는 프로그램으로 수정해보시오.

【 예제 10-3 】

두 개의 변수 a와 b의 값을 맞바꾸는 프로그램이다. 값을 교환하는 부분은 함수 문으로 작성한다. 작성한 프로그램을 실행하고 그 결과를 확인해보자.

```
#include<stdio.h>
int main(void)
{
        int a, b;
        a= 20, b= 30;
        printf("Ex10-3\n");
        printf("before swap : a = %d, b = %d\n", a, b);
        swap(&a, &b);
        printf("after swap : a = %d, b = %d\n", a, b);
        printf("Ex10-3 End\n");
        return 0;
}

int swap(x, y)
int *x, *y;
{
        int temp;
        temp = *x;
        *x = *y;
        *y = temp;
}
```

실행 결과

```
Ex10-3
before swap : a = 20, b = 30
after swap : a = 30, b = 20
Ex10-3 End
```

swap(&a, &b) : 함수 swap을 호출한다.
전달하는 매개변수는 값이 아닌 주소를 사용한다. 즉 주소에 의한 함수 호출방식을 사용한다.
함수 문의 실행 결과를 반환받는 값은 없다.

int swap(x, y) : 함수 문이다. return 문을 사용하지는 않지만 전달 받은 주소에 정수형의 연산 결과를 저장하므로 정수형(int) 함수로 선언하였다.
x = &a, y = &b가 된다.

int *x, *y : 함수 문에서 사용할 포인터 변수를 선언한다.

【 프로그램 수정하기 10-3 】

【예제 10-3】의 프로그램을 두 정수의 주소가 아닌 데이터 값으로 함수를 호출하여 처리하는 프로그램으로 수정해보시오. 그리고 그 결과에 어떤 차이가 있는지 비교해보시오.

【 예제 10-4 】

두 수를 입력받아 작은 수부터 큰 수까지의 정수들의 합을 구하는 프로그램이다. 두 수를 비교하는 함수 문과 작은 수부터 큰 수까지의 합을 구하는 함수 문을 별도로 작성하여 이중 호출문 구조로 만들었다. 작성한 프로그램을 실행한 후 두 개의 정수를 입력하고 그 결과를 확인해보자.

```
#include<stdio.h>
int main(void)
{
        int a, b, result;
        printf("Ex10-4\n");
        printf("Enter two integers : \n");
        scanf("%d %d", &a, &b) ;

        result = total(a, b);
        printf("Sum between two integers = %d\n", result);
        printf("Ex10-4 End\n");
        return 0;
}

int total(x, y)
{
        int temp;
        if (x > y)
                temp = sum(y, x);
        else
                temp = sum(x, y);

        return(temp);
}

int sum(low, high)
{
        int  k, tot ;
        tot = 0;
        for (k=low; k<= high; k++)
                tot = tot + k;
        return(tot);
}
```

실행 결과

```
Ex10-4
Enter two integers :
6 2
Sum between two integers = 20
Ex10-4 End
```

result = total(a, b) : 매개변수 a, b로 함수 문 total을 호출한다.
반환되는 값은 변수 result에 저장된다.

temp = sum(y, x) : y가 x보다 작을 경우 매개변수 y, x로 함수 문 sum을 호출한다. 반환되는 값은 temp에 저장한다.

main() 함수에서 total() 함수를, total() 함수에서 sum() 함수를 순차적으로 호출하는 이중 호출 구조의 프로그램이다.

【 프로그램 수정하기 10-4 】

【예제 10-4】의 프로그램을 입력된 두 정수를 제외한 두 정수 사이의 값들의 총합을 구하는 프로그램으로 수정해보시오.

【 예제 10-5 】

1부터 10까지를 화면에 출력하는 프로그램이다. 함수문내에서 다시 함수 문을 호출하는 재귀적 호출 프로그램이다. 작성한 프로그램을 실행하고 그 결과를 확인해보자.

```
#include<stdio.h>
int k = 0;
int main(void)
{
        printf("Ex10-5\n");
        sum();
        printf("Ex10-5 End\n");
        return 0;
}

int sum()
{
        k = k + 1;
        printf("k = %d\n", k);
        if (k>=10)
                exit(1);
        sum();
}
```

실행 결과

```
Ex10-5
k = 1
k = 2
k = 3
k = 4
k = 5
k = 6
k = 7
k = 8
k = 9
k = 10
```

int k = 0 : 변수 k를 0으로 초기화한다. 이 변수는 main() 함수 전에 선언되었으므로 전역변수이다. 즉 main() 함수 문이나 sum() 함수 문에서 모두 사용된다.

sum() : main() 함수 문에서 sum() 함수를 호출한다. 반환 값은 없다.

sum() : sum() 함수 문내에서 다시 sum() 함수를 호출한다.
이러한 재귀적 호출은 (k>=10)인 조건을 만족할 때까지 반복된다.

if (k>=10) exit(1) : k의 값이 10이 되면 sum() 함수 문을 빠져나온다.

【 프로그램 수정하기 10-5 】

【예제 10-5】의 프로그램에서 sum1을 전역변수로 설정하고 k의 값과 함께 k값들의 누적 총합을 sum1으로 하여 함께 출력하는 프로그램으로 수정해보시오.

프로그램 에러 찾기

다음의 예제들을 작성하여 컴파일한 후 나타나는 프로그램 오류들을 찾아 수정하시오. 그리고 수정한 프로그램의 실행 결과를 확인하시오.

【 예제 10-6 】

프로그램 오류를 수정하여 실행한 후 두 개의 정수를 입력하고 그 결과를 확인해보자.

```
#include<stdio.h>
int main(void)
{
        int a, b, c ;
        printf("Ex10-6\n");
        printf("Enter two integers : ");      /* 두 정수 입력 */
        scanf("%d %d", &a, &b);
        mul(a, b);
        printf("multiplication of two integers = %d.\n", c);
        printf("Ex10-6 End\n");
        return 0;
}

void mul(x, y)
{
        int result;
        result = x * y;
        return(result) ;
}
```

☞ **컴파일 결과**

mul(a, b) : 함수 호출 후 반환되는 값을 받을 변수가 지정되지 않아 다음 행의 명령 "printf("multiplication of two integers = %d.\n", c)" 을 수행하는데 있어 오류가 발생하였다.
☞ c = mul(a, b)

void mul(x, y) : 함수 문에서 연산 후 반환하는 값은 return(result)으로서 정수형(int)인데 반환형이 반환 값이 없는 void로 선언되었다.
실행 오류가 발생한다.
☞ int mul(x, y)

☞ **실행 결과**

【 예제 10-7 】

프로그램 오류를 수정하여 실행하고 그 결과를 확인해보자.

```
#include<stdio.h>
int main(void)
{
        int a, b, c;
        a = 12, b = 20;
        printf("Ex10-7\n");
        c = sum(a, b);
        printf("c = %d\n", c);
        printf("Ex10-7 End\n");
        return 0;
}

int sum(x, y, z)
{
        int result;
        result = x + y + z;
        return(result);
}
```

☞ **컴파일 결과**

컴파일 오류는 발생하지 않는다. 그러나 프로그램의 실행 결과는 우리의 예상과 전혀 다르다.

c = sum(a, b) : 두 개의 매개변수(실인자) a, b로 함수 문을 호출한다.

int sum(x, y, z) : 함수 문에서는 세 개의 매개변수(가인자)를 사용한다. 따라서 호출하는 명령에서 함수 문의 가인자 수에 맞춰 세 개의 실인자를 전달하여야 한다.

☞ c = sum(a, b, c) (c = 0 초기화 필요)

☞ **실행 결과**

【 예제 10-8 】

프로그램 오류를 수정하여 실행하고 그 결과를 확인해보자.

```
#include<stdio.h>
int main(void)
{
        int a, b, c, d;
        a = 10, b = 20;
        printf("Ex10-8\n");
        c = cal(a, b);
        printf("sum of two integers = %d.\n", c);
        d = cal(a, b);
        printf("multiplication of two integers = %d.\n", d);
        printf("Ex10-8 End\n");
        return 0;
}

int cal(x, y)
{
        int sum, mul;
        sum = x + y;
        mul = x * y;
        return(sum);
        return(mul);
}
```

☞ **컴파일 결과**

return(mul) : 이 명령의 바로 앞에서 이미 return(sum)문을 사용하므로 이 명령은 결코 실행될 수 없다. 따라서 컴파일 오류는 없으나 경고가 발생한다. 그리고 프로그램의 실행 결과도 c와 d의 값이 같게 나타난다.

※ return 반환 문을 return(sum, mul)로 바꾸어도 "sum"과 "mul" 값 중 마지막 값인 "mul" 값이 반환된다.

프로그램 자체를 주소에 의한 함수 호출 방법으로 수정해 줄 필요가 있다.

☞ int c, d (삭제)
cal(&a, &b)
printf("sum of two integers = %d.\n", a); (c → a로)
d = cal(a, b);(삭제)
printf("multiplication of two integers = %d.\n", b); (d → b로)

int cal(x, y) 함수 문에서
int *x, *y ;(추가)
sum = *x + *y;
mul = *x * *y;
*x = sum ;(추가)
*y = mul ;(추가)
return(sum) : (삭제)
return(mul) : (삭제)

☞ **실행 결과**

【 예제 10-9 】

프로그램 오류를 수정하여 실행하고 그 결과를 확인해보자.

```
#include<stdio.h>
int main(void)
{
        int k = 0 ;
        printf("Ex10-9\n");
        if (k==3)
        exit(1);
        k++;

        printf("k = %d\n", k) ;
        main();
        printf("Ex10-9 End\n");
        return 0;
}
```

☞ 컴파일 결과

컴파일 오류는 발생하지 않는다.

int k = 0 : 변수 초기화가 main() 함수 안에서 선언되었다.
따라서 main() 함수 문이 호출될 때 마다 k 값의 초기화가 반복되므로 프로그램이 종료되기 위한 조건인 (k==3)의 조건은 얻어질 수 없다.
따라서 프로그램이 무한 반복된다.

☞ int k = 0 ;
main()의 순서로 선언하여 k를 외부 변수로 만든다.

☞ 실행 결과

연 습 문 제

1. 가인자로 x와 y의 값을 받아 다음의 연산을 수행하고 그 결과를 z의 값으로 반환하는 함수 문을 작성하시오.

   z = (x*x) + 2(x*y) + (y*y)

2. 세 개의 정수 a, b, c를 입력 받아 크기가 큰 수부터 차례로 출력하는 프로그램을 작성하시오.
   크기를 비교하여 큰 수부터 차례로 배열하는 기능은 함수 문으로 작성하시오.

3. 두개의 정수를 입력 받아 두 수를 포함한 두 수 사이의 모든 정수들을 더하는 프로그램을 함수 문을 사용하여 작성하시오.
   두 수 사이의 모든 정수를 더하는 기능은 함수 문으로 작성하시오.

4. 국어, 영어, 수학 점수를 입력하고 이들의 총점과 평균을 구하는 프로그램을 작성하시오.
   총점과 평균을 구하는 기능은 함수 문으로 작성하시오.

5. 다음의 세정수를 입력 받아 위치를 서로 바꾸어 그 결과를 출력하는 프로그램을 작성하시오.
위치를 바꾸는 기능은 함수 문으로 작성하시오.

<입력 값>
A = 10,
B = 20,
C = 30

<출력 값>
A = 30,
B = 10,
C = 20

제 11 장
전 처 리 기

11.1 매크로 정의(#define)

11.2 파일 포함(#include)

11.3 조건부 컴파일

예제 실습

프로그램 에러 찾기

연습 문제

제 11 장 전처리기

프로그램에 어느 정도 익숙해지면 우리는 좀 더 손쉽게 프로그램을 작성할 수 있는 방법에 대하여 많은 흥미를 가질 것이다. 그 대표적인 방법 중 하나가 바로 전처리기이다.

전처리기는 말 그대로 먼저 처리하는 기능이다. 다시 말해서 프로그램 소스파일의 컴파일을 본격적으로 진행하기 전에 먼저 소스파일을 처리하여 수정된 소스파일을 만들어낸다. 프로그램 소스파일이 먼저 전처리기에 의하여 수정된 소스파일로 만들어지고 수정된 소스파일을 포함한 모든 프로그램이 컴파일을 수행하는 절차를 진행함으로써 컴파일 과정을 완료하게 된다.

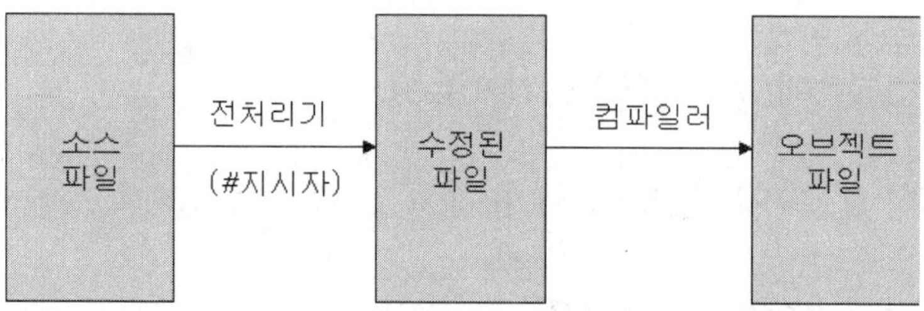

전처리기는 #기호로 시작하는 지시자들을 처리한다. 다시 말해서 #기호로 정의된 지시자들 만을 프로그램 컴파일 전에 전처리기에서 처리한다. 우리에게 이미 익숙해진 #include 역시 대표적인 전처리기 지시자 중 하나이다.

많이 이용되는 전처리기 지시자들로는 다음과 같은 지시자들이 있다.

지시자	기능
#define	매크로를 정의한다.
#include	파일을 포함한다.
#undef	매크로 정의를 해제한다.
#if	조건이 "참(1)" 일 경우 처리한다.
#elif	#if 조건이 "거짓(0)" 일 경우 사용하는 또 다른 조건이다.
#else	조건이 "거짓(0)" 일 경우 처리한다.
#endif	#if 조건 처리 문장을 종료한다.
#ifdef	매크로가 정의되어 있는 경우 처리한다.
#ifndef	매크로가 정의되어 있지 않은 경우 처리한다.
#line	행 번호를 출력한다.

이들 전처리기 지시자들을 적절히 활용함으로써 프로그램은 더욱 간결해질 것이고 또한 프로그램의 수정이나 확장 작업이 매우 용이해 질 것이다. 이 장에서는 전처리기 지시자들 중 매크로 정의(#define), 파일 포함(#include), 조건부 컴파일 지시자들에 대하여 학습한다.

11.1 매크로 정의(#define)

매크로 정의란 프로그램 전체에 걸쳐 적용되는 조건을 정의하는 명령이라는 의미로서 프로그램의 서두에 #define 명령을 사용하여 선언해 줄 수 있다. 따라서 프로그램 전반에 걸쳐 반복적으로 사용되는 상수나 문자열, 혹은 수식이나 함수 등을 프로그램 서두에 정의해 줌으로써 프로그램에서는 매크로명만 선언해 주면 해당 상수나 문자열, 수식 또는 함수가 실행되게 된다.

물론 프로그램의 서두 뿐 아니라 프로그램의 중간에도 매크로 정의가 선언될 수 있다. 그리고 그러한 경우에는 매크로 선언 이후의 프로그램 부분부터 매크로 정의가 적용된다.

매크로 정의 기능을 잘 활용하면 매우 효율적으로 프로그램을 작성할 수 있다. 프로그램이 간결해질 뿐 아니라 프로그램의 확장이나 수정도 매우 용이해 질 것이다.

매크로 정의문의 일반 형식은 다음과 같다.

```
1)
#define <매크로명><치환 데이터>

2)
#define <매크로명(매개 변수)><치환 수식>

3)
#undef <매크로명>
```

첫 번째 매크로문은 상수나 문자열, 함수들에 매크로 명을 할당해 주는 형식이다. 프로그램 본문에서는 상수나 문자열 혹은 함수들이 사용되는 명령 위치에 대신 매크로 명을 선언하는 방식이다.

두 번째 매크로문은 매개 변수를 갖는 매크로 명을 정의하는 방식이다. 매개 변수를 활용한 수식 처리 등을 수행할 경우에 주로 사용된다.

세 번째 매크로문은 앞서 정의되었던 매크로 정의를 해제하는 기능이다. 프로그램의 서두나 혹은 중간에 선언되었던 매크로문이 #undef 문에 의하여 해제된다. 즉 #undef 문에 의하여 해제된 매크로문은 이후의 프로그램에서 더 이상 효력을 가지지 못한다. 물론 #undef 문 이후에 동일한 혹은 또 다른 #define 문을 선언함으로써 다시 매크로문의 효력을 발생시키는 것은 얼마든지 가능하다.

다음의 프로그램 예제를 통하여 이들 방식의 사용 방법을 알아보자.

【 프로그램 11-1 】

매크로 정의를 사용하여 1부터10까지의 정수의 합을 구하고 또한 역으로 10부터 1까지의 정수를 빼나가는 프로그램이다.

```
#include<stdio.h>
#define VALUE 10
#define PRINT printf("%d\n", sum)

int main(void)
{
        int a, sum ;
        sum = 0;

        for (a=1; a<=VALUE; a++)
                sum = sum+a;

        printf("Sum1 = %d.\n", sum);
        PRINT;


        for (a=VALUE; a>0; a--)
                sum = sum - a ;

        printf("Sum2 = %d.\n", sum);
        PRINT;
        return 0;
}
```

해설

#define VALUE 10 : 매크로 정의 문이다. 매크로 명 "VALUE"의 실제 데이터 값은 10이라는 상수이다.
프로그램 상에서 사용된 모든 매크로 명 "VALUE"는 프로그램이 컴파일될 때 10이라는 상수 값으로 대체된다.

#define PRINT printf("%d\n", sum) : 매크로 명 "PRINT"의 실제 명령은 printf("%d\n", sum)이다.

for (a=0; a<VALUE; a++) : 매크로 명 "VALUE"가 사용된 for 문이다.
프로그램이 컴파일될 때 이 명령은 다음과 같이 변환된다.
for (a=0; a<10; a++)

for (a=VALUE; a>0; a--) : 매크로 명 "VALUE"가 사용된 for 문이다.
프로그램이 컴파일될 때 이 명령은 다음과 같이 변환된다.
for (a=10; a>0; a--)

PRINT : 매크로로 정의된 명령이다.
printf("%d\n", sum)를 실행한다.

【프로그램 11-1】을 작성하여 컴파일 한 후 프로그램을 실행시켜보자.
화면에는 다음과 같은 결과가 나타날 것이다.

```
Sum1 = 55.
55
Sum2 = 0.
0
```

앞의 예제에서

```
#define VALUE 10
#define PRINT printf("%d\n", sum)
```

와 같은 매크로문들이 사용되었다.

이 매크로문들은 프로그램이 컴파일 되기 전에 먼저 전처리기에 의하여 수정된 소스로 만들어진다. 그리고 프로그램의 나머지 부분들과 함께 컴파일된다. 여기서 매크로문들이 모두 프로그램의 서두에 위치하였으므로 프로그램의 전 부분에 걸쳐 매크로문이 적용된다. 결과적으로 프로그램이 컴파일될 때 매크로문이 선언된 위치의 명령들은 모두 매크로 명 대신 실제 데이터나 명령으로 변경된다.

이제 앞의 프로그램을 1부터 100까지의 합을 구하고 또한 구한 총합에서 역으로 100부터 1까지를 빼는 프로그램이 되도록 수정하여 보자. 그리고 프로그램을 실행하여 그 결과를 확인해보자.
어떻게 수정하면 될 것인가?
답은 간단하다.
매크로 정의 문을 #define VALUE 100으로 수정하기만 하면 된다.

또한 매크로로 정의된 명령 #define PRINT printf("%d\n", sum)을 수정하여 다음과 같이 sum을 2로 나누어 보자.

```
#define PRINT printf("%d\n", sum/2)
```

그러면 매크로 명령에 의한 실행 결과도 다음과 같이 변경될 것이다.

```
Sum1 = 5050.
2525
Sum2 = 0.
0
```

【 프로그램 11-2 】

매크로 정의문과 매크로 해제 기능을 사용한 성명, 주소 출력 프로그램이다.

```
#include<stdio.h>
#define MESSAGE "Welcome to the C world !!!"
#define VARIABLE 20
#define VARIABLE1 30
#define PRINT printf("input your name:")

int main(void)
{
        char name[VARIABLE];
        char addr[VARIABLE1];
        PRINT;
        scanf("%s", name);
        printf("Hello %s, %s\n", name, MESSAGE);

        #undef MESSAGE
        #undef PRINT
        #undef VARIABLE
        #define MESSAGE "Thank you!"
        #define PRINT printf("input your address :")

        PRINT;
        scanf("%s",addr);
        printf("Your address is %s,%s\n", addr, MESSAGE);
        return 0;
}
```

☞ **해설**

#define PRINT printf("input your name:") : 매크로 정의 문이다.
매크로 명 "PRINT"는 프로그램이 컴파일될 때
"printf("input your name:")"으로 대체된다.

#undef PRINT : 앞에서 정의되었던 매크로문
#define PRINT printf("input your name:")이 해제된다.
이 명령 이후로 "PRINT" 매크로문은 다시 정의되지 않는 한
사용할 수 없는 명령이다.

#define PRINT printf("input your address :") : 매크로문(PRINT)이
다시 정의되었다.

【프로그램 11-2】를 작성하여 컴파일 한 후 이름과 주소를 각각 입력하여 프로그램을 실행시켜 보자.

```
input your name: honggildong
Hello honggildong, Welcome to the C world !!!
input your address : seoul,korea
Your address is seoul,korea. Thank you!
```

앞의 프로그램 예제에서 "MESSAGE"라는 매크로 명은 "Welcome to the C world !!!"라는 문자열로 정의되었고 "VARIABLE"이라는 매크로 명은 "20" 이라는 상수로, 그리고 "PRINT"라는 매크로 명은 "printf("input your name:")"라는 함수로 정의되었다.

이와 같이 매크로문은 상수, 문자열, 함수 등을 정의할 수 있으며 이러한 매크로문을 정의하여 사용함으로써 프로그램이 매우 효율적으로 작성될 수 있다.

이번에는 매크로문으로 수식을 정의하여 사용하는 방법에 대하여 알아보자.

```
#define <매크로명(매개 변수)> <치환 수식>
```

이 형식은 매크로 명에 매개 변수가 포함되고 또한 이 매개 변수를 이용하여 수식을 수행하는 형식이다.

즉 매크로 명과 함께 치환할 수식에 필요한 변수 값을 선언함으로써 이들 변수 값들이 치환할 수식에 전달되어 수식을 실행하게 되는 것이다.

다음의 프로그램 예제를 통하여 수식을 정의하는 매크로 문에 대하여 알아보자.

【 프로그램 11-3 】

곱셈과 나눗셈을 수행하는 프로그램이다.

```
#include<stdio.h>
#define MULTI(x,y) ((x)*(y))
#define DIV(x,y) ((x)/(y))
int main(void)
{
        int w, z;
        w = MULTI(4,6) ;
        z = DIV(6,3) ;
        printf("w=%d\n",w);
        printf("z=%d\n",z) ;
        return 0;
}
```

해설

#define MULTI(x,y) ((x)*(y)) : 매개 변수를 사용하여 수식을 실행하는 매크로 정의 문이다.
매크로 명 "MULTI(x,y)"는 프로그램이 컴파일될 때 매개 변수 x와 y를 사용하여 곱셈 ((x)*(y))을 실행한다.

#define DIV(x,y) ((x)/(y)) : 매개 변수를 사용하여 수식을 실행하는 매크로 정의 문이다.
매크로 명 "DIV(x,y)"는 프로그램이 컴파일될 때 매개 변수 x와 y를 사용하여 나눗셈 ((x)/(y))을 실행한다.

w = MULTI(4,6) : 변수 값 x=4, y=6을 사용하여 매크로 명 "MULTI"로 정의 된 곱셈 ((4)*(6))을 수행한다.

z = DIV(6,3) : 변수 값 x=6, y=3을 사용하여 매크로 명 "DIV"로 정의 된 나눗셈 ((6)/(3))을 수행한다.

【프로그램 11-3】은 매크로 정의 문을 사용하여 곱셈과 나눗셈을 수행하는 프로그램이다. 프로그램을 작성하여 컴파일 한 후 프로그램을 실행시켜 보자.
화면에는 다음과 같은 결과가 출력될 것이다.

```
w=24
z=2
```

위의 결과로부터 매크로문은 수식을 정의하여 사용할 수도 있음을 알 수 있다.
MULTI(x,y)의 매크로 명은 매개 변수 x와 y를 사용하며 프로그램 명령에서 x의 위치에 있는 수식이나 상수 값과 y의 위치에 있는 수식이나 상수 값이 매크로 문에 있는 수식 ((x)*(y))로 전달되어 연산을 실행한다.
위의 예제에서 w = MULTI(4,6)에서는 x와 y값으로 각각 x=4, y=6이라는 상수 값이 사용되었고 z = DIV(6,3)에서는 각각 x=6, y=3이라는 상수 값이 사용되었음을 알 수 있다.

지금까지 매크로 정의 문에 대하여 알아보았다. 이번에는 또 다른 전처리기로서 프로그램에 파일을 포함시키는 방법에 대하여 알아보자.

11.2 파일 포함(#include)

우리는 이미 이 책의 시작부터 #include라는 전처리기 지시자를 프로그램의 시작부분에 포함시켜 사용해왔다. #include 전처리기 지시자를 사용하여 <stdio.h>라는 헤더 파일을 프로그램에 포함시켰던 것이다.
그럼으로써 우리는 간단히 printf() 라는 함수를 선언해 줌으로써 별도의 복잡한 프로그래밍 과정 없이 화면 출력 기능을 처리할 수 있었다.
이처럼 프로그램에서 공통적으로 많이 사용되는 기능들을 별도의 프로그램 파일로 만들어놓고 프로그램을 작성할 때 이들 파일들을 프로그램에 포함시킴으로써 프로그램 작업을 간소화할 수 있도록 하는 것이 파일 포함 전처리기의 주요 특징이다.
포함되는 파일에는 <stdio.h> 파일과 같은 헤더 파일이나 라이브러리(LIB) 파일과 같이 이미 표준 함수들을 만들어 C 프로그램과 함께 공급되는 파일들이 대부분이지만 필요에 따라 사용자가 직접 작성한 파일들이 또한 사용될 수 있다.

포함되는 파일들의 모든 내용은 프로그램이 컴파일될 때 프로그램의 본문에 첨가되어 처리된다.
파일 첨가 전처리기의 형식은 다음과 같다.

```
#include <파일명>
#include "파일명"
```

여기서 <파일명>은 C 프로그램에서 제공하는 표준 디렉토리에서 해당 파일을 찾게 되고 "파일명"은 현재 사용 중인 디렉토리에서 파일명을 찾게 된다.

【 프로그램 11-4 】

파일 포함 기능을 이용하여 문자열을 역순으로 배열하는 프로그램이다.

```
#include<stdio.h>
#include<string.h>
int main(void)
{
        char a[10] = "korea";
        char *b = "        ";

        b= strrev(a);
        printf("b=%s\n", b);
        strset(a, 'k');
        printf("a=%s\n", a);
        return 0;
}
```

해설

#include<string.h> : 파일을 프로그램에 첨가한다.
"strrev()" 함수를 포함하고 있다.

b= strrev(a) : 문자열 a의 내용을 거꾸로 배열하여 b에 저장한다.
파일 <string.h>에 해당 기능이 포함되어 있다.

strset(a, 'k') : 변수 a의 내용을 모두 'k'로 채운다.
파일 <string.h>에 해당 기능이 포함되어 있다.

【프로그램 11-4】를 작성하여 컴파일 한 후 프로그램을 실행시켜보자.
화면에는 다음과 같은 결과가 나타날 것이다.

```
b=aerok
a=kkkkk
```

문자열을 역순으로 배열하여 저장하는 기능이나 또는 문자열을 모두 하나의 문자 'k'로 채우는 기능은 그렇게 복잡한 프로그램을 요구하지는 않지만 그래도 어느 정도의 규모를 갖는 프로그램이 필요하다. 그러나 파일 포함 기능을 이용하여 기존의 표준화되어 제공되는 헤더 파일이나 라이브러리(LIB) 파일들을 이용함으로써 한 두 줄의 간단한 명령어로 이러한 기능들을 간단히 해결할 수 있게 되는 것이다.

11.3 조건부 컴파일

조건부 컴파일 기능은 프로그램을 컴파일 할 때 특정 조건을 검사하여 조건이 "참(1)"일 경우에 컴파일을 수행하게 하거나 혹은 조건이 "거짓(0)"일 경우에만 컴파일을 하게 하는 등 일부 명령들에 대하여 조건부로 컴파일을 수행하게 하는 기능이다. 이 기능을 이용하면 하나의 프로그램으로도 선택적 컴파일을 통하여 나양한 실행 프로그램들을 만들어낼 수 있다. 다시 말해서 특정 조건에 따라 컴파일을 선택적으로 다르게 함으로써 하나의 프로그램으로부터 조건에 따른 여러 종류의 프로그램을 만들 수 있게 되는 것이다.

조건부 컴파일을 수행하기 위한 전처리기에는 #if, #elif, #else, #endif, #ifdef, #ifndef, #line 와 같은 지시사들이 사용되고 있다.

1) #if ~ #elif ~ #else ~ #endif 전처리기 :

```
#if(조건식1)
        (실행문1)       : 조건식1이 참이면 실행문1 컴파일
#elif(조건식2)
        (실행문2)       : 조건식2가 참이면 실행문2 컴파일
#else
        (실행문3)       : 앞의 조건식들이 모두 거짓이면 실
                          행문3을 컴파일
#endif                  : #if 전처리기 종료
```

2) #ifdef ~ #else ~ #endif 전처리기 :

```
#ifdef (매크로명1)
        (실행문1)       : 매크로명1이 참이면 실행문1 컴파일
#else
        (실행문3)       : 앞의 매크로명1이 거짓이면 실행문3
                          을 컴파일
#endif                  : #if 전처리기 종료
```

3) #ifndef ~ #else ~ #endif 전처리기 :

```
#ifndef (매크로명1)
        (실행문1)       : 매크로명1이 거짓이면 실행문1 컴파
                          일
#else
        (실행문3)       : 앞의 매크로명1이 참이면 실행문3
                          을 컴파일
#endif                  : #if 전처리기 종료
```

【 프로그램 11-5 】

조건부 컴파일 기능을 이용하여 조건에 따라 컴파일을 수행하는 프로그램이다.

```
#include<stdio.h>
#define a 1
int main(void)
{
	#if (a > 0)
		printf("a > 0\n");
	#elif (a < 0)
		printf(" a < 0\n");
	#else
		printf("a = 0\n");
	#endif
	return 0;
}
```

해설

#define a 1 : 매크로 명 "a"의 값으로 상수 1을 선언하였다.

#if (a > 0)

printf("a > 0\n") : 조건식(a>0)이 "참(1)"이면 이 실행문만 컴파일하고 나머지 실행문들은 컴파일하지 않음.

#elif (a < 0)

printf(" a < 0\n") : 조건식(a<0)이 "참(1)"이면 이 실행문만 컴파일함.

#else

printf("a = 0\n") : 앞의 두 조건식(a>0),(a<0)이 모두 "거짓(0)"이면 이 실행문을 컴파일함.

【프로그램 11-5】를 작성하여 컴파일 한 후 프로그램을 실행시켜보자.
화면에는 다음과 같은 결과가 나타날 것이다.

```
a > 0
```

조건식 #if (a>0)이 “참(1)”이므로 실행문 "printf("a > 0\n")"만 컴파일 되어 실행된다.

나머지 실행문들은 조건이 맞지 않기 때문에 모두 컴파일되지 않는다. 따라서 이들 명령들은 실행되지도 않는다.

예제 실습

다음의 프로그램 예제들을 작성하고 컴파일하여 실행한 후 그 결과를 확인해보자.

【 예제 11-1 】

정수를 입력한 후, 1부터 입력된 정수까지의 정수들의 합이 100 이하이면 SUCCESS를, 100을 초과하면 ERROR를 출력하는 프로그램이다. 작성한 프로그램을 실행한 후 한 개의 정수 10을 입력하고 그 결과를 확인해보자.

```
#include<stdio.h>
#define MAX 100
#define STR1 printf("%d : SUCCESS\n", sum)
#define STR2 printf("%d : ERROR\n", sum)
int main(void)
{
        int a, b, sum ;
        sum = 0;
        printf("Ex11-1\n");
        printf("Enter an integer : ");          /* 정수 입력 */
        scanf("%d", &a);
        for (b=1; b<=a; b++)
                sum = sum+b;
        if (sum > MAX)
                STR2;
        else
                STR1;
        printf("Ex11-1 End\n");
        return 0;
}
```

☞ 실행 결과

```
Ex11-1
Enter an integer : 10
55 : SUCCESS
Ex11-1 End
```

#define MAX 100 : 매크로 명 MAX는 상수 값 100으로 대체된다.

#define STR1 printf("%d : SUCCESS\n", sum) : 매크로 명 STR1은 sum의 값과 함께 SUCCESS를 출력하는 화면 출력 함수 printf("%d : SUCCESS\n", sum) 로 대체된다.

if (sum > MAX)
STR2 : 만일 sum이 MAX값 100보다 크면 매크로 명 STR2, 즉 "printf("%d : ERROR\n", sum)"을 실행한다.

else
STR1 : 만일 sum이 MAX값 100보다 작으면 매크로 명 STR1, 즉 "printf("%d : SUCCESS\n", sum)"을 실행한다.

【 프로그램 수정하기 11-1 】

【예제 11-1】의 프로그램을 1부터 입력된 정수까지의 합이 500 미만이면 "smaller than 500"을, 500 이상이면 "bigger than 500"을 출력하는 프로그램으로 수정해보시오.

【 예제 11-2 】

매크로 정의 문을 이용하여 1부터 100까지의 합을 구하고 매크로 문을 해제한 후 다시 매크로 문을 정의하여 1부터 10까지의 합을 구하는 프로그램이다. 작성한 프로그램을 실행하고 그 결과를 확인해보자.

```
#include<stdio.h>
#define LAST 100
#define PRINT printf("Sum is %d.\n",sum)

int main(void)
{
        int a, sum ;
        a=1, sum =0 ;
        printf("Ex11-2\n");

        while(a <= LAST)
        {
                sum = sum + a ;
                a++;
        }
        PRINT ;

        #undef LAST
        #define LAST 10
        a=1, sum =0 ;
        while(a <= LAST)
        {
                sum = sum + a ;
                a++;
        }
        PRINT ;
        printf("Ex11-2 End\n");
        return 0;
}
```

실행 결과

```
Ex11-2
Sum is 5050.
Sum is 55.
Ex11-2 End
```

#define LAST 100 : 매크로 명 "LAST"에 상수 값 100을 정의한다.
#undef LAST : 매크로 정의 문(LAST)을 해제한다.
#define LAST 10 : 매크로 명 "LAST"에 상수 값 10을 다시 정의한다.

【 프로그램 수정하기 11-2 】

【예제 11-2】의 프로그램을 매크로 정의 문을 이용하여 1부터 10까지의 합을 먼저 구하여 출력하고 다음에 11부터 100까지의 합을 구하여 출력하는 프로그램으로 수정해보시오.

【 예제 11-3 】

1부터 10까지의 정수들의 제곱을 더하는 프로그램이다. 작성한 프로그램을 실행하고 그 결과를 확인해보자.

```
#include<stdio.h>
#define SQR(x) ((x)*(x))
#define LAST 10
int main(void)
{
        int a, sum ;
        sum = 0;
        printf("Ex11-3\n");

        for (a=1; a<=LAST; a++)
                sum= sum +SQR(a);
        printf("sum=%d\n",sum);
        printf("Ex11-3 End\n");
        return 0;
}
```

실행 결과

```
Ex11-3
sum=385
Ex11-3 End
```

#define SQR(x) ((x)*(x)) : 매개 변수 x를 갖는 매크로 명 SQR(x)를 수식((x)*(x))로 정의한다.

for (a=1; a<=LAST; a++) : 변수 a가 1부터 LAST(10)까지 +1씩 증가하면서 for 제어문을 수행한다.

sum= sum +SQR(a) : 매개 변수 a의 값으로 ((a)*(a))를 수행한 후 sum에 더한다.

【 프로그램 수정하기 11-3 】

【예제 11-3】의 프로그램을 1부터 20까지의 정수들의 세제곱을 더하는 프로그램으로 수정해보시오.

【 예제 11-4 】

소문자를 대문자로, 대문자를 소문자로 바꾸는 프로그램이다. 작성한 프로그램을 실행하고 그 결과를 확인해보자.

```
#include<stdio.h>
#include<string.h>
int main(void)
{
        char a[10] = "korea";
        char b[10] = "COUNTRY" ;
        char *a1, *b1;
        printf("Ex11-4\n");

        a1= strupr(a);
        b1= strlwr(b);
        printf("a=%s\n", a1);
        printf("b=%s\n", b1);
        printf("Ex11-4 End\n");
        return 0;
}
```

실행 결과

```
Ex11-4
a=KOREA
b=country
```

Ex11-4 End

#include<string.h> : <string.h> 파일을 프로그램에 포함시킨다.
"strupr(a)", "strlwr(b)" 함수를 포함하고 있다.

a= strupr(a) : 문자열 a의 내용을 대문자로 바꾼다.
파일 <string.h>에 해당 기능이 포함되어 있다.

b= strlwr(b) : 문자열 b의 내용을 소문자로 바꾼다.
파일 <string.h>에 해당 기능이 포함되어 있다.

【 프로그램 수정하기 11-4 】

【예제 11-4】의 프로그램을 a[40]="There are two bears, Tudy and Nancy."으로 초기화하고 배열 a에 대하여 각각 대문자와 소문자로 출력하는 프로그램으로 수정해보시오.

【 예제 11-5 】

매크로 명을 확인하여 매크로 명이 "참(1)"인 경우와 "거짓(0)"인 경우에 따라 선택적으로 컴파일을 수행하는 프로그램이다. 작성한 프로그램을 실행하고 그 결과를 확인해보자.

```
#include<stdio.h>
#define NAME
int main(void)
{
        printf("Ex11-5\n");
        #ifndef NAME
                printf("name is not defined.\n");
        #else
                printf("name is defined.\n");
        #endif

        #ifdef ADDRESS
                printf("address is defined.\n");
        #else
                printf("address is not defined.\n");
        #endif
        printf("Ex11-5 End\n");
        return 0;
}
```

실행 결과

```
Ex11-5
name is defined.
address is not defined.
Ex11-5 End
```

#ifndef NAME
printf() : 매크로 명 NAME이 정의되어 있지 않으면 printf() 문을 수행한다.

#ifdef ADDRESS
printf() : 매크로 명 ADDRESS가 정의되어 있으면 printf() 문을 수행한다.

#else
printf() : 앞의 #ifdef 나 #ifndef 조건식이 "거짓(0)"일 경우에 수행한다.

【 프로그램 수정하기 11-5 】

【예제 11-5】의 프로그램에서 ADDRESS를 1로 매크로 정의하고 #ifdef 대신 #if를 사용하는 조건부 컴파일 프로그램으로 수정해보시오.

프로그램 에러 찾기

다음의 예제들을 작성하여 컴파일한 후 나타나는 프로그램 오류들을 찾아 수정하시오. 그리고 수정한 프로그램의 실행 결과를 확인하시오.

【 예제 11-6 】

프로그램 오류를 수정하여 실행하고 그 결과를 확인해보자.

```
#include<stdio.h>
#define MAX
#define MESSAGE1   printf("a > MAX\n")
#define MESSAGE2   printf("a < MAX\n");
int main(void)
{
        int a ;
        a = 10 ;
        printf("Ex11-6\n");

        if (a < MAX)
                MESSAGE2;
        else
                MESSAGE1;
        printf("Ex11-6 End\n");
        return 0;
}
```

☞ **컴파일 결과**

if (a < MAX) :매크로 문(#define ...)에서 MAX의 값이 정의되지 않았으므로 컴파일 오류가 발생하였다.
☞ #define MAX 100 (Max의 값을 선언해 준다)

else : else 문 위의 명령인 MESSAGE2 문을 정의하는 매크로 문의 끝에 세미콜론(;)이 붙어 있어 컴파일 오류가 발생하였다.
☞ #define MESSAGE2 printf("a < MAX\n")

☞ **실행 결과**

【 예제 11-7 】

프로그램 오류를 수정하여 실행한 후 두 개의 문자열을 2회에 걸쳐 입력하고 그 결과를 확인해보자.

```
#include<stdio.h>
#define VAR 30
#define PRINT printf("enter the character string!")

int main(void)
{
        char a[VAR];
        printf("Ex11-7\n");
        PRINT;
        scanf("%s", a);
        printf("%s\n", a);
        #undef VAR

        char b[VAR];
        PRINT;
        scanf("%s", b);
        printf("%s, %d", b, VAR);
        printf("\n Ex11-7 End\n");
        return 0;
}
```

☞ **컴파일 결과**

char b[VAR] : 변수 b[VAR]가 프로그램의 시작 부분이 아닌 프로그램 중간에 선언되어서 컴파일 오류가 발생하였다.

☞ char b[VAR] : 프로그램의 시작 부분에 위치하도록

printf("%s, %d", b, VAR) : #undef VAR 명령에 의하여 매크로 명 "VAR"이 해제되었는데 다시 사용되었기 때문에 컴파일 오류가 발생하였다.

☞ #define VAR 100 : 매크로 명 VAR을 사용하기 전에 재정의하여야 함.

실행 결과

【 예제 11-8 】

프로그램 오류를 수정하여 실행하고 그 결과를 확인해보자.

```
#include<stdio.h>
int main(void)
{
        char *a = "welcome to ";
        char *b = "korea";
        char *c = "                              ";
        printf("Ex11-9\n");

        printf("character attaching program\n");
        c= strcat(a,b);
        printf("%s\n", c);
        printf("Ex11-8 End\n");
        return 0;
}
```

컴파일 결과

c= strcat(a,b) : strcat() 함수를 처리할 헤더 파일을 포함시키지 않고 사용하였으므로 컴파일 경고가 발생하였으며 프로그램의 실행 결과도 기대하는 것과 전혀 다르게 나타난다.

☞ #include<string.h> : 헤더 파일을 포함시킨다.

☞ **실행 결과**

【 예제 11-9 】

프로그램 오류를 수정하여 실행하고 그 결과를 확인해보자.

```
#include<stdio.h>
int main(void)
{
        int a=1;
        printf("Ex11-9\n");

        #if (a > 0)
                printf("a > 0\n");
        #elif (a < 0)
                printf(" a < 0\n");
        #else
                printf("a = 0\n");
        #endif
        printf("Ex11-9 End\n");
        return 0;
}
```

☞ **컴파일 결과**

#if (a > 0) : 조건부 컴파일에서 사용하는 조건식의 변수 a는 매크로 명으로 정의되어야 한다.
연산을 위한 일반 변수는 조건부 컴파일을 위한 목적으로 사용할 수 없으며 따라서 연산 결과는 오류가 된다.
☞ #define a 1 : int a=1 대신 매크로 문을 선언하여야 한다.

☞ **실행 결과**

연 습 문 제

1. 다음의 매크로 문을 사용하여 10부터 100까지 정수들의 합을 구하는 프로그램을 작성하시오.

```
#define MAX 100
#define MIN 10
```

2. 두 개의 정수, x와 y의 값을 입력 받아 각각을 제곱한 후 그 합을 구하는 프로그램을 작성하시오. 수식은 매크로 문으로 작성하시오.

3. 원의 반지름이 각각 5cm와 3cm인 두 원의 면적을 구하는 프로그램을 다음의 매크로 문을 이용하여 작성하시오.

```
#define RADIUS 5
#define RADIUS 3
```

4. 다음의 함수를 사용하여 변수 a가 가진 문자열의 길이를 구하여 출력하는 프로그램을 작성하시오.

포함 파일 : <string.h>
변수 *a = "welcome"
함수 : strlen(변수)

5. 다음의 매크로 문을 사용하여 NAME이 정의된 경우에는 이름을 입력받아 출력하고 NAME이 정의되지 않은 경우에는 전화번호를 입력받아 출력하는 조건부 컴파일 프로그램을 작성하시오.

```
#define NAME
```

제 12 장
구조체·공용체·열거체

제 12 장 구조체, 공용체, 열거체

앞에서 우리는 배열이라는 수단을 이용하는 방법에 대하여 학습한 바 있다. 배열은 동일한 유형을 가진 여러 개의 데이터들을 사용할 때 매용 유용한 수단이다. 모두가 정수형이거나 혹은 문자형인 데이터들을 묶어 하나의 배열 변수로 선언하여 처리함으로써 프로그램을 간결하고 편리하게 작성할 수 있다.

만일 배열이라는 수단이 없다면 프로그램은 모든 데이터들에 대하여 각각의 변수를 선언해 주어야만 한다. 데이터의 수가 적을 때는 별 문제 없이 대응할 수 있다. 그러나 데이터 수가 10개 혹은 100개 이상이면 상황은 달라진다. 100개가 넘는 데이터들에 대하여 각각의 변수를 할당해 준다는 것은 극히 비효율적일 뿐 아니라 프로그램의 확장성에도 치명적인 결함일 수밖에 없다.

배열은 이러한 한계를 간단히 뛰어넘는 매우 유용한 수단이다. 단지 하나의 배열 변수를 선언해 줌으로써 동일한 유형의 수많은 데이터들을 하나의 배열 변수로 묶어서 처리할 수 있는 것이다.

구조체 역시 배열과 매우 유사한 기능을 수행하는 수단이다. 차이라면 배열이 데이터들의 묶음이라면 구조체는 변수들의 묶음이라는 것이다. 또한 배열이 정수형이면 정수형, 문자형이면 문자형 등 동일한 유형의 데이터들로만 구성되어야 하는 반면, 구조체는 정수형이든 문자형이든 상관없이 서로 다른 유형의 변수들도 하나의 그룹으로 묶어 처리할 수 있다는 것이다. 즉 배열이 동일한 유형의 데이터들로만 묶어 하나의 변수로 선언하는 반면 구조체는 정수형과 문자형으로 선언된 변수들도 함께 포함시켜 선언할 수 있는 것이다.

이 장에서는 먼저 구조체에 대하여 학습한다. 그리고 나아가 구조체와 유사하지만 그 사용 방법에 있어서 약간의 차이가 있는 공용체 그리고 열거체에 대하여 학습한다.

12.1 구조체(struct)

구조체는 앞에서 설명한 것처럼 여러 종류의 유형으로 구성된 변수들을 하나로 묶어 처리하는 방법이다. 구조체는 structure의 줄임말인 struct이라는 용어를 사용하여 선언한다. 만일 struct으로 선언된 변수가 있다면 그것은 구조체를 선언하는 것임을 알아야한다.

구조체의 일반 형식은 다음과 같다.

```
struct 구조체이름
      {
            멤버변수 1의 선언
            멤버변수 2의 선언
            ..............
            멤버변수 n의 선언
      };
```

구조체를 선언하는 struct 다음에 태그명이라고도 하는 구조체 이름이 위치한다. 그리고 중괄호({ }) 안에 구조체에 포함되는 멤버변수들이 선언된다. 여기서 멤버변수들은 앞에서 수차례 강조한 바와 같이 다른 유형의 변수들로 구성될 수도 있다. 또한 멤버변수로서 배열이나 포인터도 함께 사용될 수 있다.

한편 구조체의 선언은 중괄호({ }) 끝에 세미콜론(;)을 붙임으로써 마무리된다. 프로그램의 각 문장마다 그 끝에 세미콜론(;)을 붙이듯이 구조체의 끝도 세미콜론(;)으로 마무리되는 것이다.

앞의 구조체 형식에 맞추어 구조체의 한 예를 선언해보자.

한 학생의 국어, 영어, 수학 성적을 처리하기 위한 구조체의 선언이다.

```
struct Student
        {
                char *name;
                int kor
                int eng;
                int math;
        };
```

구조체의 이름은 "Student"로 명명되었다. 구조체의 멤버변수로는 문자형 포인터인 "name"이 포함되었으며 또한 정수형 변수인 "kor", "eng", "math"가 함께 포함되었다. 이와 같은 선언으로 구조체를 사용하기 위한 첫 번째 단계가 완성된다.

구조체가 선언되면 다음에는 선언된 구조체를 사용하기 위한 구조체변수를 선언해 주어야 한다. 아울러 구조체변수의 각 멤버변수들에도 초기값이나 혹은 사용할 값을 할당해주어야 한다. 이것으로 구조체의 선언과 초기화 과정이 마무리되는 것이다.

구조체변수를 선언하는 방법과 또한 각 멤버변수에 값을 지정하는 일반적인 방법은 다음과 같다.

```
struct 구조체이름 구조체변수[, 구조체변수, ...];

구조체변수.멤버변수 1="값";
구조체변수.멤버변수 2="값";
 .............. ;
구조체변수.멤버변수 n="값";
```

여기서 "struct 구조체이름"은 앞에서 선언한 구조체와 정확히 일치하여야 한다. 여기에 프로그램에서 실제로 사용할 변수, 즉 구조체변수가 추가된다. 또한 각 멤버변수의 값들은 다음과 같이 추가된 구조체변수 이름과 멤버변수 이름의 짝으로 선언되는 형식에 의해 지정된다.

구조체변수명.멤버변수명

한 예로서 구조체변수 “hong”을 사용하여 "홍길동"이라는 학생의 국어, 영어, 수학 점수를 입력하여 보자.

```
struct Student
        {
                char *name;
                int kor
                int eng;
                int math;
        };

struct Student hong;
hong.Name = "홍길동";
hong.kor = 85;
hong.eng = 90;
hong.math = 100;
```

먼저 “struct Student { }”에 의해 구조체가 선언되었다. 그 다음에 “struct Student hong”에 의해 구조체변수가 선언되었다. 그리고 구조체변수와 멤버변수의 쌍인 “hong.Name”과 같은 형식에 의해 "홍길동"이라는 학생의 국어, 영어, 수학 점수가 입력되었다.

구조체의 선언과 구조체변수 그리고 멤버변수의 값 입력 방법을 잘 기억하기 바란다.

【 프로그램 12-1 】

한 학생의 국어, 영어, 수학 점수의 합과 평균을 구하는 프로그램이다.

```
#include<stdio.h>
struct Student
{
        char *Name;
        int kor;
        int eng;
        int math;
};

int main(void)
{
        int sum;
        double average;
        struct Student hong ;
        hong.Name = "HongGilDong";
        hong.kor = 85 ;
        hong.eng = 90 ;
        hong.math = 100 ;

        sum = hong.kor + hong.eng + hong.math ;
        average = sum / 3.0 ;

        printf(" Name / Kor / Eng / Math / Sum / Ave \n");
        printf("%s %d %d %d %d %f \n", hong.Name, hong.kor,
hong.eng, hong.math, sum, average);
        return 0;
}
```

해설

struct Student : 구조체를 선언한다. 구조체 이름은 "Student"이다.

{char *Name;, int kor, int eng;, int math; } : 구조체로 선언된 멤버변수들이다. 문자형과 정수형으로 구성된 4개의 멤버변수를 사용한다.

struct Student hong : 선언된 구조체를 사용하기 위한 구조체변수 "hong"을 선언한다.

hong.Name = "HongGilDong" : 구조체변수 "hong"의 멤버변수인 "Name"에 "HongGilDong"이라는 값을 지정한다.
여기서 " "는 문자형 변수임을 의미한다.

hong.kor = 85 : 구조체변수 "hong"의 멤버변수인 "kor"에 85라는 값을 지정한다.

sum = hong.kor + hong.eng + hong.math : 세 개의 멤버변수 hong.kor, hong.eng, hong.math의 합을 구하여 일반 변수 sum에 저장한다.

printf("%s %d %d %d %d %f \n", hong.Name, hong.kor, hong.eng, hong.math, sum, average) : 멤버변수 값과 이들의 합 및 평균을 출력한다.

【프로그램 12-1】 을 작성하여 컴파일 한 후 프로그램을 실행시켜보자.
화면에는 다음과 같은 결과가 나타날 것이다.

```
Name / Kor / Eng / Math / Sum / Ave
HongGilDong  85  90  100  275  91.7
```

위의 프로그램에서는 구조체의 멤버변수로 "Name"과 "Kor", "Eng", "Math"만을 사용하였고 이들의 합(sum)과 평균(Average)은 각각 일반 변수인 정수형 변수와 실수형 변수로서 double을 사용하였다.

이 프로그램은 단지 한 학생의 성적만을 계산하므로 별 문제가 없었다. 하지만 만일 성적을 처리할 학생 수가 많아진다면 상황은 달라진다. 각각의 학생에 대한 합(sum)과 평균(average)을 저장할 변수들이 별도로 선언되어야 한다. 예를 들면 int sum1, sum2, sum3, ...처럼 학생 수에 맞춰 각각의 합(sum)에 대한 변수들이 선언되어야만 하는 것이다.

이러한 처리 방식은 구조체의 효용성을 제대로 활용하지 못하는 경우이다. 당연히 성적을 처리할 변수인 합(sum)과 평균(average)도 구조체 안에 포함시켜 선언해줄 수 있어야 한다. 그러면 학생 수가 아무리 많다 할지라도 구조체의 효율적 활용으로 프로그램은 매우 간결해질 것이다.

다음의 예제는 【프로그램 12-1】의 합(sum)과 평균(average)도 멤버변수로 처리한 프로그램의 예이다.

【 프로그램 12-2 】

한 학생의 국어, 영어, 수학 점수의 합과 평균을 구하는 프로그램이다. 합과 평균도 멤버변수에 포함시킨다.

```
#include<stdio.h>
struct Student
{
        char *Name;
        int kor;
        int eng;
        int math;
        int sum ;
        double average ;
};

int main(void)
{
        struct Student hong ;
        hong.Name = "HongGilDong";
        hong.kor = 85 ;
        hong.eng = 90 ;
        hong.math = 100 ;
        hong.sum = hong.kor + hong.eng + hong.math ;
        hong.average = hong.sum / 3.0 ;
        printf(" Name / Kor / Eng / Math / Sum / Ave \n");
        printf("%s %d %d %d %d %f \n", hong.Name, hong.kor,
hong.eng, hong.math, hong.sum, hong.average);
        return 0;
}
```

【프로그램 12-2】를 작성하여 컴파일 한 후 프로그램을 실행시켜보자. 화면에는 다음과 같이 【프로그램 12-1】과 동일한 결과가 나타날 것이다.

```
Name / Kor / Eng / Math / Sum / Ave
HongGilDong 85 90 100 275 91.7
```

이번에는 구조체 선언 형식의 또 다른 유형을 보자. 지금까지는 구조체를 먼저 선언하고 그 다음에 구조체변수와 멤버변수들의 초기화를 진행하는 형식이었다. 그러나 이 형식에 더하여 구조체변수를 구조체와 함께 선언해 주는 형식도 사용할 수 있다.

구조체변수가 구조체와 함께 선언되는 형식은 다음과 같다.

```
struct 구조체이름
        {
                멤버변수 1의 선언;
                멤버변수 2의 선언;
                ............;
                멤버변수 n의 선언;
        } 구조체변수1, 구조체변수2, ...;
```

이 형식은 "struct 구조체이름"의 선언과 함께 중괄호({ }) 다음에 프로그램에서 사용할 구조체변수들을 지정해주는 형식이다.

앞의 멤버변수 초기화 과정에서 구조체변수를 지정해주는 형식과 형식상의 차이는 있으나 프로그램 기능상의 차이는 없다.

한편 멤버변수들의 초기값 지정 방식은 배열에서의 초기값 지정 방식과 같은 방식으로 확장될 수 있다. 일반적인 문자형이나 정수형의 초기값 혹은 포인터형 초기값이 각 멤버변수에 적용되는 방식 외에 배열형식의 초기값이 멤버변수 대신 구조체변수에 직접 적용될 수 있다.

다음의 프로그램은 구조체변수가 구조체와 함께 선언되고 배열 형식의 구조체변수 초기화가 적용된 프로그램의 예이다.

【 프로그램 12-3 】

학생들의 c언어, Computer, 인터넷 과목 점수의 합과 평균을 구하는 프로그램이다.

```
#include<stdio.h>
struct record
{
    char *name;
    int c;
    int computer;
    int internet;
    int sum;
    double average;
} student1, student2, student3;

int main(void)
{
    struct record student1 = {"Hong", 95,85,90}, student2 =
{"Kim", 80,90,95}, student3 = {"Park", 90,90,95} ;

    student1.sum = student1.c + student1.computer +
student1.internet ;     /* 한 줄에서 모두 작성되어야 함 */
    student1.average = student1.sum / 3.0 ;

    student2.sum = student2.c + student2.computer +
student2.internet ;
    student2.average = student2.sum / 3.0 ;

    student3.sum = student3.c + student3.computer +
student3.internet ;
    student3.average = student3.sum / 3.0 ;

    printf("----------성적표----------- \n");
    printf("Name c  computer  internet  sum  average \n");
    printf("%s    %d    %d    %d    %d    %3.1f  \n",
student1.name, student1.c, student1.computer, student1.internet,
student1.sum, student1.average ); /* 한 줄에서 모두 작성되어야
함 */
```

```
    printf("%s    %d    %d    %d    %d    %3.1f  \n",
student2.name, student2.c, student2.computer, student2.internet,
student2.sum, student2.average );

    printf("%s    %d    %d    %d    %d    %3.1f  \n",
student3.name, student3.c, student3.computer, student3.internet,
student3.sum, student3.average );
    return 0;
}
```

해설

struct record
{
    ...
} student1, student2, student3 : 구조체 "record"를 선언한다.
    구조체변수 "student1", "student2", "student3"이 함께 선언되었다.

struct record student1 = {"Hong", 95, 85, 90} : 구조체변수의 멤버 변수들(Name, c, computer, internet)을 초기화한다.

student1.sum = student1.c + student1.computer + student1.internet : 구조체변수 student1의 멤버변수인 student1.sum의 연산을 수행한다.

student1.average = student1.sum / 3.0 : 구조체변수 student1의 멤버 변수인 student1.average의 연산을 수행한다.

【프로그램 12-3】 을 작성하여 컴파일 한 후 프로그램을 실행시켜보자.

화면에는 다음과 같은 결과가 나타날 것이다.

```
----------성적표------------
Name c  computer  internet  sum  average
Hong 95 85 90 270 90.0
Kim 80 90 95 265 88.3
Park 90 90 95 275 91.7
```

이 예제에서는 구조체변수 "student1", "student2", "student3"가 구조체와 함께 선언되었다. 또한 각 멤버변수의 초기화를 위해 구조체변수에 배열 형식의 초기값을 직접 지정하는 방식이 사용되었다.

이 방식은 구조체변수와 멤버변수의 수가 많을 경우 매우 효과적으로 사용할 수 있는 방식이다.

한편 앞의 【프로그램 12-3】은 구조체 배열이라는 형식을 사용하여 더욱 간결하게 작성될 수 있다.

앞의 예제에서는 각 구조체변수마다 배열 형식의 초기화 데이터가 지정되고 또한 각각의 구조체변수에 대한 합과 평균을 구하는 과정(student1.sum, student1.average, student2.sum, student1.average, ...)이 열거되었다.

그러나 이러한 열거 방식은 구조체 배열을 사용하면 【프로그램 12-4】와 같이 매우 간결하게 처리될 수 있다.

【 프로그램 12-4 】

학생들의 c언어, Computer, 인터넷 과목 점수의 합과 평균을 구하는 프로그램이다. 구조체 배열을 사용하였다.

```
#include<stdio.h>
struct record {
        char *name;
        int c;
        int computer;
        int internet;
        int sum;
        double average;
} student[3];

int main(void)
{
        int i ;
        struct record student[3] = {{"Hong", 95,85,90}, {"Kim",
80,90,95}, {"Park", 90,90,95}} ;

        for (i=0; i<3; i++)
        {
                student[i].sum = student[i].c+ student[i].computer
+ student[i].internet ;
                student[i].average = student[i].sum / 3.0 ;
        }

        printf("----------성적표------------ \n");
        printf("Nmae c  computer  internet  sum  average \n");

        for (i=0; i<3; i++)
        {
                printf("%s   %d   %d   %d   %d   %3.1f \n",
student[i].name,         student[i].c,         student[i].computer,
student[i].internet, student[i].sum, student[i].average );
        }
        return 0;
}
```

해설

struct record
{
...
} student[3] : 구조체 "record"를 선언한다.
구조체변수는 배열로 선언하였으며 배열 요소 수는 3개로 선언되었다.

struct record student[3] = {{"Hong", 95,85,90}, {...},{...}} : 구조체 배열을 초기화한다. 각 멤버변수의 값들이 초기화된다.

student[i].sum = student[i].c+ student[i].computer + student[i].internet : 구조체 배열 student[i]의 멤버변수인 "sum"의 연산을 수행한다.

student[i].average = student[i].sum / 3.0 : 구조체 배열 student[i]에 대한 멤버변수 "average"의 연산을 수행한다.

【프로그램 12-4】를 작성하여 컴파일 한 후 프로그램을 실행시켜보자.
화면에는 다음과 같이 【프로그램 12-3】과 동일한 결과가 나타날 것이다.

```
----------성적표------------
Name c computer internet sum average
Hong 95 85 90 270 90.0
Kim 80 90 95 265 88.3
Park 90 90 95 275 91.7
```

구조체는 배열 뿐 아니라 포인터와도 함께 사용될 수 있다. 【프로그램 12-4】의 구조체 배열의 예와 마찬가지로 【프로그램 12-3】의 예제를 구조체 포인터를 사용하여 다시 작성하여 보자.

【 프로그램 12-5 】

학생들의 c언어, Computer, 인터넷 과목 점수의 합과 평균을 구하는 프로그램이다. 구조체 포인터를 사용하였다.

```
#include<stdio.h>
struct record {
        char *name;
        int c;
        int computer;
        int internet;
        int sum;
        double average;
};

int main(void)
{
        int i ;
        struct record student[3] = {{"Hong", 95,85,90}, {"Kim",
80,90,95}, {"Park", 90,90,95}} ;

        struct record *temp;
        temp = student ;
        for (i=0; i<3; i++, temp++)
        {
                (*temp).sum = (*temp).c+ (*temp).computer +
(*temp).internet ;
                (*temp).average = (*temp).sum / 3.0 ;
        }

        printf("----------성적표----------- \n");
        printf("Name c  computer  internet  sum  average \n");
        temp = student;
        for (i=0; i<3; i++, temp++)
        {
                printf("%s    %d    %d    %d    %d    %3.1f \n",
temp->name, temp->c, temp->computer, temp->internet,
temp->sum, temp->average );
        }
        return 0;
}
```

☞ **해설**

struct record *temp : 구조체 포인터 변수 "temp"가 선언되었다.

temp = student : 구조체 포인터 변수의 주소 값을 구조체 배열 "student[0]"의 주소로 초기화하였다.

for (i=0; i<3; i++, temp++) : for 제어문의 조건을 설정하였다. 여기서 포인터 변수(temp)도 함께 증가하도록 설정되었다.

(*temp).average = (*temp).sum / 3.0 : 포인터 변수의 멤버 변수 표현 방법이다. 포인터 연산자는 반드시 ( ) 안에서 표현되어야 한다.

temp->sum : 포인터 변수의 멤버 변수를 표현하는 또 다른 방법이다. "(*temp).sum" 대신 "temp->sum" 으로 표현하여도 된다.

【프로그램 12-5】 를 작성하여 컴파일 한 후 프로그램을 실행시켜보자.
화면에는 다음과 같이 【프로그램 12-3】 과 동일한 결과가 나타날 것이다.

```
----------성적표------------
Name c  computer  internet  sum  average
Hong 95 85 90 270 90.0
Kim 80 90 95 265 88.3
Park 90 90 95 275 91.7
```

지금까지 구조체에 대하여 알아보았다. 구조체의 선언 형식과 구조체변수의 지정 방식, 멤버변수의 초기화 방식 등에 대하여 살펴보았다. 또한 멤버변수의 초기화 방식으로 멤버변수 대신 구조체변수에 배열이나 포인터를 사용하는 방식에 대해서도 알아보았다. 다음에는 구조체와 유사하지만 그 사용 방법에 있어 약간의 차이가 있는 공용체에 대하여 알아보자.

12.2 공용체(union)

공용체는 구조체와 유사한 형식의 변수 선언 방식이다. 그러나 공용체가 구조체와 다른 것은 구조체가 각 멤버변수에 대하여 서로 다른 독립적인 주소들을 할당해 주는 반면 공용체는 모든 멤버변수의 값이 사용하는 데이터의 유형과 관계없이 하나의 주소에 할당된다는 것이다.

공용체의 형식은 다음과 같다.

```
union 공용체이름
      {
              멤버변수 1의 선언;
              멤버변수 2의 선언;
              ..............;
              멤버변수 n의 선언;
      };
```

공용체는 구조체의 struct 대신 union이라는 용어를 사용함으로써 선언된다. 그 다음은 구조체의 경우와 동일하다. 단지 구조체이름과 공용체이름이라는 용어의 차이만 있을 뿐이다.

앞의 공용체 형식에 맞추어 공용체를 선언해보자.
한 학생의 국어, 영어, 수학 성적을 처리하기 위한 공용체이다.

```
union Student
      {
              char *name;
              int kor;
              int eng;
              int math;
      };
```

공용체의 이름으로 "Student"를 사용하였고 공용체의 멤버변수로서 학생의 이름은 문자형 포인터 변수 "*name"으로 선언하였고 국어 점수는 정수형 변수 "kor"로, 영어 점수는 정수형 변수 "eng"로 그리고 수학 점수는 정수형 변수 "math"로 선언하였다.

union이라는 용어만 바뀌었을 뿐 나머지는 구조체와 전혀 다를 바 없음을 알 수 있다.

공용체가 선언되었으면 다음에는 구조체의 경우와 마찬가지로 공용체를 사용하기 위한 공용체변수를 선언해 주어야 한다.

공용체변수를 선언하는 방법과 각 멤버변수에 초기값을 지정하는 일반적인 방법은 다음과 같다.

```
union 공용체이름 공용체변수[, 공용체변수, ...];

공용체변수.멤버변수 1="값";
공용체변수.멤버변수 2="값";
 ..................;
공용체변수.멤버변수 n="값";
```

공용체도 구조체와 마찬가지로 "union 공용체이름"까지는 먼저 선언된 공용체의 형식과 일치하여야 한다. 그리고 그 다음에 프로그램에서 실제로 사용할 변수, 즉 공용체변수가 추가된다.

공용체변수가 선언되면 다음에는 공용체변수의 각 멤버변수들에 초기값을 지정해 주어야 한다. 이 역시 구조체의 경우와 마찬가지로 다음과 같이 공용체변수와 멤버변수의 쌍으로 선언하여야 한다.

```
구조체변수명.멤버변수명
```

"홍길동"이라는 한 학생의 국어, 영어, 수학 성적을 앞에서 선언된 공용체 형식을 사용하여 입력하여 보자.

```
union Student hong;

hong.Name = "HongGilDong";
hong.kor = 85;
hong.eng = 90;
hong.math = 100;
```

"홍길동"이라는 학생에 대한 공용체변수로 "hong"을 선언하였다. 또한 각 멤버변수가 공용체변수와 멤버변수의 쌍으로 선언되고 초기값이 지정되었다. 이 역시 구조체의 경우와 동일하므로 별다른 혼란은 없을 것이다.

공용체를 다시 한 번 정리해 보면 공용체 및 공용체변수를 선언하는 형식이나 멤버변수에 초기값을 지정하는 방법 등이 모두 구조체의 경우와 동일하다. 다만 공용체는 멤버변수들의 값이 하나의 메모리 주소에 모두 저장된다는 것이 다를 뿐이다. 즉 구조체(struct)로 선언하든 공용체(union)로 선언하든 연산 결과에 대한 차이는 발생하지 않는다. 단지 공용체의 경우는 사용된 메모리 주소에 마지막으로 저장된 멤버변수 값만이 유효할 뿐이다. 이전에 저장되었던 멤버변수 값들은 모두 마지막 멤버변수 값에 의하여 대체되었기 때문이다.

프로그램 예제를 통하여 공용체의 사용 방법을 익혀 보자.

【 프로그램 12-6 】

한 학생의 이름, 국어, 영어, 수학 점수를 출력하는 프로그램이다.

```
#include<stdio.h>
union Student
{
	char *Name;
	int kor;
	int eng;
	int math;
};

int main(void)
{
	union Student hong ;

	hong.Name = "Hong";
	printf("Name : %s\n", hong.Name);
	hong.kor = 85 ;
	printf("Kor : %d\n", hong.kor);
	hong.eng = 90 ;
	printf("Eng : %d\n", hong.eng);
	hong.math = 100 ;
	printf("Math : %d\n", hong.math);

	printf("Eng : %d\n", hong.eng);
	return 0;
}
```

☞ **해설**

union Student : 공용체를 선언한다. 공용체 이름은 "Student"이다.

{char *Name, int kor, int eng;, int math } : 공용체로 선언된 멤버변수들이다. 4개의 멤버변수를 사용한다.

union Student hong : 선언된 공용체를 사용하기 위한 공용체변수 "hong"을 선언한다.

hong.Name = "Hong" : 공용체변수 "hong"의 멤버변수인 "Name"에 "Hong"이라는 값을 지정한다.

hong.kor = 85 : 공용체변수 "hong"의 멤버변수인 "kor"에 85 라는 값을 지정한다.
이 값은 "hong"이라는 멤버변수 값이 저장된 메모리 주소에 씌어 진다.
이 명령의 수행으로 멤버변수인 "Name"에 지정된 "Hong"이라는 데이터는 더 이상 메모리 주소에 존재하지 않는 데이터가 된다.

【프로그램 12-6】 을 작성하여 컴파일 한 후 프로그램을 실행시켜보자.
화면에는 다음과 같은 결과가 나타날 것이다.

```
Name : Hong
Kor : 85
Eng : 90
MAth : 100
Eng : 100
```

위의 프로그램 실행 결과에서 나타난 바와 같이 프로그램의 마지막 행에서 영어점수(hong.eng)를 출력하는 명령은 영어점수 대신 메모리 주소에 마지막으로 저장된 수학점수를 출력시킨다.

이것은 "hong.eng"의 값이 저장되어 있던 메모리 주소에 "hong.math"의 값이 덮어 씌어졌기 때문에 "hong.eng"의 값은 이미 메모리 주소에 남아있지 않기 때문이다.

12.3 열거체(enum)

열거체(enumerated type)는 열거형이라고도 하며 원하는 데이터형과 그 데이터형이 사용할 수 있는 상수들을 정의한다.

열거체와 열거체변수의 선언 형식은 다음과 같다.

```
enum 열거체이름
      {
            데이터 1;
            데이터 2;
            .....;
            데이터 n;
      }열거체변수1, 열거체변수2, ...;
```

열거체의 선언을 위해 enum이라는 용어가 사용되었다. 그 외의 열거체이름이나 열거체변수들의 형식은 구조체나 공용체의 경우와 같다. 단지 멤버변수 대신 상수형 데이터 값이 지정되거나 혹은 0, 1, 2, 3,...의 순으로 초기화될 뿐이다.

다음은 열거체 데이터의 사용 예이다.

```
enum color{white, yellow, green, red, blue};
enum color cr;
```

배열 형태로 열거된 열거체 데이터는 초기값이 지정되지 않았으므로 0부터 1, 2, 3, ..의 순서로 지정된다. 즉 white=0, yellow=1, green=2, red=3, blue=4가 된다.

프로그램 예제를 통하여 열거체 데이터의 사용 방법을 익혀 보자.

【 프로그램 12-7 】

열거체 color 데이터의 대응 상수 값을 구하는 프로그램이다.

```
#include<stdio.h>
int main(void)
{
        enum color{white, yellow, green, red=5, blue} ;
        enum color cr;
        cr = white;
        printf("white : %d\n", cr);
        cr = yellow;
        printf("yellow : %d\n", cr);
        cr = green;
        printf("green : %d\n", cr);
        cr = red;
        printf("red : %d\n", cr);
        cr = blue;
        printf("blue : %d\n", cr);
        return 0;
}
```

해설

enum color{white, yellow, green, red=5, blue} : 열거체 데이터를 선언한다. 열거체 이름은 "color"이다.
각 데이터의 대응하는 상수 값은 0, 1, 2, ...의 순서로 지정된다.
red=5로 선언되었으므로 이후의 데이터들은 6, 7, 8...의 순으로 지정된다.

enum color cr : 열거체변수, cr을 선언한다.

cr = white : 열거체변수, cr에 열거체 데이터를 지정한다.
대응하는 상수 값은 0이다.

【프로그램 12-7】을 작성하여 컴파일 한 후 프로그램을 실행시켜보자.
화면에는 다음과 같은 결과가 나타날 것이다.

```
white : 0
yellow : 1
green : 2
red : 5
blue : 6
```

위의 프로그램 실행 결과에서 나타난 바와 같이 각 열거체 데이터는 0부터 1 ,2, 3,...의 순으로 대응하는 상수 값을 갖는다. 또한 열거체 데이터의 대응하는 상수 값이 초기화되어 있는 경우는 이후의 데이터들은 초기화된 값부터 순차적으로 지정된다. red=5로 초기화되었으므로 그 다음에 위치한 데이터 blue는 5 다음의 수인 6이 됨을 알 수 있다.

예제 실습

다음의 프로그램 예제들을 작성하고 컴파일하여 실행한 후 그 결과를 확인해보자.

【 예제 12-1 】

구조체변수를 사용하여 회원의 이름, 나이, 취미, 성별 데이터를 출력하는 프로그램이다. 작성한 프로그램을 실행하고 그 결과를 확인해보자.

```
#include<stdio.h>
struct member
{
        char *name;
        int age;
        char *hobby;
        char *sex;
};

int main(void)
{
        struct member club1 ;
        club1.name = "Hong";
        club1.age = 21 ;
        club1.hobby = "music" ;
        club1.sex = "male" ;
        printf("Ex12-1\n");
        printf(" *********** club1 member ***********\n");
        printf("Name    Age    Hobby    Sex\n");
        printf("%s    %d    %s    %s\n", club1.name, club1.age,
club1.hobby, club1.sex);
        printf("Ex12-1 End\n");
        return 0;
}
```

☞ **실행 결과**

```
Ex12-1
*********** club1 member **********
Name    Age    Hobby    Sex
Hong  21  music  male
Ex12-1 End
```

struct member { char *name; int age; char *hobby; char *sex; } : 구조체 member를 선언하였다. 멤버변수는 name, age, hobby, sex로 각각 문자형, 정수형, 문자형, 문자형이다. struct member club1 : 구조체변수 club1을 선언하였다. club1.name = "Hong" : 멤버변수 name을 "Hong"으로 초기화하였다.

【 프로그램 수정하기 12-1 】

【예제 12-1】의 프로그램에서 멤버변수를 이름(name), 전공(major), 학번(studentID), 입학년도(year)로 바꾸어 출력하는 프로그램으로 수정해보시오.

【 예제 12-2 】

구조체 배열을 사용하여 카드 회원의 이름, 나이, 주소, 전화번호를 출력하는 프로그램이다. 작성한 프로그램을 실행하고 그 결과를 확인해보자.

```
#include<stdio.h>
struct card {
        char *name;
        int age;
        char *address;
        char *phone;
};

int main(void)
{
        int i ;
        struct card cus[3] ;
        cus[0].name = "KimHo";
        cus[0].age = 30 ;
        cus[0].address = "Seoul" ;
        cus[0].phone = "992-1212" ;

        cus[1].name = "LeeDo";
        cus[1].age = 23 ;
        cus[1].address = "Busan" ;
        cus[1].phone = "295-2345" ;

        cus[2].name = "KoMin";
        cus[2].age = 20;
        cus[2].address = "Daegu" ;
        cus[2].phone = "233-1295" ;
        printf("Ex12-2\n");
        printf("----------Card Customers----------- \n");
        printf("Name   Age   Address   Tel\n");

        for (i=0; i<3; i++)
        {
```

```
			printf("%s	%d	%s	%s\n", cus[i].name,
cus[i].age, cus[i].address, cus[i].phone);
			printf("------------------------\n");
		}
		printf("Ex12-2 End\n");
		return 0;
}
```

실행 결과

```
Ex12-2
----------Card Customers------------
Name   Age   Address   Tel
KimHo 30   Seoul    992-1212
------------------------------------
LeeDo 23   Busan   295-2345
------------------------------------
KoMin 20   Daegu   233-1295
------------------------------------
Ex12-2 End
```

struct card cus[3] : 요소 수가 3개인 구조체 배열을 선언한다.

cus[0].name = "KimHo" : 구조체 배열의 첫 번째 요소[0]의 멤버변수 "name"을 "KimHo"로 초기화한다.

cus[1].name = "LeeDo" : 구조체 배열의 두 번째 요소[1]의 멤버변수 "name"을 "LeeDo"로 초기화한다.

【 프로그램 수정하기 12-2 】

【예제 12-2】의 프로그램을 각 구조체변수에 대하여 구조체 배열을 적용하는 프로그램으로 수정해보시오.

【 예제 12-3 】

과일의 이름과 수량, 가격을 입력 받아 화면에 출력하는 프로그램이다. 구조체 포인터를 사용한다. 작성한 프로그램을 실행한 후 과일의 이름과 수량, 가격을 각각 입력하고 그 결과를 확인해보자.

```
#include<stdio.h>
struct goods
{
	char product[20];
	int number;
	int price;
};

int main(void)
{
	struct goods fruit;
	struct goods *temp;
	temp = &fruit ;
	printf("Ex12-3\n");

	printf("Fruit name : ");
	scanf("%s", &temp->product);
	printf("Quantity : ");
	scanf("%d", &temp->number);
	printf("Price : ");
	scanf("%d", &temp->price);

	printf("Fruit name Quantity Price\n");
	printf("%s     %d     %d\n", temp->product, temp->number,
temp->price);
	printf("Ex12-3 End\n");
	return 0;
}
```

☞ **실행 결과**

```
Ex12-3
Fruit name : Apple
Quantity : 20
Price : 2000
Fruitname Quantity Price
Apple   20    2000
Ex12-3 End
```

struct goods fruit : 구조체변수, fruit을 선언한다.

struct goods *temp : 구조체 포인터, *temp를 선언한다.

temp = &fruit : 구조체변수의 메모리 주소를 포인터 주소로 지정한다.

scanf("%d", &temp->number) : 키보드로부터 정수형 상수를 입력받아 멤버변수 "temp.number"에 저장한다.

【 프로그램 수정하기 12-3 】

【예제 12-3】의 프로그램을 과일의 이름, 수량, 가격에 더하여 구입일(purchasing_date), 유효기간(life_period)까지 출력하는 프로그램으로 수정해보시오.

【 예제 12-4 】

한 회원의 이름, 나이, 직업, 경력을 초기화한 후 화면에 출력하는 프로그램이다. 공용체를 사용한다. 작성한 프로그램을 실행하고 그 결과를 확인해보자.

```
#include<stdio.h>
union member
{
	char *name;
	int age;
	char *job;
	int career;
};

int main(void)
{
	union member mb ;

	mb.name = "Robert";
	printf("Ex12-4\n");

	printf("Name : %s\n", mb.name);
	mb.age=25;
	printf("Age : %d\n", mb.age);
	mb.job = "salesman";
	printf("Job : %s\n", mb.job);
	mb.career=5;
	printf("Career : %d Years\n", mb.career);
	printf("Ex12-4 End\n");
	return 0;
}
```

실행 결과

```
Ex12-4
Name : Robert
Age : 25
```

Job : salesman
Career : 5 Years
Ex12-4 End

union member mb : 공용체변수, mb를 선언한다.
mb.name = "Robert" : 공용체변수의 멤버변수를 초기화한다.
printf("Name : %s\n", mb.name) : 멤버변수를 출력한다.

【 프로그램 수정하기 12-4 】

【예제 12-4】의 프로그램에 모든 멤버변수 값들을 프로그램의 마지막부분에서 동시에 출력하는 명령을 더하고 출력 결과를 비교해보시오.

【 예제 12-5 】

열거형 week 데이터의 대응 상수 값을 구하는 프로그램이다. 작성한 프로그램을 실행하고 그 결과를 확인해보자.

```
#include<stdio.h>

int main(void)
{
        enum week{Sun, Mon, Tue, Wed, Thu, Fri, Sat} ;

        enum week wk;
        printf("Ex12-5\n");

        wk = Sun;
        printf("Sun : %d\n", wk);
        wk = Mon;
        printf("Mon : %d\n", wk);
        wk = Tue;
        printf("Tue : %d\n", wk);
        wk = Wed;
        printf("Wed : %d\n", wk);
        wk = Thu;
        printf("Thu : %d\n", wk);
        wk = Fri;
        printf("Fri : %d\n", wk);
        wk = Sat;
        printf("Sat : %d\n", wk);
        printf("Ex12-5 End\n");
        return 0;
}
```

실행 결과

```
Ex12-5
Sun : 0
Mon : 1
```

Tue : 2
Wed : 3
Thu : 4
Fri : 5
Sat : 6
Ex12-5 End

enum week{Sun, Mon, Tue, Wed, Thu, Fri, Sat} : 열거형 데이터를 선언한다. 열거형 이름은 "week"이다. 각 데이터의 대응하는 상수 값은 0, 1, 2,...의 순서로 지정된다. enum week wk : 열거형변수, wk를 선언한다. wk = Sun : 열거형변수, wk에 열거형 데이터를 지정한다. 대응하는 상수 값은 첫 번째 데이터 이므로 0이다. printf("Sun : %d\n", wk) : 열거형변수, wk의 대응하는 상수 값 (0)을 출력한다.

【 프로그램 수정하기 12-5 】

【예제 12-5】의 프로그램에서 열거형 데이터를 Mon, Tue, Wed, Thu, Fri, Sat, Sun으로 순서를 바꾸고도 【예제 12-5】와 동일한 결과를 출력하는 프로그램으로 수정해보시오.

프로그램 에러 찾기

다음의 예제들을 작성하여 컴파일한 후 나타나는 프로그램 오류들을 찾아 수정하시오. 그리고 수정한 프로그램의 실행 결과를 확인하시오.

【 예제 12-6 】

프로그램 오류를 수정하여 실행하고 그 결과를 확인해보자.

```
#include<stdio.h>
struct record {
        char *name;
        int kor;
        int eng;
        int math;
        int sum;
        double ave;
};

int main(void)
{
        int i ;
        record stu[ ] = {{"Lee", 95,85,90}, {"Kim", 80,90,95},{"Park",
90,90,95}} ;
        printf("Ex12-6\n");

        for (i=0; i<3; i++)
        {
                record[i].sum = record[i].kor+ record[i].eng +
record[i].math ;
                record[i].ave = record[i].sum / 3.0 ;
        }
```

```
        printf("---------Record----------- \n");
        printf("Name  Kor  Eng  Math  Sum  Ave\n");

        for (i=0; i<3; i++)
        {
                printf("%s   %d   %d   %d   %d   %3.1f \n",
record[i].name,   record[i].kor,   record[i].eng,   record[i].math,
record[i].sum, record[i].ave);
        }
        printf("Ex12-6 End\n");
        return 0;
}
```

☞ 컴파일 결과

record stu[ ] = ... : record stu[] 의 구조체변수 선언 형식에 오류가 있어 컴파일 오류가 발생하였다.

☞ struct record stu[ ] = ...

record[i].sum = ... : 구조체 이름 "record"를 구조체변수로 직접 사용하였으므로 컴파일 오류가 발생하였다.
구조체변수를 "record[]"로 변경하거나 혹은 올바른 구조체 변수 이름을 넣어 주어야 한다.

☞ record[i] → stu[i] 혹은 struct record record[]

☞ 실행 결과

【 예제 12-7 】

프로그램 오류를 수정하여 실행하고 그 결과를 확인해보자.

```
#include<stdio.h>
struct data {
        char *name;
        int age;
        char *sex;
        int height;
        int weight;
};

int main(void)
{
        int i ;
        struct data guest[3] = {{"Hong", 23,M,190,60}, {"Kim", 25,F,180,65}, {"Cho",30,M,170,60}} ;

        struct data *temp;
        temp = guest ;
        printf("Ex12-7\n");

        for (i=0; i<3; i++)
        {
                printf("%s    %d    %s    %d    %d\n", *temp.name, *temp.age, *temp.sex, *temp.height, *temp.weight);
        }
        printf("Ex12-7 End\n");
        return 0;
}
```

☞ **컴파일 결과**

struct data guest[3] = {{"Hong", 23,M,190,60} :선언된 구조체 멤버 변수 초기화과정에서 문자형인 "char *sex"의 초기값 M이 잘못 표기되었다.

☞ {{"Hong", 23,"M",190,60} ...

for (i=0; i<3; i++) : for 제어문을 사용하였으나 구조체변수 temp 값의 변화가 없으므로 세 번 모두 동일한 데이터를 출력한다. 컴파일 오류는 없으나 출력 결과는 오류이다.

☞ for (i=0; i<3; i++, temp++)

*temp.name : 멤버변수의 표현 방법에서 컴파일 오류가 발생하였다.

*temp.name은 *(temp.name)을 의미한다. (*temp).name로 표기되어야만 정확한 메모리 주소를 지정할 수 있다.

☞ (*temp).name 혹은 temp->name

☞ **실행 결과**

【 예제 12-8 】

프로그램 오류를 수정하여 실행하고 그 결과를 확인해보자.

```
#include<stdio.h>
union goods
{
        char product[20];
        int number;
        int price;
};

int main(void)
{
        union goods fruit;
        union goods *temp;
        temp = &fruit ;
        printf("Ex12-8\n");

        printf("Fruit name : ");
        scanf("%s", &temp->product);
        printf("Quantity : ");
        scanf("%d", &temp->number);
        printf("Price : ");
        scanf("%d", &temp->price);

        printf("%s    %d    %d\n", temp->product, temp-> number,
temp->price);
        printf("Ex12-8 End\n");
        return 0;
}
```

컴파일 결과

컴파일 오류는 발생하지 않으나 프로그램이 정상적으로 실행되지 않는다.
공용체를 사용하므로 입력되는 데이터 값은 바로 바로 처리하여야 한다. 그렇지 않으면 마지막 데이터 값이 입력될 때 앞에서 입력되었던 값들은 모두 사라지게 된다.

☞ union → struct로 혹은

```
printf("Fruit name : ");
scanf("%s", temp->product);
printf("Fruit name : %s", temp->product); 행 추가
```

실행 결과

【 예제 12-9 】

프로그램 오류를 수정하여 실행하고 그 결과를 확인해보자.

```
#include<stdio.h>
int main(void)
{
        enum week{Sun, Mon, Tue, Wed=2, Thu, Fri, Sat} ;
        enum week wk;
        wk = Sun;
        printf("Ex12-9\n");
        printf("Sun : %d\n", wk);
        wk = Mon;
        printf("Mon : %d\n", wk);
        wk = Tue;
        printf("Tue : %d\n", wk);
        wk = Wed;
        printf("Wed : %d\n", wk);
        wk = Thu;
        printf("Thu : %d\n", wk);
        wk = Fri;
        printf("Fri : %d\n", wk);
        wk = Sat;
        printf("Sat : %d\n", wk);
        printf("Ex12-9 End\n");
        return 0;
}
```

☞ **컴파일 결과**

컴파일 오류는 발생하지 않으나 프로그램이 정상적으로 실행되지 않는다.
열거형 데이터는 첫 번째 요소부터 0,1,2,3.. 순으로 상수 값이 지정되는데 위의 열거형 데이터에서는 "Wed=2"로 강제 초기화되어 "Tue"와 "Wed"의 값이 중복된다.

☞ Wed=3

☞ **실행 결과**

연 습 문 제

1. 한 학생의 학번(number), 이름(name), 나이(age)를 구조체의 멤버변수로 선언하고 키보드로부터 이들 값들을 입력 받은 후에 그 값들을 출력하는 프로그램을 작성하시오.

2. 다음 3 명의 학생의 이름, 키, 몸무게를 구조체 배열을 이용하여 초기 값으로 입력한 후 출력하는 프로그램을 작성하시오.

   {"Jang", 170, 55}
   {"Kim", 180, 65}
   {"Yoon", 178, 64}

3. 다음 3명의 데이터를 초기값으로 하여 구조체 포인터를 사용하여 출력하는 프로그램을 작성하시오.

   {"Hong", 95,85,90},
   {"Kim", 80,90,95},
   {"Min", 90,90,95}

4. 한 학생의 국어(kor), 영어(eng), 수학(math) 점수를 키보드로부터 입력 받아 화면에 출력하는 프로그램을 작성하시오.

5. 1월부터 12월 까지를 열거형으로 정의하고 그 대응하는 상수 값을 출력하는 프로그램을 작성하시오.

Jan, Feb, Mar, Apr, May, Jun, Jul, Aug, Sep, Oct, Nov, Dec

제 13 장
파일 입출력

제 13 장 파일 입출력

지금까지 우리가 사용해 온 입력 및 출력 기능은 키보드로부터의 입력과 화면에 출력하는 기능이었다. 또한 화면에 출력되는 데이터는 곧 메모리에 저장되는 데이터들이었다. 메모리에 저장된 데이터가 화면에 그대로 출력되는 것이었다. 그런데 이처럼 메모리에 출력되는 데이터는 프로그램이 종료되면 자동으로 사라지게 된다. 다시 말해서 출력 데이터의 보관 기능이 없다는 것이다. 따라서 프로그램이 종료된 뒤에도 출력 데이터를 보존하려면 메모리가 아닌 파일에 데이터를 저장하는 방법을 사용하여야 한다.

이 장에서는 파일로부터 데이터를 읽는 기능과 출력 데이터를 파일에 저장하는 기능에 대하여 알아본다.

파일에 데이터를 출력하거나 파일로부터 데이터를 입력하는 기능은 기존의 키보드 입력 및 화면 출력 기능과 같은 직접적인 입출력 과정 외에 추가적인 동작을 필요로 한다. 바로 파일 열기와 닫기 기능이다.

파일로부터 데이터를 읽는 과정을 생각해보자. 파일로부터 데이터를 읽기위해서는 먼저 파일을 여는 작업부터 수행하여야 한다. 그리고 파일이 열려진 상태에서 파일 읽기를 진행한다. 또한 마지막으로 파일로부터 필요한 데이터를 읽은 후에는 파일을 닫음으로써 파일 처리를 마무리하게 된다.

파일에 데이터를 출력하는 과정 또한 마찬가지이다. 먼저 파일 열기 작업을 수행하고 파일에 데이터를 출력한다. 그리고 마지막으로 파일 닫기를 수행함으로써 파일에 데이터를 출력하는 기능을 마무리한다.

파일 처리 과정의 기본 순서는 다음과 같다.

1) 파일 포인터 선언

2) 파일 열기

3) 파일 데이터 처리

4) 파일 닫기

이제 위의 순서에 따른 파일 처리 기능에 대하여 알아보자.

13.1 파일 처리 기능

파일 처리의 첫 번째 순서는 파일 포인터를 선언하는 것이다.
파일 포인터 선언은 FILE 명령을 사용하여 선언된다.

파일 포인터 선언의 일반 형식은 다음과 같다.

```
FILE *파일 포인터

예) FILE *fp;
```

여기서 FILE은 <stdio.h> 헤더 파일에서 라이브러리 함수로 제공되며 파일 포인터의 이름은 fp로 프로그램 내에서 파일을 지칭할 때 사용할 이름이다.

파일 포인터를 선언한 후에 해야 할 작업은 파일 열기를 수행하는 것이다. 이 과정은 간단히 fopen() 함수의 선언으로 수행된다. 형식은 다음과 같다.

```
파일 포인터 = fopen("파일명", "파일 모드") ;

예) fp = fopen("data.txt", "r") ;
```

fopen() 함수의 선언과 함께 "파일명" 및 "파일 모드"를 지정해 주어야 한다. "파일명"은 데이터를 읽거나 쓸 대상 파일의 이름을 의미한다. "파일 모드"는 파일의 읽기 모드를 수행할 것인지 쓰기 모드를 수행할 것인지를 지정하는 것이다. 파일 모드가 "r"이면 파일 읽기(read) 모드를 수행한다는 의미이다. 다시 말해서 파일로부터 데이터를 읽기 위하여 fopen() 함수를 사용한다는 뜻이 된다.

파일 모드에는 "r" 외에도 쓰기 모드인 "w", 그리고 데이터 추가 모드인 "a"가 있다. 파일 모드의 형식들은 다음과 같다.

형 식	기 능
"r"	읽기 전용 모드 : 파일 데이터 읽기를 수행한다. (읽을 파일이 없으면 NULL 값 반환)
"r+"	기존 파일의 데이터 읽기 및 쓰기를 수행한다. (읽을 파일이 없으면 NULL 값 반환)
"w"	쓰기 모드 : 파일에 데이터 쓰기를 수행한다. (이전 파일 내용 삭제, 파일이 없으면 새로 생성됨)
"w+"	기존 파일의 데이터 읽기 및 쓰기를 수행한다. (이전 파일 내용 삭제, 파일이 없으면 새로 생성됨)
"a"	추가 모드 : 파일의 끝에서부터 데이터를 추가한다. (파일이 없으면 새로 생성됨)
"a+"	파일의 읽기 및 추가하기를 수행한다. (파일이 없으면 새로 생성됨)

다음은 파일 닫기에 대하여 알아본다.
파일을 닫는 명령은 fclose() 함수를 사용하며 일반 형식은 다음과 같다.

```
fclose(파일 포인터) ;

예) fclose(fp) ;
```

파일 닫기 명령은 의외로 간단하다. 단지 파일 포인터를 선언할 때 사용하였던 포인터를 사용하여 fclose() 함수를 호출하면 되는 것이다.

지금까지 파일 처리를 위하여 파일 포인터를 선언하고 파일을 열며 또한 파일을 닫는 형식들과 사용되는 함수들에 대하여 알아보았다.
이 모든 파일 처리 함수들은 <stdio.h> 헤더 파일에 이미 라이브러리 함수들로 제공되고 있으므로 우리는 간단히 필요한 함수들의 형식만 맞추어 선언해주면 된다.

지금까지 살펴본 파일 처리를 위한 기본 기능인 파일 포인터 선언, 파일 열기 및 파일 닫기 과정은 다음과 같이 정리된다.

```
FILE *fp ;
fp = fopen("data.txt", "r") ;        /* 파일 모드 지정 */

파일 데이터 처리 기능 수행

fclose(fp) ;
```

이제 파일 포인터를 선언하고 또한 파일을 열고 닫는 기능까지는 모두 이해하였을 것이다.
다음은 파일의 데이터를 처리하는 파일 데이터 입출력 기능에 대하여 알아보자. 물론 이 기능 역시 <stdio.h> 헤더 파일에 있는 라이브러리 함수들을 호출함으로써 수행된다.

13.2 파일 데이터 입출력 기능

파일 데이터 입출력 기능을 수행하는 주요 함수들은 다음과 같다.

함수명	기 능
fgetc()	파일로부터 한 문자를 읽는다(getc()도 사용 가능).
fputc()	한 문자를 파일로 출력한다(putc()도 사용 가능).
fscanf()	파일로부터 지정된 형식으로 데이터를 읽는다.
fprintf()	지정된 형식으로 데이터를 파일에 출력한다.
fgets()	파일로부터 문자열을 읽는다.
fputs()	문자열을 파일로 출력한다.

이들 함수 외에도 fseek(), feof(), ferror(), fputc(), ungetc()과 같은 함수들이 사용되고 있다.

각 함수들을 프로그램 예제를 통하여 살펴보자.

13.2.1 fgetc() 함수

파일로부터 한 문자를 읽어 들이는 함수이다. 키보드로부터 한 문자를 입력받는 함수인 getchar() 함수에 대응된다. getchar() 함수의 입력 수단이 키보드라면 fgetc() 함수의 입력 수단은 파일일 뿐이다.

fgetc()함수는 ()안에 파일 포인터를 인수로 넣어주어야 한다. 이 인수가 파일내의 데이터의 위치를 지정하기 때문이다.

프로그램 예제를 수행하기 전에 먼저 파일을 하나 준비하자.

메모장이나 워드 프로세서를 이용하여 "Welcome to korea"를 입력하고 파일로 저장하자. 파일 이름은 "data.txt"로 하며 C 프로그램의 사용자 폴더(예: C\> work\프로젝트 폴더\프로젝트 폴더\data.txt)에 이 파일을 저장하자. 그러면 사용할 파일의 준비는 끝난다.

이제 프로그램 예제를 통하여 fgetc() 함수의 사용 방법을 알아보자.

【 프로그램 13-1 】

"data.txt" 파일의 내용을 읽어 화면에 출력하는 프로그램이다.

```
#include<stdio.h>
int main(void)
{
        FILE *fp ;
        char a ;
        printf("Program for reading from File\n");
        fp = fopen("data.txt", "r") ;
        while ((a=fgetc(fp)) != EOF)
        printf("%c", a) ;
        fclose(fp) ;
        return 0;
}
```

해설

FILE *fp : 파일 포인터(fp)를 선언한다.

fp = fopen("data.txt", "r") : 파일 열기 함수를 수행한다. 파일 명은 "data.txt" 이고 파일 모드는 "읽기(read)" 모드이다.

while ((a=fgetc(fp)) != EOF) : 파일 포인터(fp)가 지정하는 위치의 데이터가 파일의 끝(EOF)이 아닌 한 파일 데이터 읽기를 계속한다.

printf("%c", a) : 파일로부터 읽어 들인 데이터(a의 값)를 화면에 출력한다.

fclose(fp) : 파일 닫기를 수행한다.

【프로그램 13-1】을 작성하여 컴파일 한 후 프로그램을 실행시켜보자.
화면에는 다음과 같은 결과가 나타날 것이다.

```
Program for reading from File
Welcome to korea
```

파일의 내용이 모두 화면에 출력되었음을 알 수 있다.

다음에는 파일에 데이터를 출력(저장)하는 함수에 대하여 알아보자.

13.2.2 fputc() 함수

한 문자를 파일로 출력하는 함수이다. 화면에 한 문자를 출력하는 putchar() 함수에 대응되는 함수이다. putchar() 함수가 한 문자를 화면에 출력하는 것처럼 fputc() 함수는 한 문자를 파일로 출력한다.

fgetc() 함수와 마찬가지로 fputc() 함수도 ()안에 파일 포인터를 인수로 넣어주어야 한다. 이 인수가 파일에 저장될 데이터의 위치를 지정한다.

프로그램 예제를 통하여 fputc() 함수의 사용 방법을 알아보자.

【프로그램 13-2】를 시작하기 전에 앞의 예제에서처럼 먼저 파일을 하나 준비할 수도 있다. C 프로그램이 설치된 사용자 폴더에 "newdata.txt"라는 이름으로 빈파일(데이터가 없는)을 준비하자.

물론 "newdata.txt"라는 파일을 준비하지 않아도 된다. "newdata.txt" 파일이 없으면 프로그램의 실행을 통하여 "newdata.txt"라는 새로운 파일이 만들어질 것이다.

【 프로그램 13-2 】

"newdata.txt" 파일에 데이터를 출력하는 프로그램이다.

```
#include<stdio.h>
int main(void)
{
        FILE *fp ;
        char a ;
        printf("Program for writing to File\n");

        fp = fopen("newdata.txt", "w") ;
        while ((a = getchar()) != EOF)
                fputc(a,fp) ;
        fclose(fp) ;
        return 0;
}
```

해설

FILE *fp : 파일 포인터(fp)를 선언한다.

fp = fopen("newdata.txt", "w") : 파일 열기 함수를 수행한다. 파일명은 "newdata.txt"이고 파일 모드는 "쓰기(write)" 모드이다.
만일 파일이 존재하지 않는다면 새로 만들어진다.

while ((a = getchar()) != EOF) : 키보드로부터 문자를 입력받는다.
문자 입력을 끝내는 신호(EOF : Ctrl-Z)를 입력하지 않는 한 문자 입력을 계속할 수 있다.

fputc(a, fp) : 파일 포인터가 지정하는 파일 위치에 변수 a의 값(키보드로부터 입력된 문자)을 출력(write)한다.

fclose(fp) : 파일 닫기를 수행한다.

【프로그램 13-2】를 작성하여 컴파일 한 후 프로그램을 실행시켜보자. 그리고 키보드로부터 직접 문자들을 입력시켜보자.

```
Program for writing to File
abcdefg
```

문자의 입력이 끝났으면 Enter 키를 치고 다시 ctrl-Z와 Enter 키를 눌러 문자 입력을 종료한다. 그리고 사용자 폴더 위치에서 "newdata.txt" 파일을 찾아 열어서 파일의 내용을 확인해 보자.

방금 입력했던 문자열 "abcdefg"가 저장되어 있음을 확인할 수 있을 것이다.

13.2.3 fscanf() 함수

fscanf() 함수는 키보드로부터 문자나 상수를 입력받는 scanf() 함수에 대응된다. fscanf() 함수 역시 scanf() 함수의 경우처럼 데이터 형식이 지정된 형태로 파일로부터 데이터를 읽어 들인다.

앞의 두 파일 데이터 처리 함수들과 마찬가지로 파일 포인터를 인수로 가지며 이 인수를 이용하여 파일내의 데이터 위치를 지정하게 된다.

앞의 예제에서 사용하였던 "data.txt" 파일을 사용하여 fscanf() 함수의 사용 방법을 알아보자.

【 프로그램 13-3 】

"data.txt" 파일의 내용을 화면에 출력하는 프로그램이다.

```
#include<stdio.h>
int main(void)
{
        FILE *fp ;
        char data[100] ;
        printf("Program for reading from File\n");
        if ((fp = fopen("data.txt", "r")) == NULL)
                printf("can't find the File.\n");      /* 파일 없음 */
        else
                while ((fscanf(fp, "%s", data)) != EOF)
                        printf("%s", data) ;
        fclose(fp) ;
        return 0;
}
```

해설

if ((fp = fopen("data.txt", "r")) == NULL) : 파일 열기 함수를 수행한다. 파일 명은 "data.txt"이고 파일 모드는 "읽기(read)"이다. 만일 파일이 존재하지 않는다면 fp는 NULL을 받게 되므로 if 문은 참이 되며 "can't find the File."을 화면에 출력한다.

while ((fscanf(fp, "%s", data) != EOF) : fp가 지정하는 파일의 위치로부터 파일의 끝(EOF)까지 문자열을 읽어 변수 data에 저장한다.

printf("%s\n", data) : 변수 data에 저장된 문자열을 화면에 출력한다.

【프로그램 13-3】을 작성하여 컴파일 한 후 프로그램을 실행시켜보자. 화면에는 다음과 같은 결과가 나타날 것이다.

```
Program for reading from File
Welcometokorea
```

재미있는 것은 fscanf() 함수가 스페이스나 줄 바꿈 표시는 인식하지 못한다는 것이다. 연속된 문자열이나 숫자 단위만을 인식하여 읽고 스페이스나 줄 바꿈 표시가 있으면 다음 프로그램 제어루틴에서 그 다음 문자열이나 숫자단위를 읽어 들인다.

위의 결과는 스페이스가 무시된 fscanf() 함수의 출력 결과를 나타낸다.

파일의 모든 문자열들이 각각의 문자열 단위로 변수 data에 저장되어 화면에 반복 출력되었음을 알 수 있다.

13.2.4 fprintf() 함수

printf() 함수가 화면에 데이터를 출력하는 함수라면 fprintf()함수는 데이터를 화면이 아닌 파일에 출력하는 함수이다.

앞에서의 함수들과 마찬가지로 fprintf() 함수가 printf() 함수와 다른 것은 파일 포인터를 인자로 사용하여 데이터를 저장할 파일내의 위치를 지정하는 것뿐이다.

【 프로그램 13-4 】

키보드로부터 문자열을 입력받아 "newdata.txt" 파일에 저장하는 프로그램이다.

```
#include<stdio.h>
int main(void)
{
        FILE *fp ;
        char a[100] ;
        printf("Program for writing to File\n");

        fp = fopen("newdata.txt", "w");
        scanf("%s", &a) ;
        fprintf(fp, "%s", a) ;
        fclose(fp) ;
        return 0;
}
```

해설

fp = fopen("newdata.txt", "w") : 파일 열기 함수를 수행한다. 파일명은 "newdata.txt" 이고 파일 모드는 "쓰기(write)"이다.

fprintf(fp, "%s", a) : 변수 a에 저장되어 있는 문자열을 파일 포인터 fp가 지정하는 파일내의 위치에 출력(write)한다.

【프로그램 13-4】를 작성하여 컴파일 한 후 프로그램을 실행시켜보자. 그리고 키보드로부터 직접 “This is my computer!”라는 문자열을 다음과 같이 입력시켜보자.

```
Program for writing to File
“This is my computer!”
```

문자열의 입력이 끝났으면 Enter 키로 입력을 종료하고 다음에는 "newdata.txt" 파일을 찾아 열어서 파일의 내용을 확인해 보자.

입력했던 문자열 중 "This"만이 저장되어 있음을 확인할 수 있을 것이다. 프로그램이 키보드로부터 문자열을 한 번만 입력받도록 되어있어 스페이스가 입력되기 전까지의 문자열만을 변수 a의 값으로 받아 파일에 저장한 것이다. 만일 키보드로부터 입력된 모든 문자열들을 저장하고 싶으면 for나 while 제어문을 사용하여 스페이스에 의해 분리된 문자열들을 반복 저장하여야할 것이다.

13.2.5 fgets() 함수

fget() 함수는 파일로부터 문자열을 한 번에 한 행씩 읽어 들이는 함수이다.
이 함수의 형식은 다음과 같다.

```
fgets(버퍼, 문자수, 파일 포인터)
```

fgets() 함수는 버퍼, 문자 수, 파일 포인터 등 3개의 매개 변수를 가진다. 여기서 버퍼는 파일로부터 읽은 문자들을 임시로 저장하는 메모리이며 문자수는 파일로부터 한 번에 읽어 들이는 문자수를 지정하는 변수이다. 파일 포인터는 읽어 들일 파일내의 위치를 지정한다.

fgets() 함수의 일반적인 사용 방법은 다음과 같다.

```
FILE *fp ;                    /* 파일 포인터 선언 */
int n ;                       /* 1회 최대 입력 문자수 */
char *buffer ;                /* 문자열 저장 버퍼 */
fgets(buffer, n, fp) ;        /* fgets() 함수 실행 */
```

fgets(buffer, n, fp) 함수가 실행되면 파일 포인터 fp가 지정하는 파일내의 위치로부터 n-1개의 문자를 읽어 들여 버퍼(buffer)에 저장한다.

입력된 문자열 끝에는 "\n"과 "\0"이 자동적으로 추가된다. 또한 파일의 끝이거나 함수 수행 중 에러가 발생하면 NULL값을 반환한다.

【 프로그램 13-5 】

파일 "data.txt"로부터 문자열을 읽어 화면에 출력하는 프로그램이다.

```
#include<stdio.h>
int main(void)
{
        FILE *fp ;
        char buffer[100] ;
        int n=100 ;
        printf("Program for reading from File\n");

        if ((fp = fopen("data.txt", "r")) == NULL)
                printf("can't find the File.\n");
        else
                while (fgets(buffer, n, fp) != NULL)
                        printf("%s\n", buffer) ;
        fclose(fp) ;
        return 0;
}
```

해설

char buffer[100] : 문자열 변수 buffer를 선언한다. buffer는 100개의 문자를 저장할 수 있다.

while (fgets(buffer, n, fp) != NULL) : 파일 포인터 fp가 지정하는 파일내의 위치로부터 n-1개인 문자, 즉 99개까지의 문자를 읽어 buffer에 저장한다. 조건이 NULL이 아닌 한 이 과정은 반복된다.

printf("%s\n", buffer) : buffer에 저장된 문자열을 화면에 출력한다.

【프로그램 13-5】를 작성하여 컴파일 한 후 프로그램을 실행시켜보자.
화면에는 다음과 같은 결과가 나타날 것이다.

```
Program for reading from File
Welcome to korea
```

"data.txt" 파일에 100개 이상의 문자를 저장한 후 이 프로그램을 다시 실행시켜 보자. 그리고 그 결과를 확인해 보자.

13.2.6 fputs() 함수

fputs() 함수는 버퍼에 있는 문자열을 파일로 출력하는 함수이다.
이 함수의 형식은 다음과 같다.

```
fputs(버퍼, 파일 포인터)
```

fputs() 함수는 버퍼, 파일 포인터 등 2개의 매개 변수를 사용한다. 여기서 버퍼는 문자열을 임시로 저장하고 있는 메모리이며 파일 포인터는 버퍼에 임시 저장되어 있는 문자열을 저장할 파일내의 위치를 지정한다.

fputs() 함수의 일반적인 사용 방법은 다음과 같다.

```
FILE *fp ;                  /* 파일 포인터 선언 */
char *buffer ;              /* 문자열 저장 버퍼 */
fputs(buffer, fp) ;         /* fputs() 함수 실행 */
```

fputs(buffer, fp) 함수가 실행되면 변수 buffer에 저장되어 있는 문자열이 파일 포인터 fp가 지정하는 파일내의 위치로 출력(저장)된다. buffer 끝에 붙는 "\n"이나 NULL 문자는 파일에 저장되지 않는다.

【 프로그램 13-6 】

키보드로부터 문자열을 입력하여 "newdata.txt"파일에 저장하는 프로그램이다.

```
#include<stdio.h>
int main(void)
{
        FILE *fp ;
        char buffer[100] ;
        int n =100 ;
        printf("Program for writing from Keyboard to File\n");
        fp = fopen("newdata.txt", "w") ;

        while (fgets(buffer, n, stdin))
                fputs(buffer, fp) ;
        fclose(fp) ;
        return 0;
}
```

☞ **해설**

while (fgets(buffer, n, stdin)) : 문자열을 한 번에 n-1개만큼씩 읽어서 buffer에 저장한다. 여기서 파일 포인터 대신 "stdin"을 사용하였으므로 파일 대신 키보드로부터 문자열을 읽게 된다.
"stdin"은 키보드로부터의 표준입력을 의미한다.
이 과정은 ctrl-Z와 Enter 키에 의해 문자 입력이 종료될 때까지 반복된다.

fputs(buffer, fp) : buffer에 저장되어 있는 문자열을 파일 포인터 fp가 지정하는 파일내의 위치에 저장한다.

【프로그램 13-6】 을 작성하여 컴파일 한 후 프로그램을 실행시켜보자. 그리고 키보드로부터 직접 문자열을 입력하여 보자.

```
Program for writing from Keyboard to File
Hello!
My name is Hong gil dong
Thank you!
Ctrl-Z
```

문자열의 입력이 끝났으면 ctrl-Z 키를 눌러 키보드 입력을 종료한다. 그리고 "newdata.txt" 파일을 찾아 열어서 파일의 내용을 확인한다.
입력했던 문자열이 그대로 저장되어 있음을 확인할 수 있을 것이다.

예제 실습

다음의 프로그램 예제들을 작성하고 컴파일하여 실행한 후 그 결과를 확인해보자.

【 예제 13-1 】

A부터 Z까지의 알파벳을 저장한 파일 "test1.txt"로부터 10개의 문자를 읽어 화면에 출력하는 프로그램이다.

먼저 A부터 Z까지의 알파벳을 저장한 "test1.txt" 파일을 만든다. 그리고 작성한 프로그램을 실행하고 그 결과를 확인해보자.

```
#include<stdio.h>
int main(void)
{
        FILE *fp ;
        int k;
        char a ;
        printf("Ex13-1\n");

        printf("Program for reading from File\n");
        fp = fopen("test1.txt", "r") ;
        for (k=1; k<=10; k++)
        {
                a=fgetc(fp) ;
                fputc(a, stdout) ;
        }
        fclose(fp) ;
        printf("\n Ex13-1 End\n");
        return 0;
}
```

☞ **실행 결과**

```
Ex13-1
Program for reading from File
ABCDEFGHIJ
Ex13-1 End
```

FILE *fp : 파일 포인터 fp를 선언한다.

fp = fopen("test1.txt", "r") : 파일 "test1.txt"를 읽기(read) 모드로 연다.

a=fgetc(fp) : 파일 포인터 fp가 지정하는 파일내의 위치로부터 한 문자를 읽어 변수 a에 저장한다.

fputc(a, stdout) : 변수 a에 저장된 한 문자를 파일이 아닌 화면에 출력한다. "stdout"은 화면으로의 표준 출력을 의미한다.
파일 포인터(fp) 대신 화면 표준 출력(stdout)을 사용하였다.

fclose(fp) : 파일 포인터 fp를 닫는다.

【 프로그램 수정하기 13-1 】

【예제 13-1】의 프로그램을 K부터 10개의 문자(K~T)를 읽어 화면에 출력하는 프로그램으로 수정해보시오(continue 제어문).

【 예제 13-2 】

키보드로부터 데이터를 입력 받아 파일 "newdata.txt"에 출력하는 프로그램이다. 작성한 프로그램을 실행한 후 키보드로부터 ZZZZZZZZZZZZZZZ (Enter) ZZZZZZZZZZZZZZZ (Enter) [Ctrl-Z + Enter]를 입력하고 그 결과를 확인해보자.

```
#include<stdio.h>
int main(void)
{
        FILE *fp ;
        char ch ;
        printf("Ex13-2\n");
        printf("Program for writing to File\n");
        fp = fopen("newdata.txt", "w") ;
        while ((ch = getchar()) != EOF)
                fputc(ch, fp) ;
        fclose(fp) ;
        printf("Ex13-2 End\n");
        return 0;
}
```

실행 결과

```
Ex13-2
Program for writing to File
ZZZZZZZZZZZZZZZ
ZZZZZZZZZZZZZZZ
Ex13-2 End
```

char ch : 문자형 변수 ch 선언.

fp = fopen("newdata.txt", "w") : 파일 "newdata.txt"를 쓰기(write) 모드로 연다. 만일 "newdata.txt" 파일이 존재하지 않으면 새로 만들어진다.

while ((ch = getchar()) != EOF) : 키보드로부터 한 문자를 입력받아 문자형 변수 ch에 문자형 데이터로 저장한다.
이 기능은 키보드로부터 ctrl-Z 키가 입력될 때 까지 계속된다.

fputc(ch,fp) : 문자형 변수 ch에 저장된 문자 데이터가 파일 포인터 fp가 지정하는 파일내의 위치에 저장된다.

【 프로그램 수정하기 13-2 】

【예제 13-2】의 프로그램을 문자가 아닌 숫자만 입력받아 저장하는 프로그램으로 수정해보시오.

【 예제 13-3 】

A부터 Z까지의 알파벳을 저장한 파일 "test1.txt"로부터 내용을 읽어 파일 "test2.txt"에 저장하는 프로그램이다. 작성한 프로그램을 실행하고 "test2.txt" 파일을 열어 그 결과를 확인해보자.

```
#include<stdio.h>
int main(void)
{
	FILE *fp, *fp1 ;
	char data[100] ;
	printf("Ex13-3\n");

	printf("Program for File copy\n");
	if ((fp = fopen("test1.txt", "r")) == NULL)
	{
		printf("can't find the File.\n");
		exit(1);
	}
	fp1 = fopen("test2.txt", "w") ;
	while ((fscanf(fp, "%s", data)) != EOF)
		fprintf(fp1, "%s", data) ;
	fclose(fp) ;
	fclose(fp1) ;
	printf("Ex13-3 End\n");
	return 0;
}
```

실행 결과

```
Ex13-3
Program for File copy
Ex13-3 End
```

이 프로그램은 파일의 내용을 또 다른 파일에 복사한다. "test2.txt" 파일이 새로 생성되고 "test1.txt" 파일의 내용으로 채워진다.

FILE *fp, *fp1 : 두개의 파일을 사용하기 위하여 파일 포인터 fp, fp1 을 선언한다.

if ((fp = fopen("test1.txt", "r")) == NULL) : 파일 "test1.txt"를 읽기 (read) 모드로 지정한다.

fp1 = fopen("test2.txt", "w") : 파일 "test2.txt"를 쓰기(write) 모드로 지정한다.

while ((fscanf(fp, "%s", data)) != EOF) : 파일 포인터 fp가 지정하는 파일 위치의 내용을 읽어 변수 data에 저장한다.

fprintf(fp1, "%s", data) : 변수 data에 저장된 문자열을 파일 포인터 fp1이 지정하는 파일내의 위치로 출력한다.

【 프로그램 수정하기 13-3 】

【예제 13-3】의 프로그램을 "test2.txt"의 내용을 "test1.txt"에 추가하는 프로그램으로 수정해보시오(내용 추가 파일 모드 : a).

【 예제 13-4 】

파일 "test4.txt"에 있는 문자열을 이용하여 구구단 연산을 수행하고 그 결과를 파일 "test5.txt"와 화면에 출력하는 프로그램이다. 작성한 프로그램을 실행하고 "test5.txt" 파일과 화면에서 그 결과를 확인해보자.

프로그램을 실행하기 전에 먼저 파일 "test4.txt"에 다음과 같이 구구단에 사용되는 숫자들을 나열하여 저장한다. 그리고 다음의 프로그램을 작성하여 실행한다.

```
2 1 2 2 2 3 2 4 2 5 2 6 2 7 2 8 2 9
```

```
#include<stdio.h>
int main(void)
{
        FILE *fp1, *fp2 ;
        int a,b,c ;
        printf("Ex13-4\n");

        if ((fp1 = fopen("test4.txt", "r"))==NULL)
        {
                printf("can't open the File.\n");
                exit(1);
        }
        fp2 = fopen("test5.txt", "w") ;
        while ((fscanf(fp1, "%d %d", &a, &b)) != EOF)
        {
                c= a*b;
                fprintf(fp2, "%d * %d = %d\n", a,b,c);
                fprintf(stdout, "%d * %d = %d\n", a,b,c) ;
        }
        fclose(fp1) ;
        fclose(fp2) ;
        printf("Ex13-4 End\n");
        return 0;
}
```

☞ **실행 결과**

```
Ex13-4
2*1=2
2 * 2 = 4
2 * 3 = 6
```

```
2 * 4 = 8
2 * 5 = 10
2 * 6 = 12
2 * 7 = 14
2 * 8 = 16
2 * 9 = 18
Ex13-4 End
```

파일 "test5.txt"에도 동일한 내용이 저장되어 있음을 확인할 수 있다.

【 프로그램 수정하기 13-4 】

【예제 13-4】의 프로그램을 구구단 5단을 "test5.txt" 파일에만 출력하는 프로그램으로 수정해보시오.

【 예제 13-5 】

파일 "test5.txt"에 있는 내용을 파일 "test6.txt"로 복사하는 프로그램이다. 임의의 데이터로 채워진 파일 "test5.txt"를 준비한다. 복사될 파일 "test6.txt"는 준비되지 않으면 프로그램 실행 과정에서 생성된다. 작성한 프로그램을 실행하고 "test6.txt" 파일을 열어 그 결과를 확인해보자.

```
#include<stdio.h>
int main(void)
{
        FILE *fp1, *fp2 ;
        char buffer[100] ;
        int n =100 ;
        printf("Ex13-5\n");

        fp1 = fopen("test5.txt", "r") ;
        fp2 = fopen("test6.txt", "w") ;

        while ((fgets(buffer, n, fp1)) != NULL)
                fputs(buffer, fp2) ;

        fclose(fp1) ;
        fclose(fp2) ;
        printf("Ex13-5 End\n");
        return 0;
}
```

☞ **실행 결과**

```
Ex13-5
Ex13-5 End
```

파일 "test5.txt"에 있는 내용이 파일 "test6.txt"로 복사된다. 파일 "test6.txt"를 열어서 그 내용을 확인해보자.

while ((fgets(buffer, n, fp1)) != NULL) : 파일 포인터 fp1이 지정하는 파일로부터 데이터를 n-1개 읽어 버퍼 메모리 buffer에 저장한다.
이 작업은 파일 내용이 NULL일 때까지 반복된다.

fputs(buffer, fp2) : 버퍼 메모리 buffer에 저장된 n-1개의 데이터를 파일 포인터 fp2가 지정하는 파일에 출력한다.

【 프로그램 수정하기 13-5 】

【예제 13-5】의 프로그램에서 "test5.txt" 파일의 내용을 "test6.txt"와 또 다른 파일 "test7.txt"에 동시에 복사하는 프로그램으로 수정해보시오.

프로그램 에러 찾기

다음의 예제들을 작성하여 컴파일한 후 나타나는 프로그램 오류들을 찾아 수정하시오. 그리고 수정한 프로그램의 실행 결과를 확인하시오.

【 예제 13-6 】

프로그램 오류를 수정하여 실행하고 그 결과를 확인해보자.

```
#include<stdio.h>
int main(void)
{
        FILE *fp ;
        char a ;
        printf("Ex13-6\n");

        printf("Program for reading from File\n");
        fp = fopen("data.txt", "r") ;
        while ((a=fgetc()) != EOF)   /* fp가 없는 경우 */
        printf("%c", a) ;

        fclose(fp) ;
        printf("Ex13-6 End\n");
        return 0;
}
```

☞ 컴파일 결과

while ((a=fgetc()) != EOF) : fgetc() 함수의 괄호() 안에 파일 포인터 선언이 빠졌으므로 매개 변수 오류가 발생하였다.

☞ while ((a=fgetc(fp)) != EOF)

☞ 실행 결과

【 예제 13-7 】

프로그램 오류를 수정하여 실행하고 그 결과를 확인해보자.

```
#include<stdio.h>
int main(void)
{
	FILE *fp ;
	char line[10] ;
	printf("Ex13-7\n");
	printf("Program for writing data from File to Console\n");

	if ((fp = fopen("test5.txt", "r")) == NULL)
	{
		printf("can't find the File.\n");
		exit(1);
	}
	while ((fscanf(fp, "%s", line)) != EOF)
		printf("%s\n", line) ;
	fclose(fp) ;
	printf("Ex13-7 End\n");
	return 0;
}
```

☞ **컴파일 결과**

char line[10] : 컴파일 상의 오류는 없으나 프로그램이 실행될 때 파일 "test5.txt"가 저장하고 있는 내용 중 한 줄에 10자 이상의 문자열이 있는 경우에는 배열 변수 line의 크기가 10으로 선언되었으므로 while ((fscanf(fp, "%s", line)) != EOF) 명령 수행 시 프로그램 오류를 발생한다.
배열 변수 line의 크기를 충분히 증가시켜주어야 한다.

☞ char line[100]

☞ **실행 결과**

【 예제 13-8 】

프로그램 오류를 수정하여 실행하고 그 결과를 확인해보자.

```
#include<stdio.h>
int main(void)
{
        FILE *fp ;
        char ch ;
        printf("Ex13-8\n");
        printf("Add characters to the File.\n") ;

        fp = fopen("test6.txt", "w");
        while ((ch = getchar()) != EOF)
                putc(ch,fp) ;
        fclose(fp) ;
        printf("Ex13-8 End\n");
        return 0;
}
```

☞ 컴파일 결과

fp = fopen("test6.txt", "w") : fopen() 함수가 쓰기("w") 모드로 선언되었으므로 프로그램이 실행되면 파일의 기존 내용들은 지워지고 새로 입력되는 문자열만 저장된다.
파일에 문자를 추가하는 프로그램이므로 프로그램 목적에 맞지 않는다.

☞ fp = fopen("test6.txt", "a")

실행 결과

【 예제 13-9 】

프로그램 오류를 수정하여 실행하고 그 결과를 확인해보자.

```
#include<stdio.h>
int main(void)
{
        FILE *fp ;
        char buffer[100] ;
        int n =100 ;
        printf("Ex13-9\n");

        fp = fopen("test5.txt", "r") ;
        fp = fopen("test6.txt", "w") ;

        while ((fgets(buffer, n, fp)) != NULL)
                fputs(buffer, fp) ;

        fclose(fp) ;
        printf("Ex13-9 End\n");
        return 0;
}
```

☞ 컴파일 결과

fp = fopen("test5.txt", "r")
fp = fopen("test6.txt", "w") : 두 개의 파일에 대하여 같은 파일 포인터를 사용하였다.

컴파일 상의 오류는 발생하지 않지만 프로그램이 제대로 실행되지 않는다.

"test5.txt" 파일 내용이 "test6.txt" 파일로 복사되어야 하나 두 파일의 파일 포인터가 같으므로 파일 포인터는 앞 선 파일 "test5.txt" 파일의 위치만을 지정하게 된다.

따라서 파일 "test6.txt" 에는 어떠한 프로그램 실행 결과도 나타나지 않는다.

☞
```
FILE *fp1, *fp2 ;
fp1 = fopen("test5.txt", "r") ;
fp2 = fopen("test6.txt", "w") ;
...
```

☞ 실행 결과

연 습 문 제

1. A부터 Z까지의 알파벳을 저장한 파일 "test1.txt" 에서 처음부터 8자를 읽어 대문자를 소문자로 바꾼 후 "test2.txt"에 저장하는 프로그램을 작성하시오.

   getc()
   putc()

2. 다음의 데이터를 파일 "test3.txt"에 저장하는 프로그램을 작성하시오.

   A : 80 90 80
   B : 80 90 95
   C : 95 75 90

3. 파일 "test4.txt" 에 저장된 문자열들 중 공백문자를 제거한 후 파일 "test5.txt" 에 저장하는 프로그램을 작성하시오.

   <test4.txt>
   abc def ghi jkl mno pqr stu vwx yz

   <test5.txt>
   abcdefghijklmnopqrstuvwxyz

4. 구구단 3단에 필요한 숫자들로 채워 진 파일 "gugu3.txt"를 만들고 이 파일의 데이터를 이용하여 구구단 3단을 파일 "gugu33.txt"에 만드는 프로그램을 다음의 함수를 사용하여 작성하시오.

fscanf()
fprintf()

5. 임의의 문자열을 저장한 파일 "test1.txt"를 만들고 파일의 내용을 "test2.txt" 파일로 복사하는 프로그램을 다음의 함수들을 사용하여 작성하시오.

fgets()
fputs()

부록

〈부록 A〉 ASCII 코드표

ASCII 코드의 범위는 0 ~ 255 이다. 이 중 128 ~ 255는 그래픽 문자이므로 생략한다.

10진	16진	ASCII	10진	16진	ASCII	10진	16진	ASCII	10진	16진	ASCII
0	0	NUL	20	14	DC4	40	28	(	60	3C	<
1	1	SOH	21	15	NAK	41	29	)	61	3D	=
2	2	STX	22	16	SYN	42	2A	*	62	3E	>
3	3	ETX	23	17	ETB	43	2B	+	63	3F	?
4	4	EOT	24	18	CAN	44	2C	,	64	40	@
5	5	ENQ	25	19	EM	45	2D	-	65	41	A
6	6	ACK	26	1A	SUB	46	2E	.	66	42	B
7	7	BEL	27	1B	ESC	47	2F	/	67	43	C
8	8	BS	28	1C	FS	48	30	0	68	44	D
9	9	HT	29	1D	GS	49	31	1	69	45	E
10	A	LF	30	1E	RS	50	32	2	70	46	F
11	B	VT	31	1F	US	51	33	3	71	47	G
12	C	FF	32	20	SP	52	34	4	72	48	H
13	D	CR	33	21	!	53	35	5	73	49	I
14	E	SO	34	22	"	54	36	6	74	4A	J
15	F	SI	35	23	#	55	37	7	75	4B	K
16	10	DLE	36	24	$	56	38	8	76	4C	L
17	11	DC1	37	25	%	57	39	9	77	4D	M
18	12	DC2	38	26	&	58	3A	:	78	4E	N
19	13	DC3	39	27	'	59	3B	;	79	4F	O

10진	16진	ASCII	10진16진		ASCII	10진	16진	ASCII	10진	16진	ASCII
80	50	P	92	5C	\	104	68	h	116	74	t
81	51	Q	93	5D	]	105	69	i	117	75	u
82	52	R	94	5E	^	106	6A	j	118	76	v
83	53	S	95	5F	_	107	6B	k	119	77	w
84	54	T	96	60	`	108	6C	l	120	78	x
85	55	U	97	61	a	109	6D	m	121	79	y
86	56	V	98	62	b	110	6E	n	122	7A	z
87	57	W	99	63	c	111	6F	o	123	7B	{
88	58	X	100	64	d	112	70	p	124	7C	|
89	59	Y	101	65	e	113	71	q	125	7D	}
90	5A	Z	102	66	f	114	72	r	126	7E	~
91	5B	[	103	67	g	115	73	s	127	7F	DEL

〈부록 B〉 터보C 프로그램 사용방법

터보 C 프로그램은 주 메뉴 영역, 편집 윈도우 영역, 메시지 영역 그리고 기능키 정보 영역 등 4개의 영역으로 구성된다.

① 주 메뉴 영역

주 메뉴 영역은 프로그램 화면의 상단에 위치한 영역으로서 『File』, 『Edit』, 『Run』, 『Compile』, 『Project』, 『Options』, 『Debug』, 『Break/watch』 등의 메뉴로 구성되어 있다.

각 메뉴들의 구성은 다음과 같다.

'주 메뉴	세부 기능
File 메뉴	Load(파일 읽기) Pick(파일 선택) New(신규 파일 작성) Save(파일 저장) Write to(파일명 입력) Directory(현재 디렉토리 위치) Change Dir(디렉토리 변경) Os shell(Dos 창 열기, 복귀 시는 Exit 입력) Quit(종료)
Edit 메뉴	Edit 기능(편집 윈도우 영역으로 돌아옴) 편집 윈도우 영역과 주 메뉴 영역 간의 이동은 F10 키 사용
Run 메뉴	Run(프로그램 컴파일 및 링크 실행) Program reset(프로그램 중단) Go to cursor(현재 커서가 위치한 라인까지 프로그램 실행) Trace into(프로그램을 한 라인씩 실행) Step over(프로그램을 한 스텝씩 실행) User screen(프로그램 실행 결과 창 표시)

주 메뉴	세부 기능
Compile 메뉴	Compile to OBJ(프로그램 컴파일, OBJ 파일 생성) Make EXE file(프로그램 실행 파일, EXE 파일을 만듦) Link EXE file(프로그램 컴파일, 라이브러리 파일과 링크하여 EXE 파일 만듦) Build all(프로그램을 컴파일, 링크하여 OBJ, EXE 파일을 만듦) Primary C file(컴파일 등 작업을 수행할 파일 설정. 현재 편집 영역의 파일이 기본) Get info(컴파일, 링크, 메모리 정보)
Project 메뉴	Project name(프로젝트 파일 설정) Break make on(컴파일 중지 조건 설정) Auto dependencies(OBJ 파일과 편집 파일의 일치 여부 점검) Clear project(프로젝트 해제) Remove message(메시지 윈도우 내용 삭제)
Options 메뉴	Compiler(컴파일러와 관련된 옵션 설정) Linker(링커와 관련된 옵션 설정) Environment(환경 설정에 관련된 옵션 설정) Directories(디렉토리와 관련된 옵션 설정) Argument(명령어 라인의 인수 설정) Save options(설정한 옵션 저장) Retrieve options(저정되어 있는 옵션 확보)
Debug 메뉴	Evaluate(현재의 변수 및 수식의 값 표시) Call stack(호출된 함수 리스트 표시) Find function(함수의 본체 표시) Refresh display(작업 창 다시표시) Display swapping(화면 전환 방식 지정) Source debugging(디버깅 정보 수록 위치 지정)
Break/watch 메뉴	Add watch(관찰 수식 추가) Delete watch(관찰 수식 삭제) Edit watch(관찰 수식 수정) Remove all watches(모든 관찰 수식 삭제) Toggle breakpoint(중단점을 설정 혹은 해제) Clear all breakpoints(모든 중단점 해제) View next breakpoint(다음 중단점으로 커서 이동)

② 편집 윈도우 영역

편집 윈도우 영역은 프로그램 화면의 중앙부에 위치한 영역으로서 프로그램을 작성하거나 편집하기 위한 영역이다. 편집 윈도우 영역과 주 메뉴 영역 간의 이동은 F10 키를 이용한다.

③ 메시지 영역

프로그램 화면의 하단에 위치한 영역으로서 프로그램의 컴파일이나 실행을 수행할 때의 결과 상태를 나타내는 영역이다. 컴파일 및 프로그램 실행의 성공 여부와 오류가 발생할 경우 그 원인까지도 확인할 수 있다.

④ 기능키 정보 영역

프로그램 화면의 가장 아래쪽에 있으며 주요 기능키들에 대한 정보를 보여주는 영역이다.

B.1 프로그래밍 준비

터보C 프로그램을 이용하여 프로그램을 작성하기 위해서는 먼저 프로그램 작업 환경을 설정해주어야 한다. 만일 프로그램의 작업 환경이 설정되지 않았거나 혹은 올바르게 설정되어 있지 않을 경우에는 프로그램의 작성이 올바르게 되었다 할지라도 작성된 프로그램의 컴파일 과정 및 프로그램 실행 과정에서 오류가 발생하게 된다.

따라서 터보C 프로그램을 가동하기 전에 반드시 프로그램 작업 환경을 설정해 주어야 하며 또한 프로그램을 가동할 때마다 설정된 작업 환경의 확인 과정이 반드시 수행되어야한다.

작업 환경 설정을 위하여 기본적으로 확인하여야 할 메뉴는 다음과 같다.

① C 프로그램이 제공하는 헤더 파일들과 라이브러리 파일들을 포함하고 있는 폴더들인 INCLUDE 폴더와 LIB 폴더들의 위치를 확인하고 설정해 준다.

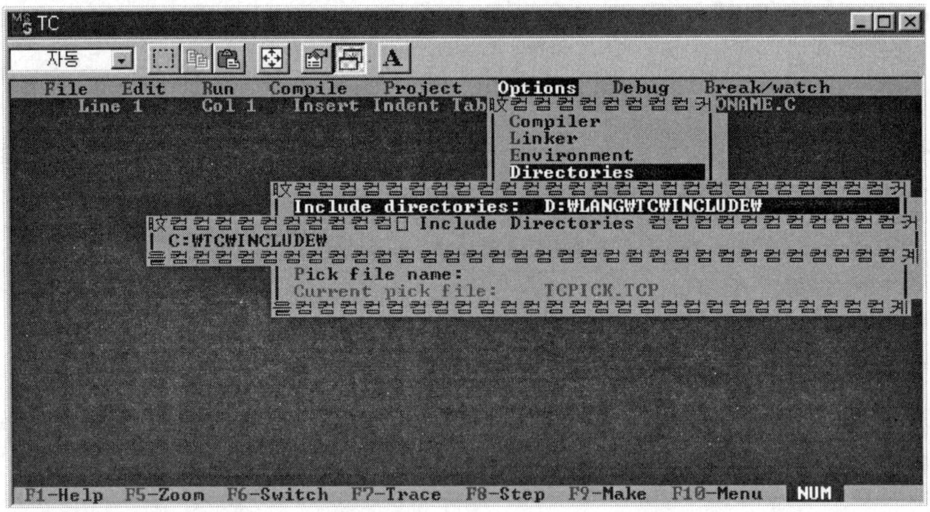

F10 키를 눌러 메뉴 모드로 이동한 다음 『Options』 메뉴의 『Directories』 메뉴를 클릭하면 현재의 폴더 위치들이 나타난다.

컴퓨터상의 『Include directories』와 『Library directories』 폴더의 실제 위치를 확인하고 그 위치가 『Directories』 메뉴에 지정되어 있는 폴더의 위치와 다르면 해당 directory 메뉴를 선택한 후 『Enter』 키를 친다. 그러면 폴더의 위치를 수정할 수 있는 창이 나타나게 된다.

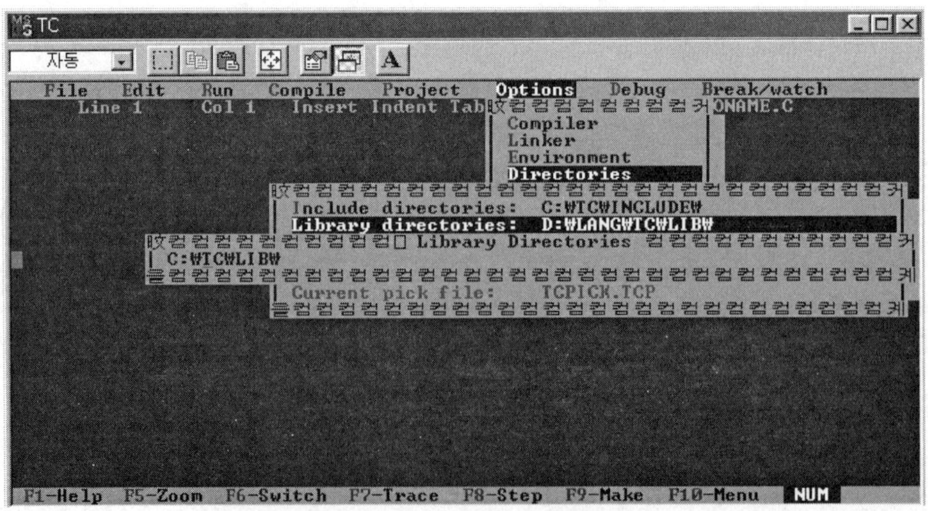

② 『Include directories』와 『Library directories』폴더의 위치를 확인한 후 다음에는 같은 메뉴에 속해 있는 『Output directory』의 위치를 설정해 줄 필요가 있다.

『Output directory』는 작성한 프로그램들이 저장되는 폴더의 위치이다. 『Output directory』폴더 위치의 설정 역시 전과 같은 방법으로 해당 메뉴를 선택한 후 『Enter』키를 쳐서 해당 폴더 위치를 입력하면 된다.

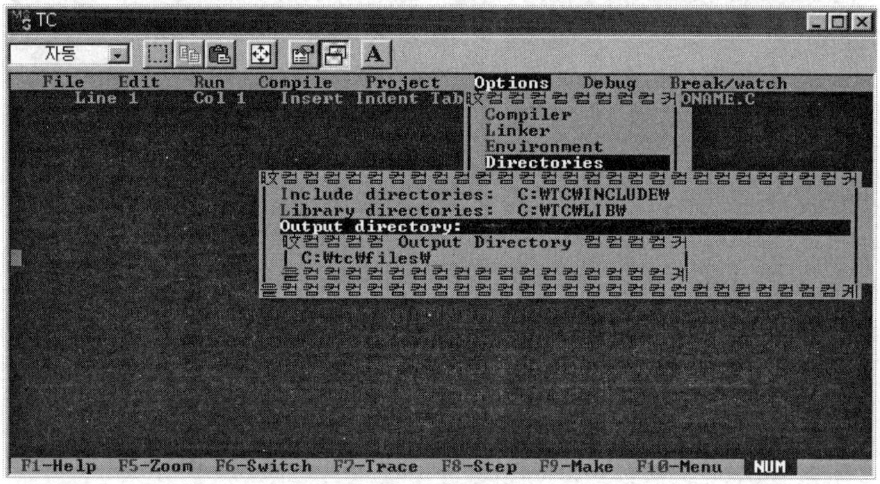

③ 다음에는 C 프로그램 창을 줌이 가능한 상태로 설정할 수 있다. 이 설정은 프로그램 작업 영역을 깨끗이 정리하는 효과도 있다.

『Options』- 『Environment』메뉴를 선택한 후 『Zoomed windows』를 『Enter』키로 클릭함으로써 On 상태로 설정한다.

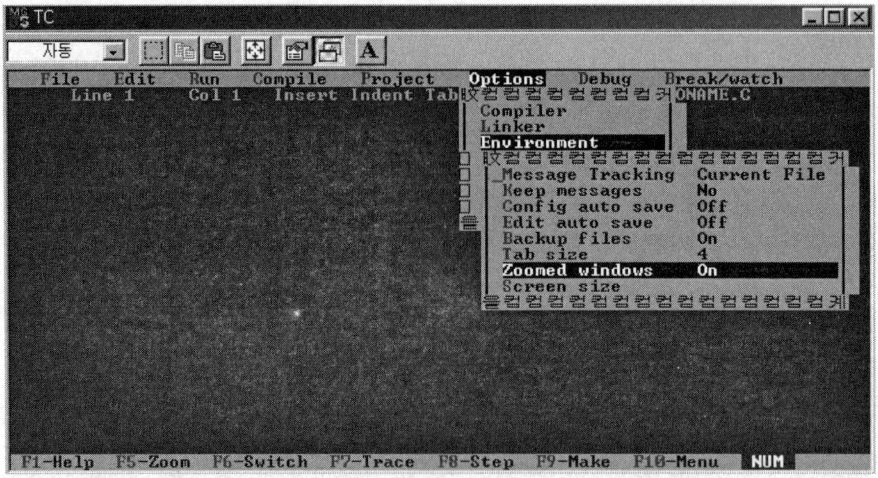

이 정도의 작업으로 터보C 프로그램의 환경 설정을 간단히 마칠 수 있으며 프로그램의 작성을 시작할 수 있게 된다. F10 키를 클릭하여 커서의 위치를 프로그램 작업 창으로 이동시킴으로써 프로그램의 작성을 시작할 수 있다.

프로그램의 작성이 끝나면 프로그램의 이름을 지정하고 파일에 저장한다. 물론 프로그램 파일의 저장 전에 프로그램을 컴파일하고 실행시켜 볼 수도 있다.

다음 그림은 프로그램에 이름을 지정하는 방법을 나타낸다.

『File』 메뉴에서 『Write to』 메뉴를 선택하여 클릭한 후 파일이름을 입력한다.

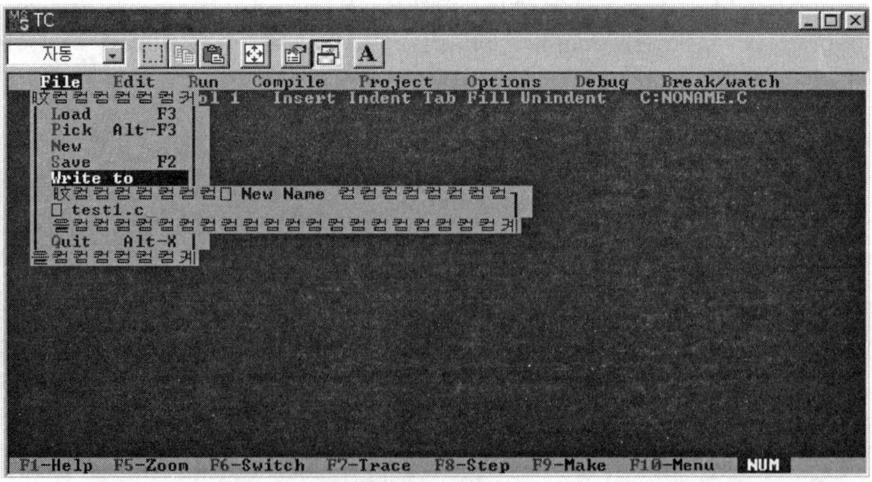

이후의 과정은 이 책의 내용을 참조하면 된다.

알기쉬운 C 언어 실습

2009년 2월 10일 인쇄
2009년 2월 16일 발행
저 자 최 선 정 · 이 종 대 공저
펴낸이 오 성 걸
펴낸곳 **오성미디어**
주 소 132-916 서울시 도봉구 창 3동 491-1
전 화 02)997-0136
FAX 02)997-0137
등 록 2000. 5. 12 제 7-212 호
ISBN 978-89-92583-48-0 값 18,000원